中国社会科学院创新工程学术出版资助项目

中国农户的借贷与信用担保

【1930~2010】

赵学军 ● 著

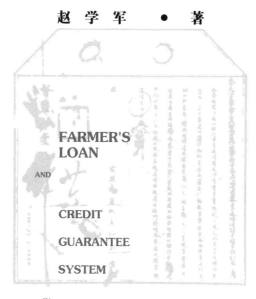

FARMER'S LOAN

AND

CREDIT GUARANTEE SYSTEM

IN

CHINA

(1930-2010)

社会科学文献出版社
SOCIAL SCIENCES ACADEMIC PRESS (CHINA)

本书出版得到国家哲学社会科学基金课题"中国农村借贷与农村金融体系变迁（1949～2000）研究"（批准号 06CJL017）的资助

摘　要

本书主要讨论中国农户借贷需求的历史变迁、农户借贷渠道的历史变迁、农村信用担保制度的历史变迁及其对农户借贷的影响，以期为破解农户在正规金融机构的贷款难问题提供政策思路。

20 世纪 30 年代以来，农户借贷需求的特征有：不同经济状况的农户借贷需求倾向不同，比较富余家庭生产性借贷需求较多，贫穷家庭生活性借贷需求较多；农户的经营理念决定其借贷需求倾向，比较富余的农户有余财、有时间扩大生产经营，生产性借贷需求倾向比较鲜明，而比较贫穷的农户首先需要生存，生活性借贷需求更为强烈。总体而言，农户借贷需求一直是以生活性借贷需求为主体，生产性借贷需求居于次要地位；农户借贷需求变迁的趋势是生活性借贷需求逐渐下降，而生产性借贷需求逐渐上升。

20 世纪 30 年代以来，在农村信用合作化的高潮时，国家银行、信用合作社等正规金融机构一度成为农户借贷的主要渠道，但也只是昙花一现，而其他时期私人借贷才是农户借贷的主渠道，几乎没有变化。导致这一现象的原因可能是多方面的，笔者认为，其中最重要的原因是农户选择借贷渠道与信用担保条件密切相关。以生活性借贷需求为主的农户借贷需求，特征是需求很急、金额较少，需要在极短的时间里获得钱物，以渡过难关。急切借贷的农户又往往是信用担保条件不足者。在相对封闭的传统村社，农户的人际网络、社会关系、少量财产等，是他能够提供的信用担保。农户的这些信用担保还需要评估，而私人借贷体系评估农户的信用担保几乎不需付出时间与成本。在这种情况下，私人借贷体系比正规金融机构更具优势。因此，农户在借贷渠道的选择上，首先会选择能够在短时间内接受自己信用担保的私人借贷体系，而且常常能够得到满足。正规金融机构在面对借贷农户的借款金额小、借贷成本高、信用担保不足状况时，可能或拖延时日，或不予办理。在这种情况下，它们自然不是农户借债的首选目标。

中国农户借贷活动一直受制于信用担保制度。信用担保制度与农户借贷活动是相生相克的。信用担保是在借贷活动中产生的，为借贷活动提供了制度保障。信用担保制度是借贷关系的安全保障机制，能够维护借贷活动的正常进行，增进社会的总体福利。中国信用担保史及借贷史表明，信用担保制度为借贷活动而生。另外，信用担保制度与信贷活动又是相克的，信用担保制度制约着信贷活动。有效的信用担保制度，能够保障借贷活动有序进行。而效率低下或不健全的信用担保制度，则会阻碍信贷活动，降低社会的总福利。如果社会信用担保制度不能有效防范借贷风险，授信者将减少或不再授信，信贷活动将萎缩。反过来，信贷活动减少，会进一步减少对信用担保的需求，从而不利于信用担保制度的发展与完善。

中国的信用担保制度源远流长，在历史上与小农经济状态下的农户借贷活动基本适应。但20世纪50年代后，信用担保制度的历史出现巨大的转折。在农村社会经济制度发生天翻地覆的巨变后，传统的信用担保制度不再能够适应社会现实，而新的、有效的信用担保制度又没有及时建立起来，造成农户信用担保的困境。当代农村的信用担保制度建设滞后于社会经济发展需要，农村信用担保与农户借贷处于相克的境地，而不是良性循环的相生。破解农户借贷难题的出路，在于尽快完善农村信用担保制度，健全信用担保体系。

目　录

中篇　农户借贷渠道的变迁

下篇 农村信用担保制度的变迁及其影响

图表目录

导　论

一　研究的缘起

近年来，农户借贷难的呼声不绝于耳。我们不由得要问：中国农村金融体系怎么了？

从 1948 年 12 月中国人民银行诞生时起，农村金融一直是国家银行的重点业务之一。但在计划经济时期，农村专业银行与"大一统"中国人民银行的关系很难理顺，导致中国农业银行三次建立三次撤销。改革开放以来，政府在推进金融体制改革中，对于农村金融体系的建设特别关注。1979 年恢复中国农业银行后，开始探索农村信用合作社的改革。中国农业银行在市场化改革中，逐渐走向商业银行，最终完成股份制改造，成为现代化、国际化的大银行。伴随着这一华丽转型，中国农业银行逐渐撤出农村金融业务领域，特别是撤出了面向千万小农的零售信贷业务领域，普通农户失去了从中国农业银行借贷的渠道。

虽然，在中国农业银行转向商业化经营时，政府设立了承担农村政策性金融业务的中国农业发展银行，但中国农业发展银行的主要功能并不是向农户、农村小企业提供信贷，而是供给农副产品收购资金。当前中国农业发展银行虽然形成了以粮棉油收购信贷为主体，以农业产业化信贷为一翼，以农业和农村中长期信贷为另一翼的"一体两翼"业务格局，但是，中国农业发展银行并没有大规模经营面向普通农户的信贷业务。

农村信用合作社作为农村金融的主力军被推上前台，人们自然极其关注它在农村金融中的地位。农村信用合作社的发展走过了曲折的路程。1996年脱离中国农业银行管理后，农村信用合作社加快了改革步伐，形成了农村商业银行、农村合作银行和农村信用合作社三种不同形式的正规金融机构。农村信用合作社承担了农村信贷的大半业务，被戏称为"一农支三农"。

除这些正规金融机构外，在21世纪的农村金融改革与发展中，各地还产生了小额贷款公司、村镇银行等新兴机构，它们正在成为农村新的融资渠道。

目前农村金融体系已初步形成了商业性、政策性、合作性等多种性质金融机构并存的格局，按说农户借贷的渠道增多了，那么他们就应该能够便利地得到贷款。但现实情况是农户仍然难以从正规金融机构获得贷款。

这不由得促使我们思考如下问题：农户的借贷需求是什么？他们主要是从哪里借款的？为什么他们抱怨在正规金融机构得不到需要的贷款？为什么农村信贷资金需求与金融机构的信贷资金供给出现错配？是什么原因导致正规金融机构不愿意向农户提供贷款？

对于农户为何在正规金融机构融资困难，学术界大致提出了五种理论解释：一是认为农村金融供给不足，以政府为中心的金融供给制度设计不足，金融机构贷款供给偏少；二是认为农村金融需求强烈，但借款者多，借款金额小，用途繁杂，贷款成本偏高；三是认为农村金融市场存在严重的信贷配给，对农户十分不利；四是认为农户自身存在认知偏差和行为偏差，导致正规金融机构贷款的外部性约束加大；五是认为收入差距造成农户尤其是低收入农户融资困难。

笔者认为，这些解释还没有触及影响农户借贷的根本因素——信用担保。信用担保与信贷活动是相生相克的。分析农户借贷问题，需要用历史眼光审视农户借贷需求结构的变迁，分析农户借贷主渠道的变迁；需要深究制约正规金融机构向农户投放信贷的主要因素。笔者认为，农村信用担保体系建设的滞后就是问题的关键所在。农户在正规金融机构借贷困难的根本原因是缺乏信用担保。破解农户不易在正规金融机构借贷的难题，在于优先发展与完善农村信用担保体系。

有鉴于此，笔者从三个方面展开研究。一是研究农户借贷需求的结构及其变迁，二是探讨农户借贷渠道及其变迁，三是分析农村信用担保体系发展变迁及其对农户借贷的制约。

二　研究的资料基础

对于前述三个方面的研究，学术界已有不少成果。笔者在研究中，尽可能地吸收它们的主要观点，引用其中的资料。在研究过程中，一个令人困扰的问题是收集到的资料过于零散、不成体系，特别是这些资料并不是某个相对固定地区近代以来的经济资料。结果导致论述某时期的农村借贷用了此地区的资料，而论述另一时期的农村借贷则用了彼地区资料，论证逻辑不统一。

为克服这一难题，笔者选择在主要章节利用"无锡、保定农村调查"系列资料进行研究。

无锡、保定农村调查是中国社会科学院经济研究所及其前身与合作单位，持续进行的一项长期跟踪调查。

该调查发端于 20 世纪 20 年代末。当时中国社会科学院经济研究所前身——中央研究院社会科学研究所在无锡和保定两个地区分别选取 22 个和 11 个村庄，开展了农村经济调查。1929 年开始的首次调查，由中国早期的马克思主义经济学家陈翰笙发起并组织领导，目的是研究和揭示中国农村社会的性质，按照马克思主义理论，论证当时中共领导的反帝反封建的土地革命的正确性和必要性，以配合党的土地革命。

1958 年进行的第二次调查，由孙冶方和薛暮桥组织，目的是分析无锡、保定第一次调查近 30 年后的社会性质变化及经济演变过程。

1987 年的第三次调查由杜润生倡导，王岐山、董辅礽组织领导，目的是反映推行家庭联产承包责任制后农村经济及农户经营的巨大变化。

1998 年进行的第四次调查，是荷兰教育部与中国社会科学院的合作项目，目的是反映改革开放 20 年后农村经济及农户家庭经营的变迁。

第四次大规模调查后，经济研究所学者仍对两地农村某些问题持续进行跟踪调查。经济研究所的学者在中国社科院国情调研项目中，先后立项了无锡市玉祁镇玉东村、无锡市胡埭镇、保定市李罗侯村、保定市农村基础设施问题等多项乡镇调查及专题调研课题。

2011 年，经济研究所又获准立项中国社会科学院重大国情调研项目"无锡、保定农户收支调查（1998~2010）"，对两地 4 村 401 户农户进行了以收支为中心的调查。

中国社会科学院经济研究所及其前身和其他协作单位持续进行的两地农村跟踪调查，是中国近现代农村调查史上绝无仅有的、对同一地域的农户经济情况长时段的连续追踪调查，积累了长达 80 余年的南北两地农户家庭经济数据，为观察和研究近百年来南北两地农村和农户经济的发展演变提供了极其珍贵的第一手资料。

农户借贷情况是每次无锡、保定农村调查的重要内容之一。1929 年开展的第一次问卷调查中，首次从阶级视角将被调查村居民分为地主、富农、中农、贫农、雇农及其他阶级 6 个阶级，对不同阶级的农户当年的负债情况和负债用途进行了调查。农户负债情况调查细目主要有农户年末负债额、农户借贷的来源及债务利息 3 项。农户年末负债细目包括货币负债及其他负债，农户债主类型分为地主富农、中农、银行、信用社、钱庄及其他共 6 个细目。农户负债用途分为购买生产资料、购买生活资料、婚丧喜庆、交付捐税债务和其他 5 个细目。另外，对农户出借货币、出借实物的情况也做了调查。

1958 年进行第二次无锡、保定农村调查时，问卷中对农户负债情况的调查细目与第一次调查基本相同。不过，除了调查 1957 年农村经济情况外，还对 1936 年与 1946 年的农村、农户经济情况做了回溯性调查，因调查质量略差于 1957 年观察年份的调查，故笔者在研究中较少使用。由于完成了土地改革，农村地主、富农阶级不复存在，1958 年调查问卷在阶级划分上分出上中农、中农、下中农、贫农、其他共 5 个阶级。对农户借贷来源调查细目，分出中农、银行、信用社、其他共 4 个细目。农户借贷用途的调查细目则与第一次调查相同。此外，对农户出借货币情况也做了调查。

1987 年开展的第三次调查，社会学色彩比较深厚，虽然也对农户借贷情况给予关注，但调查细目与前两次调查相比相去甚远。这次调查不再分阶级，调查细目的主要内容是农户借入货币与借出货币情况。在农户借入款方面，分为年末余额、本年借入、本年归还、本年利息支出 4 项细目，将农户借贷来源分作银行、集体和个体金融组织、亲戚朋友、其他（非亲友间的私人）4 项细目。在农户借出款方面，分为年末余额、本年借出、本年收回、本年利息收入 4 项细目，将农户出借对象分作银行、集体和个体金融组织、亲戚朋友、其他（非亲友间的私人）4 项细目。此次调查也注意到农户借贷用途的问题，但只是在主要调查表格下方附了一项"借入款使用方向"调查细目，这并没有达到调查目的，因为没有得到调查数据。第三次调查时，抽样农户占调查村全部农户的 1/4。但是，由于种种原因，仅对 464 户的数据做了处理，其中负债户 198 户，占 42.7%，这一比例相比其他调查年份偏高，属于总样本缺失后的异常情况。

1998 年进行的第四次调查，将农户家庭借贷情况作为调查的重要项目之一。调查问卷设计了借入数量、借款用途、归还借款、出借数量、收回借款等 5 个细目。"借入数量"分为金额、借期、利息共 3 项，"借款来源"分为银行或信用社、集体、企业、个人。"借款用途"分为金额、借期、利息共 3 项，"具体使用方向"分为农业生产、非农产业、生活消费共 3 个细目。"归还借款"分为金额、借期、利息共 3 项，"归还对象"分为银行或信用社、集体、企业、个人。"出借数量"分为金额、借期、利息共 3 项，出借对象分为集体、企业、个人。"收回借款"分为金额、借期、利息共 3 项，"收回对象"分为集体、企业、个人。此次调查也采用抽样调查方式，调查样本户数量占被调查村庄总户数的 1/4。

2011 年进行的"无锡、保定农户收支调查（1998～2010）"，观察年份为 2010 年。此次调查对农户家庭借贷情况的调查主要集中在农户借入款与借贷用途两个方面，调查问卷也涉及农户借款的期限、利息细目。此外，考虑到农村金融体系建设的新动向、农户借款用途的新变化、农户融资的新需求，"农户借贷来源"分为银行和信用社传统正规金融机构、村镇银行、小额贷款公司、地下钱庄、钱会摇会、非亲友私人、亲友、其他等8项细目，"农户借款用途"分为看病、孩子上学、办婚事、办丧事、盖房买房、买耐用消费品、其他消费、购买运输工具、投资工商业、投资养殖业、投资其他生产经营等11项细目。此次调查，在无锡市、保定市清苑县选取了前四次调查22个村中的4个村，并在第四次被调查户中选取了401户。这次调查样本较少，代表性较差。

需要特别说明的是，笔者利用无锡、保定农村调查系列资料分析以保定地区为代表的华北农户借贷渠道的变迁，主要考虑了同一地区、同一村庄的农户调查资料的历史一致性优势，但研究中使用的保定地区各个历史时期数据的代表性和样本的代表性存有一定的局限性。首先，无锡、保定农村调查中，保定方面的抽样村庄与农户是保定市郊区与清苑县的11个村及其农户，作为保定地区农村与农户的代表自然没有异议，在一定程度上也可以作为华北农村与农户的侧影。不过，因为抽样集中于一个地区，如果将之视作华北农村与农户的研究样本，则有以偏概全之嫌。但是，从这一资料对华北农户借贷渠道的变迁进行管窥，则有一得之见。无锡方面的研究情况与此类似。其次，本书研究使用的保定市清苑县2个村201户2010年调查数据，与前四次调查相比，样本量太小，样本的代表性也更差。只因考虑到同一调查村庄历史的延续性，在没有更好资料的情况下，笔者勉强用之。不过，将这次小规模的调查数据用于分析21世纪以来保定农户融资渠道问题，缺陷是不言而喻的。最后，无锡、保定农村调查系列资料中，与专题农村金融调查相比缺少了许多项目，比如金融机构的服务、农户借贷行为、借贷对象的优先倾向、借贷的影响因素、不同借贷渠道的影响因素等。为弥补上述不足，笔者尽可能引用同一时期其他调查资料或其他研究成果加以补充。

除利用无锡、保定农村调查系列资料外，笔者还利用了中国人民银行等单位1949～1966年的农村金融档案资料，《中国统计年鉴》《中国金融统计年鉴》《中国金融年鉴》等方面的统计资料，以及学者们发表的文章中的调查材料。

三　广义信用担保基本理论

笔者试图从信用担保视角分析农户借贷问题，因此，有必要简要说明广义信用担保的基本理论。

（一）信用担保的定义与分类

1. 担保的定义与分类

"担"者，有承当、负责之意；"保"者，有负责、保证之意。[①] 担保的核心内容是负有责任。担保的本质，是人们对未知风险的化解和对权利不能实现的救济。[②]

担保作为一种经济工具，有三种特有的基本属性。一是担保表现为信用差。由于人与人之间、法人与法人之间、族群与族群之间、政府与政府之间、国家与国家之间存在着信用水平的不平等，这种不平等形成上述对应主体之间的信用差。信用地位较低的债务人，通过寻求信用地位较高的第三人提供担保，就可以提升自己的信用地位，达到债权人认可的信用等级。因此，只要有信用差的存在，就必然会产生担保需求。二是担保表现为"或然性"。担保能够起到信用判断、证明的作用，保障债权的实现。在保障债权方面，担保比信用评级、法律公证等信用证明形式更为有效。但第三人在提供担保后，并不必然承担债务责任。只有当被担保人不履行或不能履行债务责任时，担保人才实际承担相应的担保责任。三是担保表现为人格化的社会关系。担保关系确立后，担保不仅仅是财产关系、法律关系，更深层次的是信用关系、人格关系，甚至人身关系。这主要指，担保人提供担保是对被担保人信用和人格品质的认可；在信用关系上，被担保人依附于担保人；担保人对被担保人的财产和生产经营活动有监督权，

---

① 商务印书馆编《辞源》（上）修订本，商务印书馆，2004，第1319、216页。
② 张域：《担保法律制度与习俗的文化解读——以中国史上的"人的担保"为中心》，博士学位论文，吉林大学，2007，第10页。

被担保人有按照担保人的正当要求处置财产和进行生产经营管理的义务。因此，担保关系是更深的人格化的社会关系。①

就法学而言，担保是为确保债权人实现其债权，要求债务人或第三人以其财产或信用，作为履约保证的经济行为。担保是在债务债权关系中，为履行债务人的偿债责任而向债权人提供的法律上有效的保障。②

在现实生活中，担保行为遍及经济、社会的方方面面。如租赁担保、工程保证担保、票据担保、来料加工担保、补偿贸易担保、贷款担保等。

《中华人民共和国担保法》规定，在借贷、买卖等经济活动中，债权人为保障其债权实现，可以选择的担保方式有保证、抵押、质押、留置和定金等。③

从不同的角度出发，"担保"大致可有以下分类。

第一，人的担保与物的担保。

按照担保人提供的担保是担保人的信用以及一般财产，还是特定的财产，债的担保可分为人的担保和物的担保。以债权债务关系以外的第三人的信用和一般责任财产担保债务的，是人的担保；以债务人或第三人的特定财产优先受偿权利担保债务履行的，是物的担保。物的担保又可分为动产担保与不动产担保。因此，担保制度可分为人的担保制度与物的担保制度。

人的担保制度，形象地说，是向债权人另外提供一个作为担保的"新钱袋"，钱袋越鼓越大，对债权人的保障越有利；物的担保制度，则是向债权人提供了整体上克服债权平等性的优先权利，优先权将保证债权人在第一顺序获得清偿，优先权的交换价值越大，越容易实现，对债权人的保障越有利。④

从外部关系看，人的担保设定了一项债权，是债权式担保。人的担保为

---

① 胡海波：《我国中小企业信用担保制度问题研究》，博士学位论文，南开大学，2007，第20页。
② 中国社会科学院经济研究所编《现代经济辞典》，凤凰出版社、江苏人民出版社，2004，第164页。
③ 中国社会科学院经济研究所编《现代经济辞典》，凤凰出版社、江苏人民出版社，2004，第164页。
④ 朱凡：《人的担保基本制度研究》，博士学位论文，西南政法大学，2004，第1页。

债权人增加了一项新的债权，相当于增加了一个债务人，即增加了另一个债务人的一般责任财产，债权人有了一项新的请求清偿的权利，使其债权更有保障。从债务人与担保人内部关系看，担保人不承担最终的债务。担保人的身份意味着，他可能向债权人清偿债务，但是不对此项债务最终负责。当担保人向债权人清偿后，享有向真正的债务人追偿的权利。① 人的担保制度只有在整个社会诚信制度建立与完善的基础上，才能真正得到推广。

物的担保，实质上是物权担保。狭义的担保物权，是指以确保债务的清偿为目的，于债务人或第三人所有之物或权利上所设定的，以取得担保作用之定限物权。② 广义的担保物权，是指以"物"担保债权，以达到债权保全目的的制度。其特点为：第一，担保物权以保全债权为目的；第二，"物"指动产、不动产、权利及上述财产的集合，"物"非指财产本身，而是指债务人在财产上的权利，担保是设在权利上，而不是设在财产上；第三，担保物权既含有在债务人的物上设定的他物权，也包括为担保债权而转移的那些权利，担保物权既可以被理解为"用于债务保全手段"的定限物权，也可以被理解为用于担保的物的所有权，债权人可获得独占和排他的担保；第四，担保物权既可是有从属性的物权，也可是没有从属性的物权；第五，担保物权是价值权，以优先支配担保物的交换价值为主要内容。③

第二，自我担保与第三方担保。

按照提供担保的主体是债务人自己，还是第三人，担保又可分为自我担保和第三方担保。

自我担保又分为显性自我担保与隐性自我担保。其一，显性的自我担保。债务人可以将自己的财产、债权等向债权人作抵押或质押，实现自我担保。这种以财产、债权等作为担保品的担保，是一种显性担保。

其二，隐性的自我担保。个人利用自己的社会资本实现担保，是一种隐性担保。债务人用自己的社会资本、社会声誉作抵押，换取自我担保，

① 朱凡：《人的担保基本制度研究》，博士学位论文，西南政法大学，2004，第 3 页。
② 谢在民：《民法物权论》（下），中国政法大学出版社，1999，第 527 页。
③ 徐浩：《担保物权功能论》，博士学位论文，西南政法大学，2004，第 6 页。

与前述以财产、债权等作担保的显性方式相比，以社会资本、社会声誉作担保的方式，就是一种隐性担保。

第三方担保就是债权债务关系方之外的、具有代为清偿债务能力的法人、其他组织或自然人，对债务做出担保。

其一，自然人作为第三方担保人。债务人个人的亲朋好友作第三方担保人比较常见。另外，企业家作为第三方担保人，为中小企业和其他个体融资提供担保，在发达国家非常普遍。

其二，法人作为第三方担保人。第一种是金融实体成为担保人，如银行作为担保人。在国外，银行可从担保业务中获取收益，因此，银行可以作为担保人为中小企业融资担保。第二种是公司作为担保人。大的公司为中小客户提供担保，来获得其主营业务的发展。大公司认为与中小企业签订的合同，足以保证他们能够得到资金，因而愿意提供表外担保。第三种是互助机构作为担保人。对于中小企业来说，大企业可以为其提供表外担保，但表内担保业务需要寻求互助机构来弥补。第四种是政府机构作为担保人。一些国家的地方政府为保证发展规划的实施，向参与建设的企业提供融资担保。① 政府作为担保人一般是承担特殊信用担保，如债权人对债务提出特殊的债务担保，要求担保人是具有无限偿付能力的政府部门。中国地方政府作为担保人的担保，是在全民所有制和传统计划经济体制基础上形成的一种特殊担保，是经济体制改革中的特殊现象。②

2. 信用担保的定义与分类

现代汉语"信用"一词可以囊括诚信、信誉、信任、信用等多层含义。经济学范畴的"信用"指经济活动中的借贷关系，是借贷行为的总称，它有三个基本特征：一是让渡货币或商品的有偿性；二是让渡货币或商品与得到价值补偿的时间间隔性，三是交易行为的契约性。③

"信用担保"就是为信用活动提供担保。目前，学术界对于信用担保

---

① 蒋彦华：《我国中小企业信用担保研究》，硕士学位论文，厦门大学，2001，第12~13页。

② 唐双宁等编著《抵押贷款概要》，中国金融出版社，1990，第4~5页。

③ 赵学军：《中国商业信用的发展与变迁》，方志出版社，2008，第2、3页。

的定义存有分歧。一种观点认为，"信用担保"与"信用保证"或"保证"可相互通用，信用担保即信用保证，是担保方式中人的担保，指保证人与债权人约定，当债务人不能履行债务时，保证人按照约定履行约定或承担责任的一种行为。保证人是具有代为清偿债务的企业法人、其他经济组织或个人。保证人既可以是专业性的担保机构，如担保公司、担保合作社；也可以是非担保专业的经济组织，如非金融性企业等经济组织；还可以是自然人。担保行为既可以是固定的，也可以是一次性的。[①] 第二种观点认为，信用担保只是担保中的一种，为借贷服务，也称为信用保证。信用担保是一种信誉证明和资产责任保证结合在一起的中介服务活动。当被担保的债务人向债权人（金融机构）申请贷款时，担保者可为债务人提供信誉证明和资产责任保证，即担保者向债权人做出承诺，对债务人提供信用保证，协助债务人获得贷款。[②] 这种观点认为，信用担保是专门的机构向社会提供的中介服务，是一种制度化的保证。其对信用担保定义的关键点有三：一是信用担保由专业的担保机构提供，而不是由一般法人、自然人提供；二是它是制度化的担保，提供的是标准化、规范化的服务；三是面向社会提供担保，而不是对内部关联机构的雇员提供担保。[③]

按照贷款归还的保障程度，正规金融机构的贷款业务分信用贷款和担保贷款，其中担保贷款又分为保证贷款、抵押贷款和质押贷款。表面上看，信用贷款是借款人完全凭借自己的信誉而得到贷款，实际上，这种不需要担保的贷款是借款人以自己的社会声誉作了隐性担保。保证贷款属于人的担保，债权人要求债务人寻找第三方，以第三方的信用作为还款保证。抵押贷款又称财产抵押担保贷款，属于物的担保，债务人或第三方把

[①] 胡海波：《我国中小企业信用担保制度问题研究》，博士学位论文，南开大学，2007，第21页；梅强、谭中明：《中小企业信用担保理论、模式及政策》，经济管理出版社，2002，第253～282页。

[②] 中国社会科学院经济研究所编《现代经济辞典》，凤凰出版社、江苏人民出版社，2004，第164、165、1112页。

[③] 胡海波：《我国中小企业信用担保制度问题研究》，博士学位论文，南开大学，2007，第21页；刘新来主编《信用担保概论与实务》，经济科学出版社，2003，第321～356页。

财产所有权转让给债权人，如此才能取得贷款。① 质押贷款也属于物的担保，债务人或者第三方将其动产或不动产移交债权人占有，从而获得贷款。这三种担保贷款既可以自我担保，又可以以第三方作担保。

在信用担保活动中，信用担保方式主要分作保证、抵押、质押。

3. 本书关于信用担保的定义

综合上述研究成果及各家观点，笔者对信用担保的定义是：信用担保即信用保证，是一种信誉证明和资产责任保证结合在一起的经济行为；是担保人与债权人约定，当债务人不能履行债务时，担保人按照约定履行约定或承担责任的一种法律行为。担保人是具有代为清偿债务能力的企业法人、其他经济组织或个人。信用担保可以是人的担保，也可以是物的担保；可以是自我担保，也可以是第三方担保；可以是显性担保，也可以是隐性担保。

（二）信用担保的功能

由于存在借款人的逆向选择效应和道德风险问题，贷款人在收贷时可能面临损失。一些学者认为，担保制度可以很好地解决交易双方信息不对称所导致的困境。

1. 担保机制能够缓解交易中的信息不对称问题

在市场交易中，往往存在买卖双方信息不对称的情况。这种信息不对称问题，对市场交易的影响是严重的，极端后果是双方终止交易。1970年，George A. Akerlof 在其著名论文《"柠檬"市场：质量不确定性和市场机制》中，通过建立旧车市场交易模型，分析了在信息不对称情况下交易双方如何博弈，阐明了信息不对称如何影响交易，直至中止交易的机理。他指出，消除信息不对称的有效机制之一就是引入担保机制。②

同样，在现实的金融市场，企业或个人向银行等金融中介机构贷款时，借贷双方同样为信息不对称问题所困扰。银行等金融中介为了防范企

---

① 唐双宁等编著《抵押贷款概要》，中国金融出版社，1990，第 5~8 页。

② Akerlof, G. A., "The Market for 'Lemons': Quality Uncertainty and the Market Mechanism," *Quarterly Journal of Economics*, 1970, 84 (3): 488-500; 李毅、向党：《中小企业信贷融资信用担保缺失研究》，《金融研究》2008 年第 12 期。

业贷款的违约风险，普遍要求借款企业或个人提供抵押担保、质押担保或第三方担保。循着 Akerlof 创立的信息不对称理论，西方学者开始深入研究信贷市场融资担保问题，一些文献回答了信贷市场为何需要信用担保。

信贷市场需要信用担保的原因之一，是信用担保可以有效缓解信贷市场信息不对称困境，保障贷款者的利益不受或少受损失。巴罗（Robert J. Barro）的信贷融资担保交易成本理论指出，将担保机制引入信贷市场，能够有效地解决信息不对称的困境。因为，借款者向金融中介提供担保品后，如果借款者违约，担保品将被转让给金融中介，借款者将遭受损失。因此，一方面，担保能够激励借款者如约归还贷款；另一方面，借款者一旦违约，担保品的产权便被转移给贷款者，虽然担保品价值与借款者所获得的贷款的价值之间可能存在差异，但贷款者会根据借款者违约概率恰当地设定贷款利率，以保证自己不受损失。这样，担保成为保证借款人履行合约的有效机制。①

2. 担保机制能够缓解信贷配给问题

信贷市场需要信用担保的重要原因，是信用担保可以缓解信贷市场的信贷配给问题。信贷配给现象是指借款者愿意支付规定利率甚至更高利率时，贷款人仍不愿意发放贷款或发放贷款额小于申请贷款额的情形。

不少学者的研究表明，在信贷市场上，在信息不对称的条件下，贷款人为缓解逆向选择效应和道德风险问题，会限制贷款，从而出现信贷配给问题，使得一些借款者不能得到贷款。贝森科（David Besanko）和塔克尔（Anjan V. Thakor）的研究表明，担保有助于缓解信贷配给问题，帮助借款者得到贷款。担保可以在完全竞争的信贷市场中发挥重要作用，尤其是在出现第三方担保后，借款者增加了新的担保方式。由低风险借款者和第三方担保者一起提供的最优担保额，要比借款者为了消除信贷配给而简单地以自己的实际可担保财产提供的担保额少得多。第三方担保者减少了信贷

---

① Barro, Robert J., "The Loan Market, Collateral, and Rates of Interest," *Journal of Money, Credit and Banking*, 1976, 8 (4): 439–456；梁鸿飞：《西方信贷融资担保理论》，《北京大学学报》（哲学社会科学版）2003 年第 1 期。

配给的可能性，绝对地提高了借款者的福利。[1]

另外，信用担保能够传递借款者的信息。詹（Yuk – Shee Chan）和卡纳塔斯（George Kanatas）认为，在不对称信息条件下，当借贷双方具有不同信息时，担保具有信号传递的功能，即借款者的担保品向贷款者传递出关于自身财产的信号，从而有利于获得贷款。[2]

3. 担保机制能够减轻逆向选择效应

另有一些学者从减轻借款人逆向选择效应出发，来解释信用担保对促进信贷交易的作用。如 Bester 提出，贷款人设计出合理的抵押品，抵押品就可以与利率组合成信号甄别装置，能够识别出借款人的偿债能力，从而减轻逆向选择问题。[3]

4. 担保机制能够缓解道德风险问题

Ghosh、Mookherjee、Ray 等人认为，抵押可以提高借款人的努力程度，从而有助于部分地缓解道德风险问题。[4] Boot、Holmstrom、Tirole、Banerjee、Newman、Cooley 等人认为，借贷交易发生后，抵押可以对借款人产生持续的激励，从而有助于减低他们的道德风险并提高对合同的执行力。[5]

---

[1] Besanko, D., A. V. Thakor, "Collateral and Rationing: Sorting Equilibria in Monopolistic and Competitive Credit Markets," *International Economic Review*, 1987, 28（3）: 671 – 689；梁鸿飞：《西方信贷融资担保理论》，《北京大学学报》（哲学社会科学版）2003 年第 1 期。

[2] Chan, Yuk – Shee and George Kanatas, "Asymmetric Valuations and the Role of Collateral in Loan Agreements," *Journal of Money, Credit and Banking*, 1985, 17（1）: 84 – 95；梁鸿飞：《西方信贷融资担保理论》，《北京大学学报》（哲学社会科学版）2003 年第 1 期。

[3] Bester, H., "Screening vs. Rationing in Credit Markets with Imperfect Information," *American Economic Review*, 1985, 75（4）. 转引自周天芸、周彤《中国农村人际圈层与抵押替代的实证分析》，《中国农村观察》2012 年第 1 期。

[4] 程恩江、刘西川：《小额信贷缓解农户正规信贷配给了吗？——来自三个非政府小额信贷项目区的经验证据》，《金融研究》2010 年第 12 期。

[5] Boot, A. W. A., A. V. Thakor and G. F. Udell, "Secured Lending and Default Risk: Equilibrium Analysis, Policy Implications and Empirical Results," *The Economic Journal*, 1991, 101（406）；Holmstrom, B. and J. Tirole, "Financial Intermediation, Loanable Funds and the Real Sector," *Quarterly Journal of Economics*, 1997, 112（3）；Banerjee, A. V. and A. F. Newman, "Occupational Choice and the Process of Development," *Journal of Political Economy*, 1993, 101（2）；Cooley, T., R. Marimon and V. Quadrini, "Aggregate Consequences of Limited Contract Enforceability," *Journal of Political Economy*, 2004, 112（4）. 转引自周天芸、周彤《中国农村人际圈层与抵押替代的实证分析》，《中国农村观察》2012 年第 1 期。

5. 法学视角：信用担保可强化债务信用

从法学视角来看，信用担保是一个强化债务信用的制度安排。担保制度使债权人取得了对债务人财产的"间接"支配权，为债权的实现提供了更为广泛和坚实的保障，强化了债务人的履约信用，保障了债权人的权益。[1]

（三）信用担保保障债权的机制

采用"保证"担保方式，保证人和债权人约定，当债务人不履行债务时，保证人按照约定履行债务或者承担责任。

采用"抵押"担保方式，债务人或者第三方为抵押人，提供担保的财产为抵押品，债权人为抵押权人。可以用于抵押的财产有房屋和其他地上定着物、机器、交通运输工具和其他财产，抵押人依法承包并经发包方同意抵押的荒山、荒沟、荒丘、荒滩等荒地的土地使用权，以及依法可以抵押的其他财产。抵押人所担保的债权不得超出其抵押物的价值。当债务人不履行债务时，债权人有权以抵押的财产折价，或者以拍卖、变卖该财产的价款优先受偿。

采用"质押"担保方式，可用动产质押，也可用权利质押。动产质押，是指债务人或者第三方将其动产移交债权人占有，将该动产作为债权的担保。债务人或者第三方为出质人，债权人为质权人，移交的动产为质物。债务人不履行债务时，债权人有权以该动产折价，或者以拍卖、变卖该动产的价款优先受偿。权利质押，是指债务人或者第三方将其有关权利移交债权人占有，将该权利作为债权的担保。可以质押的权利有汇票、支票、本票、债券、存款单、仓单、提单，依法可以转让的股份、股票，依法可以转让的商标专用权、专利权、著作权中的财产权，依法可以质押的其他权利。债务人不履行债务时，债权人有权以该权利折价，或者以拍卖、变卖该权利的价款优先受偿。

---

[1]　田土城：《担保制度的成因及其发展趋势——兼论我国担保立法的健全与完善》，《郑州大学学报》（哲学社会科学版）2001 年第 4 期。

（四）广义信用担保制度

笔者认为，前述定义多指信用担保行为，比较狭义。分析信用担保问题，更应该从社会制度层面进行考察。故此，笔者提出"广义信用担保制度"概念，在三个方面对原有含义加以拓展。一是一切借贷均有信用担保行为；二是信用担保的抵押物包括"社会资本"；三是习俗等非正式制度是信用担保制度重要的有机组成部分。

其一，信用担保行为存在于一切借贷之中，或为显性，或为隐性。所有的借贷，债权人都面临债务人偿债能力不足或偿债意愿淡漠的风险，债务人需要提供信用担保才能得到借款。债务人由第三人作保证，或向债权人提供抵押物、质押品，提供的是显性担保；债务人虽没有提供担保人或有形的抵押、质押物，但因债权人了解债务人的社会网络、个人信誉，债务人，实质是以其"社会资本"作了隐性担保。其二，"社会资本"是重要的信用担保抵押物。一般来说，能够用于信用担保的抵押物、质押品为有形的动产或不动产。但除此之外，个人还拥有或多或少的"社会资本"，这种"社会资本"就是社会网络。因为对于社会环境中的个体，社会网络对其生存与发展非常重要，在比较封闭的传统社会尤其如此。[1] 社会网络作为"社会资本"的基础和载体，是农户重要的生存资源。[2] 传统的人际网络关系可被用于担保，起到隐性抵押的作用。[3] 在金融交易中，社会资本具有类似抵押品的功能。[4] 借贷双方之间的社会关系就可作为"隐性担保机制"，可以收取较少的担保品，甚至不需要担保品。[5] 因此，债务人的社会资本可用作抵押品。其三，广义信用担保制度不仅仅体现为政府颁布

---

[1] 马光荣、杨恩艳：《社会网络、非正规金融与创业》，《经济研究》2011 年第 3 期。

[2] 参考张改清的观点。见张改清《中国农村民间金融的内生成长——基于社会资本视角的分析》，《经济经纬》2008 年第 2 期。

[3] 周天芸、周彤：《中国农村人际圈层与抵押替代的实证分析》，《中国农村观察》2012 年第 1 期。

[4] Biggart, N. W. and R. P. Castnias, "Collateralized Social Relations: The Social in Economic Calculation," *American Journal of Economics and Sociology*, 2001, 60 (2): 471 – 500.

[5] 金烨、李宏彬：《非正规金融与农户借贷行为》，《金融研究》2009 年第 4 期。

的法律条文，更多地表现为日常生活中的风俗习惯。法规条文构建的是信用担保的正式制度，风俗习惯构建的是信用担保的非正式制度，信用担保制度是正式制度与非正式制度的有机组合。

由法律条文构建的正式信用担保制度，规定了保证、抵押、质押等信用担保方式的运行机制。

在广义信用担保制度中，"社会资本"抵押借款的运行机制则相对比较复杂。"社会资本"抵押借款的运行机制，是依靠由习俗构建的非正式信用担保制度实现的。"社会资本"能够抵押借款，必须具备一定的社会环境。与有形抵押物相比，"社会资本"是虚拟的东西，如果维护机制不全，不值几文钱，但如果维护机制得力，则可能重若千金。

"社会资本"这一无形的抵押品，只有在以封闭社会、熟人社会为特色的乡村环境中才能发挥效用。因为，乡村社会保留着浓郁的诚信传统，人与人之间非常熟悉，建立了保证"社会资本"价值的信誉机制。第一，乡村借贷当事人之间进行的是重复博弈，他自己或子孙还将与村民进行无数次的重复博弈，借款人有追求长远利益的动机，不会为了短期的利益而损害自己的名声；第二，信息对称是个人机会主义行为受监督的基础，乡村里基本不存在信息不对称情况，一个人不守信用的消息很快就会被全村人知道；第三，人们会积极惩罚违约者，用"闲言碎语"诋毁其声誉和断绝与其交往作为惩罚。①农户有一种注重生活圈子的精神，看重社交圈子里的声誉和交情，如果违约就极有可能遭到惩罚，可能无法再向贷款人甚至其他贷款人借到款项，而且，声誉一旦受到损坏，甚至会连累到他整个家庭将来的声誉。这将导致其"社会资本"的丧失。②重复博弈的持续性，社区惩罚机制的有效性，是保证农户"社会资本"抵押借款运作的基础。

笔者将在第三篇运用广义信用担保理论，分析传统信用担保制度的变迁、信用担保缺乏对农户借贷的束缚、当代农村信用担保制度建设的滞后

---

① 张维迎：《市场秩序的信誉基础》，载张维迎《产权、政府与信誉》，三联书店，2001，第6页。
② 钱水土、陆会：《农村非正规金融的发展与农户融资行为研究——基于温州农村地区的调查分析》，《金融研究》2008年第10期。

及其影响。

四 研究框架与主要内容

本书力图从农户借贷需求的变迁、农户借贷渠道的变迁、信用担保制度的变迁及其影响三个方面，分析农户借贷问题。

上篇为农户借贷需求的变迁。笔者从民国时期农户借贷需求的结构、人民公社建立前农户借贷需求的结构、人民公社时期农户借贷需求的结构、改革开放后农户借贷需求的结构等四个方面，分析20世纪30年代以来农户借贷需求特征及其变迁特征。总体而言，生活性借贷需求一直是农户借贷需求的主体，而生产性借贷需求居于其次，农户借贷需求变迁的趋势是生活性借贷需求逐渐下降，而生产性借贷需求逐渐上升。当中国社会发展到普遍富余阶段，农户的生产性借贷需求将超过生活性借贷需求。

中篇为农户借贷渠道的变迁。笔者从民国时期农户借贷渠道的结构、人民公社建立前农户借贷渠道的结构、人民公社时期农户借贷渠道的结构、改革开放后农户借贷渠道的结构等四个方面，分析20世纪30年代以来农户借贷渠道及其主渠道变迁的特征。笔者认为，20世纪30年代以来，农户从私人网络借贷的主渠道几乎没有变化。笔者以为，农户借贷主渠道长期没有发生质的变化，原因在于农村信用担保制度建设的滞后。

下篇为农村信用担保制度的变迁及其对农户借贷的影响。笔者分析了传统的信用担保制度、信用担保制度的当代巨变、改革开放后农村信用担保制度的重建、信用担保缺乏对农户借贷的约束。笔者认为，信用担保制度是农村借贷活动的基础，农村一切借贷活动背后，都有各种信用担保方式作债权保障。中国信用担保制度历史悠久，但在20世纪50年代后发生了巨变。旧的信用担保制度已被颠覆，而新的信用担保制度尚未完善，造成农村信用担保制度缺失，严重制约了农户的借贷活动。解决农户在正规金融机构借贷难的问题，首先要完善与现实社会经济环境相适应的信用担保制度，健全信用担保体系。

上　篇

农户借贷需求的变迁

如何破解农户融资难题，是近些年来各界关注的热点问题之一。农户融资难，反映出农户融资需求受到制约。在寻找解决农户融资难问题的方案时，弄清以下问题十分重要：第一，农户的融资需求是什么？第二，农户融资需求是否已发生了变化？第三，制约农户融资的关键因素是什么？第四，应该在哪些方面增加资金供给？笔者以为，研究农户借贷需求的历史变化，对研究农户融资难的问题很有意义。

研究农户融资需求一般运用两种方法：一是意愿调查法，二是合约考察法。① 分析农户融资需求的历史变迁，不是对农户融资需求的实时调查，因此不可能采用意愿调查法。我们也缺乏当时学者采用意愿调查法调查农户融资需求的历史资料。因此，唯一可行的方法是合约考察法。由于借贷用途是融资需求的最终反映，因此，可以从借贷用途反观农户的融资需求，尽管这一方法存在一些缺陷。这样，通过分析农户借贷用途的变迁就

---

① 意愿调查法，就是研究者在实地调查中，直接询问农户在给定的贷款合约条件下，是否愿意借款以及借款的主要用途。合约考察法，就是研究者通过对农户信贷合约中贷款用途的考察，分析农户信贷需求特征。这两种方法各有所长，也各有缺陷。合约考察法隐含的假设是，农户信贷合约上的贷款用途就是其真实的贷款用途。这一方法存在的主要问题有二。其一，调查样本不完整。研究者将样本农户划分为得到贷款的农户和未得到贷款的农户两类，从而假定前者有信贷需求，后者没有信贷需求。实际上，没有得到贷款的农户不一定没有信贷需求，有可能是因为供给方信贷配给而不能获得贷款，也有可能是因为感觉求贷无望而不愿表达信贷需求。仅根据贷款农户的贷款用途来推断农户融资需求，必然缺少了有融资需求但未得到贷款的农户的样本数。其二，无法区分农户贷款资金互换的问题。由于信贷机构难以监督贷款的使用，农户得到贷款后，可将部分信贷资金替换自己原本已筹集好的其他资源，极端形式是挪用。这种情形在中国农村正规信贷市场很常见。因此，所考察的农户信贷合约中名义的贷款用途，难以反映出农户真实的对不同用途贷款的需求。意愿调查法也存在一些问题。采用意愿调查法的大部分学者认为，所有样本农户都是有信贷需求的。然而，不少学者发现，相当数量的农户（包括贫困户）实际上缺乏信贷需求，或者有效信贷需求不足。另外，意愿调查法仅注意到了农户是否出现资金缺口，对影响农户信贷需求的其他因素重视不够。因缺钱而贷款只是一种意愿，信贷需求还与信贷可得性、还款能力、借款成本及相关费用等因素有关。意愿调查法在问卷设计中基本上没有考虑这些影响因素。意愿调查法还忽视了被调查者迎合问题。如果认识到农业信贷政策鼓励农业生产、抑制消费的意图，被调查者为了获得较低利率的农业生产贷款就极有可能迎合现有政策而谎报信息。黄祖辉、刘西川、程恩江等探索了改进的意愿调查法。他们将意愿调查法与假想式问题结合在一起，研究农户对不同用途贷款的需求。参见黄祖辉、刘西川、程恩江《中国农户的信贷需求：生产性抑或消费性——方法比较与实证分析》，《管理世界》2007 年第 3 期。

可以研究农户融资需求变迁问题。

当代中国大多数农户依然带有浓厚的传统小农色彩。传统小农的借贷一般用于日常生活及生产经营的方方面面，总而言之，可将之归结为生活性借贷、生产性借贷及其他三大类。由此推之，农户融资需求也可分为生活性借贷需求、生产性借贷需求及其他需求三大类。

民国时期，学界前辈曾对农户的借贷情况做过许多调查。如20世纪30~40年代，李景汉、卜凯、于树德、吴志铎等人，以及日本满铁株式会社、国民政府中央农业实验所等机构，在进行中国农村调查时，都将农户借贷作为主要调查内容。当代学者李金铮、徐畅等人利用卜凯等人的调查资料，发表了农村借贷问题的系列研究成果。20世纪50年代初期，中南、华南等地方政府曾对农户经济做过详细调查，汇总成了许多农村经济调查资料，苏少之、常明明等学者则利用这些资料撰写了20世纪50年代农村借贷问题的论著。到计划经济时期，农户已不是传统的小农，农户成为农村集体经济中的一员，这一时期涉及对农户借贷问题进行调查的文献较少，散见在一些反映农村高利贷问题的文章、著作之中。改革开放后，随着农户重新获得经营自主权，向传统小农回归，农户借贷活动迅猛兴起，吸引了不少研究机构、学者的注意，对农户借贷情况的调查也多了起来，如邓英淘、张元红、何广文、曹力群等人，都通过对不同区域农户借贷的实地调查，来研究农户的借贷问题。2000年后，学术界研究农户借贷问题更是蔚然成风，不再赘述。

上述调查资料及研究论著，展现出了不同时期、不同区域农户借贷用途的不同结构。如果我们简单地将其按时序排列下来，可以大致看到农户借贷用途的时代变迁。但是，因为这些文献反映的是不同时期、不同地区的情况，时空逻辑并不一致，所得结论有可能出现偏差。更何况因调查区域不同、研究方法不同，即使基于同一时期进行的农户借贷调查，学者们的观点也可能相左。比如，当代学者在研究中国农户的借贷需求时，所得出的结论常常迥然不同：有学者认为农户借贷是以生活性借贷为主，但也有学者认为农户借贷是以生产性借贷为主，还有学者认为农户借贷是生活性借贷与生产性借贷并重。① 这表明，由于中国农村区域经济发展的差异性、不平衡性极大，试图得出一个令人信服的全国农户借贷用途结构的变迁是比较困难的。

幸运的是，我们可以利用 1929～2011 年中国社会科学院经济研究所"无锡、保定农村调查"系列资料作为研究个案，对农户借贷需求的历史变迁进行尝试性研究。无锡、保定农村调查是对同一地区的特定农户持续进行的 80 余年的系列调查，所积累的珍贵历史资料，是研究这一问题重要的支撑。在本篇，笔者以这一资料为基础研究材料，尝试分析农户借贷需求的历史变迁。

---

① 何广文、李莉莉：《正规金融机构小额信贷运行机制及其绩效评价》，中国财政经济出版社，2005；杨玉萍、王茵、李鹏：《村户资金借贷状况调查报告》，《新疆农垦经济》2008年第4期；中国人民银行西安分行课题组：《西北五省区农村金融问卷调查分析报告》，《金融时报》2005年8月2日；刘锡良等：《中国转型期农村金融体系研究》，中国金融出版社，2006，"前言"。

第一章　民国时期农户的借贷需求

民国时期，中国一片破败景象。20 世纪 30～40 年代，农村经济更趋萧条，农户谋生艰难，贫困程度加深，多数家庭常常出现亏空，只好饮鸩止渴，借贷度日。可以想象，在这种状况下，贫困农户借贷的主要用途是为了生活消费，当然也有少部分借贷用于了生产方面。中国农村中，除了贫困农户外，其他不同阶层农户的借贷需求则表现出较大的不同，地主、富裕中农、中农家庭生产性借贷需求就比较多。

一　农户生存环境的恶化与借贷需求

（一）20世纪30～40年代的社会经济环境

20 世纪 30～40 年代，中国连年战乱，民不聊生。小农生活于水深火热之中，处于斯科特所定义的"道义小农"境地。但即使是在这种艰难的环境下，小农依然顽强地寻找做工的机会及经营小买卖的机会，以非农收入弥补家庭生活开支，表现出如黄宗智所定义的"拐杖小农"色彩。

20 世纪 30 年代，一直处于慢性衰退中的农村经济，在各种突如其来的不利因素的摧残打击下，陷入全面危机，表现为土地抛荒、产量减少、农产品价格低落、手工副业破产、农村收入剧减、人口离村等。

由于受世界经济危机冲击、对外贸易衰落、城市工商凋敝、天灾人祸、赋税日重等因素的影响，乡村副业日趋困窘。许多家庭手工业因找不到销路和价格暴跌而减产、停产以至破产，许多在外谋职佣工的人失业回乡，许多副业如捕鱼、砍柴、割草、赶骡、划船、贩卖、挑扛等报酬剧减，许多地方因日本占领东北和日货占领中国市场而断绝生路。[①]

空前的农村经济危机耸动全国，引发了城市工商凋敝、财政恐慌、农民运动、社会动荡等一系列严重的政治经济社会问题。近代中国劳动力资源虽极为丰富，但土地、资本极为短缺。与城市相比，农村资金供求矛盾尤为突出，资金缺口极大。一方面，随着农村自然经济瓦解，农村商品化、货币化程度提高，对货币的需求量增大；但另一方面，农村资金供应不仅未能同步增加，反而由于城乡差距的拉大和农村社会经济环境的恶化而不断外溢到城市。因此，20 世纪 30 年代初，农村资金加速外流，农村金融几近枯竭。[②]

（二）农户贫困的加深

近代中国，在动荡的社会环境中，苛捐杂税繁重，农户背上了沉重的债务，极端贫困，不少地方农户家庭经济已成为负债经济。

据学者们的研究，20 世纪 30 年代，中国农户生存环境恶化。入不敷出或盈余甚少是农家经济生活中的普遍现象。[③] 1936 年费孝通对江苏吴江县开弦弓村进行调查时发现，1 个由 1 位老年妇女、1 位成年男子、1 位成年妇女和 1 个小孩组成的拥有 9 亩土地的普通家庭，1 年必须在市场上购买的物品价值及必须缴纳的租税，至少为 263 元，这是正常生活的最低开支。[④] 李宏略综合当时学者的调查数据，认为 20 世纪 30 年代长江中下游普通农户最低生活费为 292 元。[⑤] 以 290 元为贫困线标准，1934 年长江中

---

① 宫玉松：《三十年代农村金融危机述论》，《中国经济史研究》1995 年第 4 期。
② 宫玉松：《三十年代农村金融危机述论》，《中国经济史研究》1995 年第 4 期。
③ 李金铮：《民国乡村借贷关系研究——以长江中下游地区为中心》，人民出版社，2003，第 63～66 页。
④ 费孝通：《江村经济——中国农民的生活》，江苏人民出版社，1986，第 94～96 页。
⑤ 李宏略：《数字中的农家生活》，《东方杂志》1934 年第 31 卷第 7 号。

下游农户年收入在299.9元以下的，占到91%强。① 1934年全国土地调查委员会曾对16个省份农户收支情况做过调查，得出了三成以上农户收不抵支的结论（如表1-1所示）。

表1-1　1934年长江中下游乡村农户收支情况

单位：%

省份	占调查总户数比重			
	收支有余	收支相等	收支不敷	调查不明
江苏12县	19.10	45.30	34.86	0.74
浙江15县	11.93	36.46	51.00	0.61
安徽12县	23.87	33.82	40.69	1.62
江西5县	17.94	50.95	30.50	0.61
湖南14县	19.54	43.84	35.08	1.54
湖北11县	26.94	35.86	36.34	0.86
6省平均	19.89	41.04	38.08	1.00
16省平均	23.21	41.06	34.89	0.84

资料来源：根据中国第二档案馆编《中华民国史档案资料汇编》第五辑第一编（财政经济七）第36页整理。转引自李金铮《民国乡村借贷关系研究——以长江中下游地区为中心》，人民出版社，2003，第65页。

（三）弥补家庭亏空成为借贷的主因

当农户家庭出现入不敷出时，短期内可以动用积蓄进行弥补。但积蓄耗尽，仍不能实现收支平衡时，农户就只有负债了。

据费孝通1936年的调查，"农户亏空是常事。亏空可以是紧急的或非紧急的。紧急亏空需要采用立即措施。食物不足、资本货物缺少，无力支付租税等属于这种情况。除非给予资助，否则对个人会产生灾难性结果……这种紧急亏空限于一部分村民……非紧急亏空，例如无力支付礼仪所需的费用，这在比较有钱人中间也是比较普通的"。②

① 李金铮：《民国乡村借贷关系研究——以长江中下游地区为中心》，人民出版社，2003，第63~66页。

② 费孝通：《江村经济——中国农民的生活》，江苏人民出版社，1986，第188页。

另据国民政府实业部中央农业实验所 1933 年的调查数据，全国农民中，负钱债者占 56%，负粮债者占 48%，全国半数以上的农户负债，负债家庭又以佃农、半自耕农家庭居多。向来以富庶著称的江浙两省，农户负债情况却非常严重。江苏省的负钱债者占 62%，负粮债者占 50%；浙江省的负钱债者为 67%，负粮债者占 48%。两省农民负债率竟高于全国平均水平，与最贫困的西北各省份不相上下。[①]

随着农户日趋贫困，生存危机日益严重，举债成为维持最低限度生活和简单再生产的唯一出路。

二 农户借贷用途的结构

据费孝通先生的研究，多数农户必须为"紧急亏空"借贷，否则无法生存。这种"紧急亏空"主要是日常生活支出的亏空。因此，农户为解决生活费用而借贷是借贷的主因，解决临时的生活困难，自然成为农户借贷的主要用途。当然，农户也将部分借贷资金用于生产方面，不过居次。

（一）生活性借贷占主体

20 世纪 30 年代，中国农户入不敷出的窘境常使他们遭遇灭顶之灾。为生存举债甚至是不惜借"吃人"的高利贷，都是为解决燃眉之急而迫不得已的选择。章乃器曾在当时的时评中说，中国农户"只可能有'饥寒交迫'的消费的借入，而不可能有'整暇'的生产的借入"。[②] 马札亚尔指出，中国"乡村中的借贷，多半都不是借来用以改良生产条件及保证良好的再生产过程"。[③] 当时的学者及一些官方机构的农村调查资料，也反映出

---

① 中央农业实验所：《农情报告》1934 年第 2 卷第 4 期，第 30 页。

② 章乃器：《中国货币金融问题》，生活书店，1936，第 279 页。转引自李金铮《民国乡村借贷关系研究——以长江中下游地区为中心》，人民出版社，2003，第 54 页。

③ 马札亚尔：《中国农村经济研究》，神州国光出版社，1932，第 426 页。转引自李金铮《民国乡村借贷关系研究——以长江中下游地区为中心》，人民出版社，2003 年，第 54 页。

农户借贷主要用于生活的事实。

李景汉先生于 1928 年在河北省定县调查了 6 个村庄，发现有 68 家农户借贷。其中甲村 9 家借贷，平均每家 139 元；乙村 19 家借贷，平均每家 168 元；丙村 6 家借贷，平均每家 90 元；丁村 10 家借贷，平均每家 37 元；戊村 15 家借贷，平均每家 66 元；己村 9 家借贷，平均每家 107 元。68 户共借贷 7296 元，平均每户 107 元。李景汉先生将 68 家农户的借贷用途分为三类：用于生产方面、用于非生产方面和用于教育方面。用于非生产方面如补家亏、还旧账、修盖房屋、买粮食、诉讼、路费、抽大烟、赌博、婚丧嫁娶等方面的有 53 家，占 77.94%，用于教育方面的有 2 家，占 2.94%。[1] 李景汉的调查表明，定县农户用于非生产方面的借贷比例高达 80% 以上。

20 世纪 30 年代初期，卜凯对中国 22 个省 140 余县农村做过调查，调查结果表明，农户借贷用于生产方面的比例较低，而用于生活等非生产性方面却占绝大部分。如江苏、浙江、安徽、江西、湖南、湖北 6 省，用于非生产方面的负债农户占被调查户的 35.5%，高于用于生产方面负债农户占比 21.4 个百分点。农户当年借贷额中，用于非生产方面的占 59.1%，用于生产方面的占 16.7%。从 22 省平均水平看，用于非生产方面的负债农户占被调查户的 31.4%，农户当年借贷额中用于非生产方面的占 58.8%。经济发达的江苏省，用于非生产方面的负债农户占被调查户的 41.1%，农户当年借贷额中用于非生产方面的占 79.0%（见表 1 - 2）。

表 1 - 2　1929 ~ 1933 年长江中下游乡村农户借贷用途

单位：%

省份	负债户（占总调查户的比重）			负债额（占当年借贷额的比重）		
	生产用途	非生产用途	总计	生产用途	非生产用途	总计
江苏	22.0	41.1	51.4	21.5	79.0	100.5
浙江	7.1	34.4	40.0	20.2	75.2	95.4
安徽	20.0	32.6	43.2	18.1	65.6	83.7

---

[1]　李景汉：《定县社会概况调查》，大学出版社，民国二十二年，第735、736页。

续表

省份	负债户（占总调查户的比重）			负债额（占当年借贷额的比重）		
	生产用途	非生产用途	总计	生产用途	非生产用途	总计
江西	10.5	40.8	48.7	10.7	41.3	52.0
湖南	9.3	31.3	36.8	11.0	40.8	51.8
湖北	15.8	32.8	42.6	18.6	52.8	71.4
6 省平均	14.1	35.5	43.8	16.7	59.1	75.8
22 省平均	10.7	31.4	36.8	17.6	58.8	76.4

注：因用于生产和非生产的负债户有相互重合之处，故二者的比例之和大于 100% 且第 4 列数据并非第 2 列与第 3 列数据之和。

资料来源：转引自李金铮《民国乡村借贷关系研究——以长江中下游地区为中心》，人民出版社，2003，第 54、55 页。

再以华北保定农村为例，20 世纪 30 年代初期，农户借贷用于生活等非生产性消费的比例也很高。

1930 年夏天，陈翰笙先生领导第一次无锡、保定农村调查时，在保定地区共调查 1152 户，其中 164 户发生了借贷，占被调查户的 14.2%，户均借贷 219.9 元（见表 1-3）。从当时的调查项目看，农户用于生产方面的借贷比例为 17.16%，用于购买生活资料的比例为 12.06%，用于婚丧喜庆的比例为 6.74%，用于交付捐税债务的比例为 1.85%，用于抽大烟、吃喝、赌博等挥霍性消费及归还旧债的比例高达 62.19%（主要是地主、富农等富裕农户的借贷消费）。如果简单地将农户借贷分为生产性用途与非生产性用途两类，则生产性借贷不足 18%，而用于非生产方面所占比例则超过 82%（见表 1-4 和表 1-5）。

表 1-3　1930～1997 年无锡、保定地区农户借贷情况

单位：户，%，元

年份	地区	调查样本数	其中借贷户		户均借贷额
			户数	占比	
1930	保定	1152	164	14.2	219.9
1936	保定	1208	81	6.7	113.3
1946	保定	1403	43	3.1	61.1

续表

年份	地区	调查样本数	其中借贷户		户均借贷额
			户数	占比	
1957	保定	1738	466	26.8	30.0
1987	无锡、保定	1921	508	26.4	887.95
1997	无锡、保定	3137	383	12.2	13750.2

注：因调查问卷设计问题，本表农户负债额与表1－4中1997年的数据存在差异；1987年调查样本数为现存资料的样本数。

资料来源：河北省统计局《1930～1957年保定农村经济调查综合资料》（油印本），1958年10月，中国社会科学院经济研究所图书馆藏；中国社会科学院经济研究所无锡保定农村调查数据库（1930～1998）。

表1－4　1930～1997年保定地区农户借贷用途

单位：户，元

年份	地区	借贷户数	负债金额	生产性借贷	非生产性借贷			
					生活性借贷		其他用途	
				购生产资料	购生活资料	婚丧喜庆	交付捐税债务	其他
1930	保定	164	36066.21	6189.40	4349.07	2429.44	668.57	22429.73
1936	保定	81	9176.63	1030.80	2696.10	1634.33	366.88	3448.52
1946	保定	43	2628.36	48.00	1436.98	133.00	228.00	782.38
1957	保定	466	13993.21	3124.70	6733.37	413.00	0.00	3722.14
1997	无锡、保定	383	5266310	4146310	1120000			

注：本表与表1－3中1997年的数据有出入，这是因为农户借债金额与借债用途金额两个调查项目分头填写，二者不一致；1987年的调查数据缺少农户借款用途的数据，故表中没有体现；表中"其他"，1930年、1936年、1946年、1957年主要指抽大烟、吃喝、赌博等挥霍性消费及归还旧债；1998年的调查分为三项，一是用于农业生产，二是用于非农业生产，三是用于生活消费，本表将前两项合并为生产性借贷；原表中一些数据汇总有误，笔者做了修正。

资料来源：河北省统计局《1930～1957年保定农村经济调查综合资料》（油印本），1958年10月，中国社会科学院经济研究所图书馆藏；中国社会科学院经济研究所无锡保定农村调查数据库（1930～1998）。

表1－5　1930～1997年无锡、保定地区农户借贷用途结构

单位：%

年份	地区	负债金额	生产性借贷	非生产性借贷			
				生活性借贷		其他借贷	
			购买生产资料	购买生活资料	婚丧喜庆	交付捐税债务	其他
1930	保定	100	17.16	12.06	6.74	1.85	62.19

续表

年份	地区	负债金额	生产性借贷	非生产性借贷			
				生活性借贷		其他借贷	
			购买生产资料	购买生活资料	婚丧喜庆	交付捐税债务	其他
1936	保定	100	11.23	29.38	17.81	4.00	37.58
1946	保定	100	1.83	54.67	5.06	8.67	29.77
1957	保定	100	22.33	48.12	2.95	0.00	26.60
1997	无锡、保定	100	78.73	21.27			

资料来源：表1-3中数据整理计算而来。

20世纪30年代中叶及40年代，保定农户用于生活消费等非生产性方面的借贷比例仍然居高不下。1936年，农户借贷用于非生产性方面的比例超过88%。1946年，农户借贷用于生活等非生产方面的比例更高达98%以上，当然这种反常与持续的战争有关。

（二）农户投入生产的借贷所占比例较低

农户自然也将一部分借贷用于生产，只是比例极低。

据李景汉先生于1928年在河北省定县的农村调查，68家借贷农户中，将借款用于买地、经商、买牲畜、买农具、凿井等生产方面的有13家，占19.12%。[①] 这表明，定县农户借贷用于生产方面不足20%。

另据卜凯对中国22个省140余县农村的调查数据，农户借贷用于生产方面的比例较低。如江苏、浙江、安徽、江西、湖南、湖北6省，借贷用于生产方面的负债农户占被调查户的14.1%，农户当年借贷额中用于生产方面的占16.7%。从22省平均水平看，用于生产方面的负债农户占被调查户的10.7%，农户当年借贷额中用于生产方面的占17.6%。经济发达的江苏省，借贷用于生产方面的负债农户占被调查户的22.0%，农户当年借贷额中用于生产方面的占21.5%（见表1-2）。

又据无锡、保定农村调查数据，1930年保定地区农户用于生产方面的

---

① 李景汉：《定县社会概况调查》，大学出版社，民国二十二年，第735、736页。

借贷比例为 17.16%，1936 年用于生产的借贷比例仅为 11.23%，1946 年农户借贷用于生产方面的比例更低，只有 1.83%（见表 1-5）。

三 不同阶层农户借贷的用途

不同阶层的农户，由于占有生产资料多寡不一，家庭积累的财富差别较大，在借贷需求方面表现出较大的不同。大体说来，地主、富裕中农、中农家庭，生产性借贷需求较多，而贫农、雇农等贫穷家庭，生活性借贷需求较多。

（一）富裕农户的借贷结构

从无锡、保定农村调查资料看，1930 年保定地区地主购买生产资料借款占其借款总额的 29.62%，非生产性借款占其借款总额的 70.38%；富农用于购买生产资料的借款占其借款总额的 22.87%，非生产性借款占其借款总额 77.13%（见表 1-6）。1936 年，保定地区被调查的 2 户地主，借贷没用于生产方面，也没用于购买生活资料，而是全部用于其他支出；被调查的 6 户富农，用于生产方面的借款占其借款总额的 76.10%，用于非生产方面的借款占其他借款总额 23.89%（见表 1-7）。

表 1-6 1930 年保定地区各阶级农户借贷用途情况

单位：户，元，%

	阶级	户数	其中负债户数	用途					
				小计	购买生产资料	购买生活资料	婚丧喜庆	交税债务	其他
数额	合计	1152	164	36066.35	6189.54	4349.07	2429.44	668.57	22429.73
	地主	50	10	9211.29	2728.50	0	80.00	200.00	6202.79
	富农	109	14	4368.14	998.80	218.28	694.75	0	2456.31
	中农	415	61	15893.19	811.72	1951.96	1207.36	54.57	11867.68
	贫农	456	63	5654.22	1578.69	1704.08	345.57	414.00	1611.88
	雇农	98	15	757.61	71.83	474.75	101.86	0	109.17
	其他	24	1	181.9	0	0	0	0	181.9

阶级	户数	其中负债户数	用途					
			小计	购买生产资料	购买生活资料	婚丧喜庆	交税债务	其他
构成 合计	100.00	100.00	100	17.16	12.06	6.74	1.85	62.19
地主	4.34	6.10	100	29.62	0.00	0.87	2.17	67.34
富农	9.46	8.54	100	22.87	5.00	15.90	0	56.23
中农	36.02	37.20	100	5.11	12.28	7.60	0.34	74.67
贫农	39.58	38.41	100	27.92	30.14	6.11	7.32	28.51
雇农	8.51	9.15	100	9.48	62.66	13.45	0	14.41
其他	2.08	0.60	100	0	0	0	0	100.00

资料来源：河北省统计局《1930~1957年保定农村经济调查综合资料》（油印本），1958年10月，中国社会科学院经济研究所图书馆藏，第79页。

表1-7　1936年保定地区各阶级农户借贷用途情况

单位：户，元，%

	阶级	户数	其中负债户数	用途（元）					
				小计	购买生产资料	购买生活资料	婚丧喜庆	交付税债务	其他
数额	合计	1208	81	9177.23	1030.80	2636.10	1634.93	366.88	3448.52
	地主	49	2	1620.92	0	0	0	0	1620.92
	富农	100	6	889.88	677.23	92.65	120.00	0	0
	中农	498	28	4177.24	122.46	1302.78	1129.89	336.88	1285.23
	贫农	459	38	2190.36	201.11	1123.01	293.87	30.00	542.37
	雇农	77	6	202.76	30.00	81.59	91.17	0	0
	其他	25	1	36.07	0	36.07	0	0	0
构成	合计	100.00	100.00	100	11.23	28.72	17.82	4.00	37.58
	地主	4.06	2.47	100	0	0	0	0	100.00
	富农	8.28	7.41	100	76.10	10.41	13.48	0	0
	中农	41.23	34.57	100	2.93	31.19	27.05	8.06	30.77
	贫农	38.00	46.91	100	9.18	51.27	13.42	1.37	24.76
	雇农	6.37	7.41	100	14.80	40.24	44.96	0	0
	其他	2.07	1.23	100	0	100.00	0	0	0

注：部分地方有误，笔者做了修改。

资料来源：河北省统计局《1930~1957年保定农村经济调查综合资料》（油印本），1958年10月，中国社会科学院经济研究所图书馆藏，第121页。

1929 年，无锡地区地主的借款全部用于非生产性支出；富农用于生产的借款占其借款总额的 30.33%，用于非生产性支出的借款占其借款总额的 69.67%。在生产性借贷方面，被调查的 4 户地主没有将借款用于买地，而被调查的 24 户富农用于购买田地的借款占其借款总额的 17.42%，即生产性借贷的 57.44% 用于了购置田地。从全部调查样本看，非生产性借贷占借贷总额的 89.91%，只有 10.09% 的借债款项用于生产经营。在生产性借贷中，有 40.17% 的借款用于购置田地（见表 1－8）。

1936 年，无锡地区被调查的 2 户地主，借款不是为了投入生产，而是有 55.45% 用于婚丧疾病支出，有 44.45% 用于挥霍性支出；被调查的 13 户富农中，55.58% 的借款投资于生产方面，其中生产性借贷中 47.36% 的借款用于购置田地。从全部调查样本看，非生产性借贷占借贷总额的 86.37%，只有 13.63% 的借债用于生产经营。在生产性借贷中，有 40.90% 的借款用于购置田地（见表 1－9）。与 1929 年相比，生产性借贷占比上升了 3.54 个百分点。

20 世纪 40 年代上半期，中国在进行艰苦卓绝的抗日战争。1946 年国内战争仍在进行，从无锡、保定农村调查资料看，农户极少为生产而借贷。保定被调查 45 户地主中，1 户有借贷，全部用于购买生产资料、购买生活资料、婚事丧事、交赋税债务之外的其他方面；被调查的 78 户富农中，2 户有借贷，66.67% 的借款用于婚事丧事，33.33% 的借款用于交付税债务方面（见表 1－10）。

1958 年进行第二次无锡、保定农村调查时，对 1948 年无锡农村经济状况做了回顾性调查。被调查的地主有 36 户，其中 3 户有借款，负债的 15.22% 用于婚事、丧事、治病支出，84.78% 的借款用于支付敲诈勒索等花费；被调查的富农有 34 户，其中 4 户有负债，借款的 92.29% 用于生产方面（购买田地的借款占生产性贷款的 49.10%，经商的借款占生产性贷款的 50.89%），借款的 7.71% 用于非生产性支出。从全部调查样本看，非生产性借贷占借贷总额的 84.06%，只有 15.94% 的借债款项用于生产经营。在生产性借贷中，有 47.29% 的借款用于购置田地（见表 1－11）。与 1929 年及 1936 年相比，生产性借贷占比分别上升了 5.85 个及 2.31 个百分点。

表1-8 1929年无锡地区各阶级农户借贷用途情况

单位：户、元、%

| | 阶级 | 户数 | 借贷户数 | 总计 | 生产 | | | 非生产 | | | | | | | |
					小计	其中购买田地	其中经商	生活	建房	婚丧疾病	还租	还债	苛捐勒索	挥霍浪费	其他
数额	总计	716	430	147518.99	14878	5977	8901	4811.34	14485.84	48034.6	4224.32	3932.78	223.6	5968.57	30959.94
	地主	23	4	5689.76	0	0	0	0	860	3680.8	0	0	0	0	1148.96
	富农	60	24	16881.04	5120.54	2941.2	2179.34	0	516	7568	0	490.2	0	0	3186.3
	中农	174	94	36674.27	2906.8	1530.8	1376	1028.56	6193.72	11573.19	2043.36	344	223.6	3313.75	9047.29
	贫农	404	284	80981.26	3410.76	1505	1905.76	22788.62	6056.12	23496.09	2180.96	3005.7	0	2654.82	17388.19
	雇农	7	1	92.88	0	0	0	0	0	0	0	92.88	0	0	0
	其他	48	23	7199.92	3440	0	3440	994.16	860	1716.56	0	0	0	0	189.2
构成	总计	100	100	100	10.09	4.05	6.03	16.82	9.82	32.56	2.86	2.67	0.15	4.05	20.99
	地主	3.21	0.93	100	0	0	0	0	15.11	64.69	0	0	0	0	20.19
	富农	8.38	5.58	100	30.33	17.42	12.91	0	3.06	44.83	0	2.90	0	0	18.88
	中农	24.30	21.86	100	7.93	4.17	3.75	2.80	16.89	31.56	5.57	0.94	0.61	9.04	24.67
	贫农	56.42	66.05	100	4.21	1.86	2.35	28.14	7.48	29.01	2.69	3.71	0	3.28	21.47
	雇农	0.98	0.23	100	0	0	0	0	0	0	0	100	0	0	0
	其他	6.70	5.35	100	47.78	0	47.78	13.81	11.94	23.84	0	0	0	0	2.63

注：原表将“经商”列人非生产性用途，本表改为生产性用途；原表将“建造房屋”列为生产性借贷用途，笔者将其调整到了非生产性借贷用途；原表一些加总数据有误，本表根据原表的各个分项数据，重新做了计算。

资料来源：《无锡市农村经济调查综合表》，无锡市档案馆档案B15-3-20。

表1-9　1936年无锡农村各阶级农户借贷用途情况

单位：户、元、%

| | 阶级 | 户数 | 借贷户数 | 总计 | 生产 | | | 非生产 | | | | | | | |
					小计	其中购买田地	其中经商	建造房屋	生活	婚丧疾病	还租	还债	苛榨勒索	挥霍浪费	其他
数额	总计	751	227	65343.78	8906.16	3642.96	5263.20	5151.74	6895.67	21569.87	1403.52	2777.80	344.00	3063.96	15231.66
	地主	26	2	3815.6	0	0	0	516.00	0	2115.6	0	0	0	1700.0	0
	富农	47	13	5880.02	3268	1548	1720.00	0	0	51.60	0	0	0	0	2044.42
	中农	214	62	18699.94	3601.68	488.48	3113.2	1763.34	1649.48	7192.8	258	344	0	172	3718.64
	贫农	403	143	33456.62	436.88	264.88	172	1582.4	5160.19	12209.27	1145.52	2433.8	344	1191.96	8952.6
	雇农	10	1	68.8	0	0	0	0	68.8	0	0	0	0	0	0
	其他	51	6	3422.8	1599.6	1341.6	258	1290	17.2	0	0	0	0	0	516
构成	总计	100	100	100	13.63	5.58	8.05	7.88	10.55	33.01	2.15	4.25	0.53	4.69	23.31
	地主	3.46	0.88	100	0	0	0	0	0	55.45	0	0	0	44.45	0
	富农	6.26	5.73	100	55.58	26.33	29.25	0	0	0.88	0	0	0	0	34.76
	中农	28.50	27.31	100	19.26	2.61	16.65	9.43	8.82	38.46	1.38	1.84	0	0.92	19.89
	贫农	53.66	63.00	100	1.31	0.79	0.51	4.73	15.42	36.49	3.42	7.27	1.03	3.57	26.76
	雇农	1.33	0.44	100	0	0	0	0	100.00	0	0	0	0	0	0
	其他	6.79	2.64	100	46.73	39.20	7.54	37.69	0.50	0	0	0	0	0	15.08

注：原表将"经商"列入非生产性用途，本表改为生产性用途；原表将"建造房屋"列为生产性借贷用途，笔者将其调整到非生产性借贷用途；
原表的一些加总数据有误，本表根据原表的各个分项数据，重新做了计算。
资料来源：《无锡市农村经济调查综合表》，无锡市档案馆档案 B15-3-20。

表1-10 1946年保定地区各阶级农户借贷用途情况

单位：户、元、%

| | 阶级 | 户数 | 其中负债户数 | 合计 | 用途 | | | | |
					购买生产资料	购买生活资料	婚丧喜庆	交赋税债务	其他
数额	合计	1403	43	2628.36	48.00	1436.98	133.00	228.00	782.38
	地主	45	1	483.6	0	0	0	0	483.6
	富农	78	2	120	0	0	80	40	0
	中农	719	15	1197.93	48	770.55	20	138.00	221.38
	贫农	527	24	811.83	0	666.43	18.00	50.00	77.40
	雇农	22	1	15	0	0	15	0	0
	其他	12	0	0	0	0	0	0	0
构成	合计	100	100	100	1.83	54.67	5.06	8.67	29.77
	地主	3.21	1.67	100	0	0	0	0	100.00
	富农	5.56	3.33	100	0	0	66.67	33.33	0
	中农	51.25	46.66	100	4.01	64.32	1.67	11.52	18.48
	贫农	37.55	46.67	100	0	82.09	2.22	6.16	9.53
	雇农	1.57	1.67	100	0	0	100	0	0
	其他	0.86	0	0	0	0	0	0	0

注：原表的一些汇总数据计算有误，笔者做了改正。

资料来源：河北省统计局《1930～1957年保定农村经济调查综合资料》（油印本），1958年10月，中国社会科学院经济研究所图书馆藏，第161页。

表1-11　1948年无锡各阶级农户借贷的用途

单位：户、元、%

	阶级	户数	借贷户数	总计	生产				非生产						
					小计	其中购买田地	经商	建造房屋	生活	婚丧疾病	还租	还债	苛榨勒索	挥霍浪费	其他
数额	总计	834	217	23159.68	3692.56	1746.24	1946.32	3933.6	2922.64	7999.60	305.76	748.80	1673.60	361.44	1521.68
	地主	36	3	1766.4	0	0	0	0	0	268.8	0	0	1497.6	0	0
	富农	34	4	1941.60	1791.84	880.00	911.84	149.76	0	0	0	0	0	0	0
	中农	248	44	6324.72	436.56	129.36	307.20	1820.88	411.12	1794.96	13.44	748.80	0	0	1098.96
	贫农	457	160	12673.36	1107.20	669.52	437.68	1962.96	2417.60	5935.84	292.32	0	176.00	361.44	420.00
	雇农	8	1	32	0	0	0	0	32	0	0	0	0	0	0
	其他	51	5	421.60	356.96	67.36	289.60	0	61.92	0	0	0	0	0	2.72
构成	总计	100	100	100	15.94	7.54	8.40	16.98	12.62	34.54	1.32	3.23	7.23	1.56	6.58
	地主	4.32	1.38	100	0	0	0	0	0	15.22	0	0	84.78	0	0
	富农	4.08	1.84	100	92.29	45.32	46.96	7.71	0	0	0	0	0	0	0
	中农	29.74	20.28	100	6.90	2.05	4.86	28.79	6.50	28.38	0.21	11.83	0	0	17.38
	贫农	54.80	73.73	100	8.74	5.28	3.45	15.49	19.08	46.84	2.31	0	1.39	2.85	3.31
	雇农	0.96	0.46	100	0	0	0	0	100.00	0	0	0	0	0	0
	其他	6.12	2.30	100	84.67	15.98	68.69	0	14.69	0	0	0	0	0	0.65

注：原表将"经商"列入非生产性用途，本表改为生产性用途；原表将"建造房屋"列为生产性借贷用途，笔者将其调整到了非生产性借贷用途；原表的一些加总数据有误，本表根据原表的各个分项数据，重新做了计算。

资料来源：《无锡市农村经济调查综合表》，无锡市档案馆档案B15-3-20。

但是，在生产性借贷中，购置田地借款占生产性借款比例，则从以前的57.44%下降到47.29%，这是因为解放区正在进行的轰轰烈烈的土地改革改变了一些地主持有土地的预期收益，他们减少购置土地，或不再购买土地。

（二）中农的借贷结构

中农家庭的借贷以非生产性借贷为主，非生产性借贷占比大大高于生产性借贷。

仍以无锡、保定农村调查系列资料为例。1930年，在保定地区农村共调查中农415户，占全部被调查户的36.02%。中农购买生产资料借款占借款总额的5.11%，非生产性借款占借款总额的94.89%（见表1-6）。1936年，保定地区被调查的中农有498户，占全部被调查户的41.23%。中农户的借贷用于生产方面的占2.93%，而非生产性借贷占全部借贷的97.07%（见表1-7）。

从无锡方面看，1929年共调查中农174户，占全部被调查户的24.30%。中农购买生产资料借款占借款总额的7.93%，非生产性借款占借款总额的92.08%（见表1-8）。1936年，无锡地区被调查的中农户为214户，占全部被调查户的28.50%。中农户用于生产方面的借贷金额占借贷总额的19.26%，而用于非生产性支出的借贷占全部借贷的80.74%（见表1-9）。

20世纪40年代，烽烟一直笼罩着大江南北，艰难度日的农户借贷更为困难。在1946年调查时点，在保定地区共调查中农719户，占全部被调查户的51.25%。中农购买生产资料借款占借款总额的4.01%，非生产性借款占借款总额的95.99%（见表1-10）。在1948年调查时点，在无锡共调查中农248户，占全部被调查户的29.74%。中农购买生产资料借款占借款总额的6.90%，用于非生产性方面的借款占借款总额的93.10%（见表1-11）。

（三）贫困农户的借贷结构

中国农村的贫困户主要是贫农阶级及雇农阶级。贫农借贷主要用于非生产性支出，也有少部分借贷投资于生产领域。而雇农的借贷基本上都用于非生产的生活消费方面了。

在1930年，保定地区共调查贫农456户，占全部被调查户的39.58%；调查雇农98户，占全部被调查户的8.51%。贫农购买生产资料的借款占借款总额的27.92%，非生产性借款占借款总额的72.08%。雇农购买生产资料的借款占借款总额的9.48%，非生产性借款占借款总额的90.52%（见表1-6）。在1936年调查时点，保定地区被调查的贫农有459户，占全部被调查户的38.00%；被调查的雇农有77户，占全部被调查户的6.37%。贫农户借贷用于生产方面的金额占9.18%，而用于非生产性方面的借贷占全部借贷的90.82%。雇农户借贷用于生产方面的金额占14.80%，而用于非生产性方面的借贷占全部借贷的85.2%（见表1-7）。

无锡地区1929年调查了404户贫农，占全部被调查户的56.42%；调查了7户雇农，占全部被调查户的0.98%。贫农户购买生产资料借款占借款总额的4.21%，非生产性借款占借款总额的95.79%。雇农户的借款全部用于非生产性支出（见表1-8）。1936年，无锡地区被调查的贫农户有403户，占全部被调查户的53.66%；被调查的雇农户有10户，占全部被调查户的1.33%。贫农户用于生产方面的借贷金额占借贷总额的1.31%，而用于非生产性方面的借贷占全部借贷的98.69%。雇农户的借贷全部用于生活消费（见表1-9）。

在1946年调查时点，保定地区农村共调查贫农527户，占全部被调查户的37.55%；调查雇农22户，占全部被调查户的1.57%。贫农、雇农户的借贷全部用于生活消费等非生产性支出（见表1-10）。在1948年调查时点，无锡地区农村共调查贫农457户，占全部被调查户的54.80%；调查雇农8户，占全部被调查户的0.96%。贫农户用于生产方面的借贷占全部借贷的8.74%，而用于非生产性方面的借贷占全部借贷的91.26%。雇农户的借贷全部用于生活消费（见表1-11）。

四　基本结论

20世纪30~40年代，在动荡的社会环境中，农户极端贫困，背上了沉重的债务，不少地方的农户家庭经济已成为负债经济，农户挣扎在死亡线上。

农户借贷的主要目的是解决家庭非生产性支出的急切需要，弥补家庭收支亏空是借贷的主因，生活性借贷需求是主要的借贷需求。农户的生产性借贷需求所占比例较低。

不同阶层农户在借贷需求上存在明显差异。地主、富裕中农及中农家庭有一定的物质基础，试图扩大生产经营，因而生产性借贷需求较多。富裕中农及中农家庭生产性借贷需求的显著特点是购置田地的借债需求强烈，其次是为经商借债需求急迫，他们是农村有借贷需求家庭的主体。而贫农、雇农等贫穷家庭，缺少耕地，缺乏耕畜，自我经营较少，而受雇于人较多，因而，生产性借贷需求较少，而生活性借贷需求较多。

第二章　人民公社化之前农户的借贷需求

1949 年，中华人民共和国成立，劳苦大众翻身成了国家的主人。广大农户分得了土地、房屋、牲畜等生产、生活性财产，生存与生活环境发生了天翻地覆的变化。土地改革中获得生产资料的农户成为个体农户，在高级合作社及人民公社体制建立之前的互助组、初级合作社阶段，农户都是生产经营主体，他们积极投入生产经营，生产性借贷需求随之提高。不过，从农户的借贷用途看，生活性借贷需求仍然是借贷需求的主体，但用于生产方面的借贷比中华人民共和国成立前有了很大的增加，特别是比较富裕的中农家庭，生产性借贷需求明显高于其他阶级的家庭。除货币借贷外，20 世纪 50 年代，中国农村还存在实物借贷的现象，在一些特定时期实物借贷还是私人借贷的主要形式。农户实物借贷需求基本上都是生活性借贷需求。

一　农户生存条件与生活环境的巨变

中华人民共和国成立前，广大无地和少地的农户遭受着残酷的剥削。一是地租剥削。高额的地租压榨，使得农户仅能维持简单再生产，一旦遇上天灾人祸，则就连简单再生产也无法维持。二是高利贷的重利盘剥。农户常常在青黄不接时，被迫向地主或高利贷者借粮借钱度荒，承受高利贷的盘剥，支付的利率普遍在30%以上，有的甚至高达100%。农户在借高利贷时，大多要用自己的土地或财产作抵押，一旦到期无法偿还，只能听由债主夺占。三是苛捐杂税，犹如架在农民脖子上的刀子。农户生存与生活环境极其恶劣，严重束缚了社会生产力的发展，农村经济长期凋敝。加上资金极端缺乏，耕畜和农具严重不足，农业生产萎缩，农民生活极度贫困。

中华人民共和国成立前后，在广大农村推行土地制度改革。到1952年年底，除一部分少数民族地区及尚未解放的台湾省外，全国土地改革基本完成，共没收、征收了约7亿亩（约合4700万公顷）的土地，分给了约3亿名无地和少地的农民，约占农业人口60%~70%的农民获得了经济利益。土地改革前，农民每年要为耕种的7亿亩土地交出超过3000万吨粮食的地租。土地改革后，原先需要交的地租留归农户。①农民还分得了生产所必需的耕畜、农具和房屋。农民生产积极性空前高涨，兴修水利，增加农业投资，到处呈现一片兴旺的景象。②

随着农业生产的恢复和发展，农民收入明显增加。1949~1952年，农业总产值以年均15.4%的速度恢复和发展，3年共增长53.4%，农民净货币收入增长86.7%，农民收入增长30%，平均每人消费水平增长20%。③

经过土地改革，农村贫农户数减少，中农户数上升，富农在土地改革中受到削弱，其收入已低于中农，农村出现了中农化的趋势。④中国小农表现出舒尔茨所定义的"理性小农"的特征，他们积极利用各种机会"点石成金"，用于生产方面的借贷所占比例明显上升。

---

① 廖鲁言：《三年来土地改革运动的伟大胜利》，载中国社会科学院、中央档案馆编《中华人民共和国经济档案资料选编（1949~1952）》（农村经济体制卷），社会科学文献出版社，1992，第403页。

② 吴承明、董志凯主编《中华人民共和国经济史》（第一卷），中国财政经济出版社，2001，第244~246页。

③ 吴承明、董志凯主编《中华人民共和国经济史》（第一卷），中国财政经济出版社，2001，第244~246页。

④ 吴承明、董志凯主编《中华人民共和国经济史》（第一卷），中国财政经济出版社，2001，第920~934页。

二　农户借贷的用途

（一）用于生活消费等非生产方面的借贷仍是主体

土地改革的完成，虽然让广大农户获得了生产资料，生活水平也得到明显的改善，但长期的贫困使得农户积累较少，遇上家庭变故仍然需要借贷。20 世纪 50 年代前期，农户的负债率仍然比较高。据常明明研究，1952 年鄂、湘、赣、粤 4 省 19 乡 9756 户农户中有 1700 户发生借贷，所占比例为 17.43%。[①]

从农户借贷用途看，用于非生产性方面所占比例仍然很大。如 1953 年湖北省 10 乡 4971 户农户中，发生借贷的农户用于购买生活资料方面的借款占借贷总额的 42.79%，用于婚丧方面的借款占 20.04%，用于治病的占 6.03%，用于修补房屋的占 8.89%，用于其他方面的占 4.17%。[②] 农户借贷的非生产性用途所占比例超过 70%。

国民经济恢复后，农户借贷用于非生产性支出的比例出现下降之势。据 1954 年中国人民银行对河北、吉林、江苏、安徽、河南、广东、贵州 7 省 18 个区县的 18 村、3435 户农户私人借贷情况的调查（结果见表 2-1），18 村共有 546 户发生借贷，占被调查农户的 15.9%，其中负债农户占被调查农户比例最多的是江苏农村（68.6%），最少的是河北农村（8.7%）。从农户借贷用途看，非生产性借贷所占比例为 57.2%（见表 2-2）。

表 2-1　1954 年河北等 7 省 18 村农户借贷情况

地区	被调查村数（个）	被调查户数（户）	借贷户	
			户数（户）	占总户数的比例（%）
河北	2	904	79	8.7

---

① 常明明：《中国农村私人借贷关系研究——以 20 世纪 50 年代前期中南区为中心》，中国经济出版社，2007，第 51 页。

② 常明明：《中国农村私人借贷关系研究——以 20 世纪 50 年代前期中南区为中心》，中国经济出版社，2007，第 187 页。

续表

地区	被调查村数（个）	被调查户数（户）	借贷户	
			户数（户）	占总户数的比例（%）
吉林	3	661	69	10.4
江苏	2	105	72	68.6
安徽	5	407	120	29.5
河南	3	255	52	20.4
广东	2	986	135	13.7
贵州	1	117	19	16.3
合计	18	3435	546	15.9

资料来源：中国人民银行农村金融管理局档案 1954 - 永久 - 6。

表 2-2 1954 年河北等 7 省 18 村农户借贷的用途

单位：万元（旧币），%

成分	借贷合计		借贷用途				
	金额	占合计的比例	生产性用途		非生产性用途		
			购生产资料	经商买地	改善生活	生活急需	其他
贫农	15509	63.2	6032	45	2017	6957	458
中农	4769	19.4	2369	100	441	1801	58
富农	532	2.2	421	19	0	85	7
地主	124	0.5	72	0	0	52	0
商人	489	2.0	54	260	0	115	60
雇农	503	2.1	213	0	0	290	0
其他	2598	10.6	792	109	370	1044	283
合计	24524	100.0	9953	533	2828	10344	866
占合计的比例	100	—	40.6	2.2	11.5	42.2	3.5

注：生活急需主要指口粮、疾病、丧葬等；改善生活主要指结婚、盖房、日用。

资料来源：中国人民银行农村金融管理局档案 1954 - 永久 - 6。

　　另据 1958 年第二次无锡、保定农村调查汇总资料，1957 年保定地区 11 村共调查 1738 户，其中借贷户为 466 户，占调查样本量的 26.8%，负债总额为 13993.21 元，户均 30.0 元。负债中用于购买生活资料的为 6733.37 元，占总额的 48.12%；用于婚丧嫁娶的为 413.00 元，占总额的

2.95%；用于吃喝、赌博、还旧债等方面的为3722.14元；占总额的26.60%（见表1-3、表1-4、表1-5）。如果将农户借贷分为生产性借贷与非生产性借贷两类，1957年保定地区农户非生产性借贷占77.67%。虽然农户用于生产方面的借贷比例低于1954年中国人民银行的调查结果，但与1929年、1936年、1946年调查的情况相比，已有显著增长。

（二）用于生产方面借贷的比例上升

农户用于生产方面借贷的比例依旧较低，但已高于新中国成立前的战争时期。如1953年湖北省10乡4971户农户中，借贷用于购买生产资料的占18.08%。[①]

据1954年中国人民银行对河北、吉林、江苏、安徽、河南、广东、贵州7省18个区县的18村、3435户农户私人借贷情况的调查，生产性借贷所占比例已超过40%，达到42.8%（见表2-2）。

1957年，保定地区11村农户负债中用于生产方面的为3124.70元，占总额的22.33%（见表1-4和表1-5）。保定地区农户生产性借贷比例远低于1954年中国人民银行的调查结果。

三　不同阶层农户借贷的用途

土地改革消灭了地主、富农阶级，20世纪50年代后期，农村的阶级主要分为上中农、中农、下中农、贫农。1958年，国家统计局、中国科学院经济研究所对无锡、保定农村进行调查时，保定农村负债户占全部被调查户的比例为26.8%，各阶级的负债率分别为：上中农为22.5%，中农为30.9%，下中农为30.6%，贫农为13.2%，其他为5.7%，中农与下中农的借贷发生率较其他阶级为多（见表2-3）。无锡农村负债户占全部被调查户的比例为27.6%，各阶级的负债率分别为：中农为23.3%，上中农为

---

① 常明明：《中国农村私人借贷关系研究——以20世纪50年代前期中南区为中心》，中国经济出版社，2007，第187页。

19.4%，贫农为49.4%，贫农的借贷发生率较其他阶级高（见表2-4）。

表2-3 1957年保定地区农户负债及其用途

单位：户，元

阶级	户数	其中负债户数	负债金额	用途				
				购买生产资料	购买生活资料	婚丧喜庆	交税还债	其他
合计	1738	466	13993.21	3124.7	6733.37	413	0	3722.14
上中农	652	147	5669.57	1369.5	2372.07	188	0	1740
中农	745	230	6599.64	1568.2	3410.3	110	0	1511.14
下中农	268	82	979	157	398	65	0	359
贫农	38	5	262	30	70	50	0	112
其他	35	2	483	0	483	0	0	0

资料来源：河北省统计局《1930～1957年保定农村经济调查综合资料》（油印本），1958年10月，中国社会科学院经济研究所图书馆藏，第197页。

表2-4 1957年无锡农村农户负债及其用途

单位：户，元

阶级	户数	借贷户数	借贷总额	用途						
				生产性		非生产性				
				生产	经商	建造房屋	生活	婚丧疾病	还债	其他
总计	945	261	20641.84	1352	407	3190.76	5245.5	8458.01	562.2	1426.37
中农	789	184	15293.17	1220.6	407	2661	2624	6671.2	562.2	1147.17
上中农	511	99	9664.87	650	407	2560	560	4493.5	377.2	617.17
贫农	156	77	5348.67	131.4	0	529.76	2621.5	1786.81	0	279.2

注：原表"经商"项放在非生产方面，本表调整到生产方面；原表生产性借贷额中包含建造房屋借债，本表的"生产"栏目的数额是原表"生产"数额减去"建造房屋"数额再加上"经商"数额的数据；原表借贷总额数据应是其他分项数据加总，但有误，笔者重新加总了各分项数据。

资料来源：《无锡市农村经济调查综合表》，无锡市档案馆档案B15-3-20。

（一）上中农、中农的借贷用途

上中农、中农是土改后农村比较富裕的阶级，他们善于生产经营，生产性借贷需求明显高于其他阶级。

从 1958 年保定 11 村农户调查资料看，调查样本户生产方面借贷的比例为 22.33%，上中农和中农家庭借贷用于生产性支出的比例高于平均数。上中农家庭借贷的生产性用途比例最高，为 24.16%；中农家庭借贷用于生产方面的比例为 23.76%。相对而言，上中农、中农借贷用于生活消费等非生产性用途的比例低于平均水平。上中农家庭借贷的非生产性用途比例最低，为 75.84%；中农家庭借贷用于非生产方面的比例为 76.24%。在非生产性借贷方面，上中农家庭借贷的 41.84% 用于购买生活资料，3.32% 用于婚丧喜庆消费，30.68% 用于其他方面；中农家庭借贷的 51.67% 用于购买生活资料，1.67% 用于婚丧喜庆消费，22.90% 用于其他方面（见表 2-5）。

表 2-5 1957 年保定地区农户负债用途构成

单位：%

阶级	购买生产资料	购买生活资料	婚丧喜庆	交税还债	其他
合计	22.33	48.12	2.95	0	26.60
上中农	24.16	41.84	3.32	0	30.68
中农	23.76	51.67	1.67	0	22.90
下中农	16.04	40.65	6.64	0	36.67
贫农	11.45	26.72	19.08	0	42.75
其他	0	100.00	0	0	0

注：原表一些汇总数有误，笔者做了修正。

资料来源：河北省统计局《1930～1957 年保定农村经济调查综合资料》（油印本），1958 年 10 月，中国社会科学院经济研究所图书馆藏，第 197 页。

从 1957 年无锡 11 村农户调查资料看，调查样本户生产性借贷比例平均为 8.52%，上中农和中农家庭借贷用于生产性支出的比例高于平均数。中农家庭借贷的生产性用途比例为 10.64%，上中农家庭借贷用于生产方面的比例最高，为 10.94%。中农家庭借贷经商的现象比较显著，如上中农家庭 4.21% 的负债用于经商，中农家庭 2.66% 的负债用于经商，这与无锡近代工商业发达有关。相对而言，无锡中农家庭借贷用于生活消费等非

生产性方面的比例低于平均水平。中农家庭借贷的非生产性用途比例为
89.36%，上中农家庭借贷用于非生产方面的比例最低，为89.06%。在非
生产性借贷方面，中农家庭借贷的17.40%用于建造房屋，17.16%用于生
活消费，43.62%用于婚丧喜庆及治病，3.68%用于还债，7.50%用于其他
方面；上中农家庭负债的26.49%用于建造房屋，5.79%用于生活消费，
46.49%用于婚事丧事等活动及治病，3.90%用于还债，6.39%用于其他方
面（见表2-6）。这也说明，上中农家庭比较富裕，在建造房屋，改善居
住环境，办理婚丧大事及治疗疾病等方面有借贷能力，也借贷较多。

表2-6　1957年无锡地区农户负债用途构成

单位：%

阶级	生产性		非生产性				
	生产	经商	建造房屋	生活	婚丧疾病	还债	其他
总计	6.55	1.97	15.46	25.41	40.98	2.72	6.91
中农	7.98	2.66	17.40	17.16	43.62	3.68	7.50
上中农	6.73	4.21	26.49	5.79	46.49	3.90	6.39
贫农	2.46	0	9.90	49.01	33.41	0	5.22

资料来源：据表2-4中的数据计算。

（二）下中农借贷的用途

下中农家庭生活比较拮据。在借款的使用上，更多地用于生活消费等
非生产性方面。

从1957年保定11村农户调查资料看，下中农家庭借贷生产性支出的
比例低于平均数6.29个百分点，为16.04%。下中农借贷用于生活消费等
非生产性方面的比例高于平均水平，为83.96%。在非生产性借贷方面，
下中农家庭借贷的40.65%用于购买生活资料，6.64%用于婚丧喜庆消费，
36.67%用于其他方面（见表2-5）。

（三）贫农家庭借贷的用途

贫农家庭生活比较贫困，因而在借款的使用上，更多的是用于解决生

活急需等非生产性需要。

从 1957 年保定 11 村农户调查资料看，贫农家庭负债用于生产性支出的比例最低，低于平均水平近 11 个百分点，为 11.45%。贫农生活消费等非生产性借贷的比例最高，为 88.55%。在非生产性负债方面，贫农家庭借贷的 26.72% 用于购买生活资料，19.08% 用于婚丧喜庆消费，42.75%用于其他方面（见表 2-5）。贫农借债用于购买生活资料的比例较低，这表明贫农家庭维持较低的消费水平，同时尽可能将负债用于急需的婚丧嫁娶、治病等方面。

分析 1957 年无锡 11 村农户调查汇总资料，贫农家庭负债用于生产性支出的比例最低，低于平均水平约 6 个百分点，为 2.46%，他们没有为经商而借贷，生产性借贷用途的比例低于保定农村贫农家庭生产性借贷用途的比例。贫农用于生活消费等非生产性借贷的比例最高，为 97.54%，其中，9.90% 用于建造房屋，49.01% 用于生活消费，33.41% 用于婚丧喜庆及治病，5.22% 用于其他方面（见表 2-6）。这说明贫困农户家庭为生活急需而借贷的比例很高。

四　农户实物借贷的用途

20 世纪 50 年代初期到 60 年代初期，中国农村不少地方曾经盛行实物借贷。相对于货币负债，实物负债更多的是用于生活性消费支出方面。

（一）20世纪50年代农村实物借贷的状况

据有关学者的研究，实物借贷是最早的借贷形式。随着社会经济的发展，商品市场的扩大，货币借贷逐渐兴起，成为借贷市场的主要信用形式。但是，实物借贷并没有被货币借贷完全代替，在农村借贷市场仍然占有一席之地，而在社会动荡、通货膨胀、自然灾害严重或者某些特殊时期，还会成为借贷市场的主角。

近代中国，战乱频繁，农村的货币借贷受到冲击，实物借贷在许多地方盛行。1949 年之前，中国农村私人借贷主要有货币借贷与实物借贷两种形式。由于通货膨胀严重、物价不稳，农村的货币借贷较少，绝大多数是实物借贷。[1] 新中国成立前，农村借贷情况非常普遍，各个社会阶层中都有借贷者，但以中农及贫农所占比例为大。以中南区为例，根据 100 个乡的 56497 户农户的调查资料，1948 年有 6196 户放债户，占被调查户的 11.0%，放债折合粮食 14375966.10 斤，户均借出 2320.2 斤；有 16566 户借贷户，占被调查户的 29.3%，共借入债务折合粮食 16319738.97 斤，户均借入 985.13 斤。在全部负债户中，地主占 1.12%，富农占 1.15%，中农占 31.71%，贫农占 56.11%，雇农占 3.97%。[2] 由于当时处于恶性通货膨胀时期，可以推断上述借贷除少量银圆等货币借贷外，主要是实物借贷。

1950 年初，通货膨胀问题仍很严重，农村依旧流行实物借贷。统一财经后，物价渐趋稳定，但农村的私人借贷仍以实物借贷为主。1951~1953 年安徽省黟县黄村口选区农村私人借贷统计，反映了当时全国农村实物借贷高于货币借贷的情况。黟县黄村口选区实物借贷与货币借贷所占比例 1951 年为 86.4:13.6，1952 年为 98.4:1.6，1953 年为 96:4（见表 2-7）。

表 2-7　安徽省黟县黄村口选区农村借贷情况

单位：万元（旧币），%

年份	实物借贷				货币借贷		
	占借贷总额的比例	批实物	买青卖青	借实还实	借实还钱	占借贷总额的比例	借钱还钱	借钱还工
1951	86.4	0	32	63	0	13.6	15	0
1952	98.4	0	42	67	14	1.6	0	2
1953	96	6	226	28	2	4	9	2
1954	0	0	0	0	0	100	80	0

资料来源：中国人民银行农村金融管理局档案 1954-永久-6。

---

[1] 参见李金铮《民国乡村借贷关系研究——以长江中下游地区为中心》，人民出版社，2003。转引自常明明《中国农村私人借贷关系研究——以 20 世纪 50 年代前期中南区为中心》，中国经济出版社，2007，第 13 页。

[2] 常明明：《中国农村私人借贷关系研究——以 20 世纪 50 年代前期中南区为中心》，中国经济出版社，2007，第 3、7 页。

国民经济恢复时期，全国农村除商品经济比较发达的少数地区农村外，实物借贷是私人借贷的主要形式。据 1952 年河北省 21 村 975 户的调查，共发生总值 34047 元的私人借贷，9/10 采取实物形式。[①] 湖南省农村自由借贷的方式主要是实物，货币借贷极少。根据常德、宁乡、浏阳 3 县 217 户的调查，借出方面，稻谷占 48.7%，其他实物占 46.0%，人民币占 5.3%；借入方面，稻谷占 56.5%，其他实物占 34.6%，人民币占 8.9%。[②]

农村私人借贷的形式在 1954 年后发生了显著的变化，实物借贷减少，货币借贷增多，逐渐从以实物借贷为主向以货币借贷为主转变。从 1954 年河北、吉林、江苏、安徽、河南、广东、贵州 7 省农村私人借贷调查资料看，实物借贷额占借贷总额的比例下降到 29.33%，货币借贷额占借贷总额的比例上升到 66.34%（见表 2 - 8）。

表 2 - 8　1954 年 7 省 18 村农村私人借贷情况

单位：万元（旧币），%

项目		利率情况							
		总额	无息	3 分以下	3～5 分	5～10 分	10～15 分	15～25 分	25 分以上
实物借贷	批实物	1699	30	236	90	790	539	14	0
	买青卖青	61	0	0	0	29	10	9	13
	借粗还细	85	9	0	0	49	7	14	6
	借实还实	1406	386	247	416	130	69	89	69
	借实还钱	3328	1367	196	389	231	442	645	58
	借实还工	250	0	0	0	250	0	0	0
	借钱还实	364	126	70	60	0	58	12	38
	占借贷总额的比例	29.33	7.82	3.05	3.89	6.03	4.59	3.19	0.75

①　中国人民银行农村金融管理局：《目前农村金融工作中的新情况（1952 年）》，载中国社会科学院、中央档案馆编《中华人民共和国经济档案资料选编（1949～1952）》（金融卷）（下称《1949～1952 金融卷》），中国物资出版社，1996，第 530 页。

②　中国人民银行湖南省分行通讯组：《湖南农村自由借贷情况（1952 年 10 月）》，载《1949～1952 金融卷》，中国物资出版社，1996，第 537 页。

续表

项目		利率情况							
		总额	无息	3分以下	3～5分	5～10分	10～15分	15～25分	25分以上
货币借贷	占实物借贷总额的比例	100	26.7	10.4	13.3	20.6	15.6	10.9	2.6
	借钱还钱	16272	7051	2481	1262	1817	889	1697	1075
	占借贷总额的比例	66.34	28.75	10.12	5.15	7.41	3.62	6.92	4.38
其他	其他	1062	0	0	10	60	932	60	0
	占借贷总额的比例	4.33	0	0	0.04	0.24	3.80	0.24	0
各类借贷占总额的比例		100	36.57	13.17	9.08	13.68	12.01	10.36	5.13

注：被调查的7省是河北省、吉林省、江苏省、安徽省、河南省、广东省、贵州省；被调查的18村"分布于农业区、渔业区、稻田区、郊区、山区、灾区及重灾区"；原表"借啥还啥"项目数据被归入了本表"借实还实"项。

资料来源：中国人民银行农村金融管理局档案1954－永久－6。

中南区农村私人借贷在1954年出现的变化，也反映了这一趋势。土改后到实行统购统销之前，农村私人借贷以粮食借贷为主，货币借贷也折成粮食计算。统购统销政策实施之后，农村私人借贷形式转向以货币借贷为主。据湖北5个乡的调查，粮食统购统销以前货币借贷只占借贷总额的2.63%，统购统销政策实施之后货币借贷占到借贷总额的75.25%。河南农村在粮食实行统购后，借粮还粮的减少，以货币计实还钱以及货币借贷逐渐增多，1954年借贷户中借入货币占债务的51.32%，借入实物占债务的48.68%。[①]

（二）20世纪50年代农户实物借贷的用途

相对于货币借贷而言，实物借贷的用途受到较大的局限。如果将借贷

---

① 常明明：《中国农村私人借贷关系研究——以20世纪50年代前期中南区为中心》，中国经济出版社，2007，第148页。

的最终用途分为生活消费与生产投资的话，20 世纪 50 年代农村实物借贷
则主要是用于生活消费，实物借贷的专用性很强。

　　近代中国频遭战乱，农村人民生活普遍贫困。新中国成立后，社会趋
于稳定，经济逐渐恢复，但农村的穷苦状况并非一朝一夕可以改变。20 世
纪 50 年代初期，除一些农业经济比较发达的地区外，多数农村的农户借贷
大多是为解决生活急需，借贷用于生活消费的比重超过了用于农业生产的
比重。以安徽省凤台县马心庄、黟县黄村口两村为例，1951 年黄村口农户
的借贷全部用于生活急需；1952 年用于生活消费的借贷黄村口占 76.8%，
马心庄占 34.3%；1953 年用于生活消费的借贷黄村口占 88.6%，马心庄
占 83.4%；1954 年用于生活消费的负债黄村口占 50%，马心庄占 100%
（见表 2-9）。1952 年马心庄农户借贷经商买地占了很大的比重，用于生
活急需的借款所占比重相对较低，除去这一情况，马心庄农户借贷用于生
活消费的比重实际上超过了用于农业生产的比重。

表 2-9　安徽省 2 个村庄 1951~1954 年农户借贷用途情况

单位：%

年份	用途	安徽省凤台县马心庄	安徽省黟县黄村口选区
1951	生活急需	0	100
1952	生活急需	0	100
	农业生产	2.8	0
	生活急需	34.3	76.8
	改善生活	0	18.4
	经商买地	62.9	0
	其他	0	4.8
1953	生产经营	16.6	11.4
	生活急需	83.4	88.6
1954	生产经营	0	50
	生活急需	100	50

　　注：马心庄村属于灾区，黄村口属于山区；生活急需指用于口粮、治病、丧葬，改善生活指
用于结婚、盖房、买日用品。

　　资料来源：中国人民银行农村金融管理局档案 1954-永久-6。

　　另据常明明的研究，土改后中南区农民借贷以解决生活困难为主，用

于办婚事、丧事占了相当的比重，而用于生产经营的比重不大。①

由于 20 世纪 50 年代初期我国农村的私人借贷以实物借贷为主，实物借贷可直接用于解决口粮、丧葬、结婚、盖房等生活需要，可以推断农户用于生活方面的实物借贷应该占很大的部分。

到 1954 年全国掀起农业合作化运动前夕，多数农村地区私人借贷仍以用于生活消费为主。据 7 省 18 村农户借贷情况调查，除农业经济比较发达的吉林省农村农户私人负债的 72.7% 用于生产经营外，其余省份农户借贷用于生活需要都占较大的份额，安徽省为 84.1%，河南省为 31.3%（由于经商买地占 11.7%，生活消费所占比例相对较小），广东省为 45.4%，贵州省为 98.7%，河北省为 70.6%，江苏省为 84.6%（见表 2 - 10）。7 省农村私人借贷汇总后，用于生产经营的占 40.6%，用于生活消费的占 53.7%（见表 2 - 11）。7 省 18 村农户实物借贷占借贷总额的 29.33%（见表 2 - 8），由于实物借贷可直接用于生活消费，笔者推断，农户用于生活急需和改善生活的债务主要是实物负债。

表 2 - 10　1954 年 7 省 18 村农户借贷用途

单位：%

省份	合计	生产	生活急需	改善生活	经商买地	其他
安徽	100	15.1	83.7	0.4	0	0.8
河南	100	36.8	28.8	2.5	11.7	20.2
广东	100	38.7	35.9	9.5	6.4	9.5
贵州	100	0	98.7	0	0	1.3
河北	100	28.9	50.6	20.0	0	0.5
吉林	100	72.7	22.9	4.4	0	0
江苏	100	14.5	67.5	17.1	0.9	0

注：生活急需指用于口粮、治病、丧葬；改善生活指用于结婚、盖房、购买日用品；其他指用于还债、支付工钱、求神等；表 2 - 11 同。

资料来源：《私人借贷资金来源及用途分析表》，中国人民银行农村金融管理局档案 1954 - 永久 - 6。

① 常明明：《中国农村私人借贷关系研究——以 20 世纪 50 年代前期中南区为中心》，中国经济出版社，2007，第 193 ~ 194 页。

表 2－11　1954 年 7 省 18 村各阶层农户借贷用途汇总

单位：元，%

阶层	合计		生产	生活急需	改善生活	经商买地	其他
	金额	占合计的比例					
贫农	15509	63.2	6032	6957	2017	45	458
中农	4769	19.4	2369	1801	441	100	58
富农	532	2.2	421	85	0	19	7
地主	124	0.5	72	52	0	0	0
商人	489	2.0	54	115	0	260	60
雇农	503	2.1	213	290	0	0	0
其他	2598	10.5	792	1044	370	109	283
合计	24524	—	9953	10344	2828	533	866
占合计的比例	100	—	40.6	42.2	11.5	2.2	3.5

资料来源：《私人借贷资金来源及用途分析表》，中国人民银行农村金融管理局档案 1954－永久－6。

1954 年农业合作化在全国兴起后，改变了农户借贷用途的结构。随着互助合作化的发展与升级，农户的土地所有权和经营权逐渐发生分离，个体农民失去了经营权，他们认为所有权也可能随时丧失，农业生产投资成为集体考虑的事情。作为理性小农，农民减少甚至停止了对农业生产的投资，农户不再为农业生产而借贷。

（三）20世纪50年代农户实物借贷的形式与利率

在中国历史上，实物借贷的种类较多，粮、布、菜、茶、柴、猪等生活资料都曾作过实物借贷物，不过，农村实物借贷主要还是粮食借贷。

20 世纪 30～40 年代，农村实物借贷的主要形式有借粮还粮、借粗粮还细粮、借钱还粮、放新谷钱、放猪牛家畜等。借粮还粮，一般是春借秋还，借 1 石还 2 石，利率为 100%，非常普遍；借 1 石还 1.5 石，利率为 50%，但是有面子的人或亲戚才可借到。借粗粮还细粮，比如借 1 石大麦还 1 石谷，利率较低，多发生于亲朋之间。借钱还粮，一般"认起不认落"，因为春天谷贵，秋天谷贱，春借 1 石谷的钱，秋后要还 2~3 石谷，利率为 200%~300%。"放新谷钱"，是指春天放贷者高价将粮食折为货币借给农民，月息 2~3 分，并议定还款折粮的粮价，秋后按价还给债主，利率很高。放猪的实物借贷又分为放猪崽和放母猪两类，放猪崽是将小猪贷放给农户饲养，长大后对半分肥，利率在 100% 以上；放母猪就是将小母猪贷放给农户饲养，母猪长大下崽，每下 1 窝交 1 头小猪为利息，农户可饲养母猪 5 年，利率也在 100% 以上。放牛就是债主将牛贷给农户饲养，长大后卖牛分钱，债主得 62.5%，饲养户得 37.5%。[①]

20 世纪 50 年代，中国农村实物借贷的形式并没有因为革命而发生多少变化。借贷的实物有当地出产的农副产品，如猪、稻谷、麦子、烟叶、茶叶等，或重要的生产和生活资料，如肥料、布匹、棉花、薯丝、玉米等，一般借贷的东西都是当地季节性价差较大的几种主要农副产品，计价单位则均系稻谷。[②] 农村实物借贷的形式有批实物、买青卖青、借实还实、借粗粮还细粮、借实还钱、借钱还实、借实还工等。从 1954 年河北、吉林、江苏、安徽、河南、广东、贵州 7 省农村私人借贷调查资料看，批实物占实物借贷的 23.6%，买青卖青占实物借贷的 0.8%，借粗粮还细粮占实物借贷的 1.2%，借实还实占实物借贷的 19.5%，借实还钱占实物借贷的 46.3%，借钱还实占实物借贷的 5.1%，借实还工占实物借贷的 3.5%。[③] 借贷户向债主还工，实际上是将挣到的工钱还给债主，如果将"借实还工"也归入"借实还钱"类型，那么，上述史料中，借贷户最终向债主偿还实物的占 50.2%，最终向债主偿还货币的占 49.8%。这也说明，债主对于收回债权没有强烈的实物偏好，明显不同于新中国成立前后严重通货膨胀时期以及统购统销政策推出之前债主收债偏好于实物的情形。

20 世纪 50 年代，中国农村亲朋间的实物借贷是无利或低利的，不过

---

① 常明明：《中国农村私人借贷关系研究——以 20 世纪 50 年代前期中南区为中心》，中国经济出版社，2007，第 14~15 页。

② 中国人民银行湖南省分行通讯组：《湖南农村自由借贷情况（1952 年 10 月）》，载《1949~1952 金融卷》，中国物资出版社，1996，第 537 页。这一情况也发生在其他地区。

③ 根据表 2-8 有关数据计算而得。

这一般只占较小的部分。据 1952 年河北省 21 村 975 户的调查，农村实物借贷"利息以六分至十分者居多"[①]。另据 1952 年湖南省宁乡县枫林村 40 户农户的调查，以借出数额计算，"无息或未定息者占 38.5%，借 1 石还息 1 斗到 2.5 斗者占 17.4%，2.5 斗至 5 斗者占 22%，5 斗至 1 石者占 14%。其中无息或未定息者多属于现金或零星借贷（如借少数的米和油盐等），1 斗到 5 斗者主要是稻谷借贷，5 斗以上者多属于其他实物借贷"[②]。借 1 石还息 1 斗到 2.5 斗，利率为 10% ～25%；还 2.5 斗至 5 斗，利率为 25% ～50%；还 5 斗至 1 石，利率为 50% ～100%。枫林村 40 户农户实物借贷零利率、未定利率以及利率在 10% ～50% 的占绝大多数，合计占比达 77.9%。[③] 又据 1954 年河北、吉林、江苏、安徽、河南、广东、贵州 7 省农村私人借贷调查资料，在实物借贷中，无息占 26.7%，利息在 3 分（即利率为 30%）以下占 10.4%，利息在 3～5 分（即利率为 30% ～50%）占 13.3%，利息在 5～10 分（即利率为 50% ～100%）占 20.6%，利息在 10～15 分（即利率为 100% ～150%）占 15.6%，利息在 15～25 分（即利率为 150% ～250%）占 10.9%，利息在 25 分以上（即利率在 250% 以上）占 2.6%（见表 2-8）。就是说，无息与利息在 3 分以下的借贷占借贷总额的 37.1%，超过 3 分的高利贷占借贷总额的 62.9%。

不同类型的实物借贷利率档次差别较大。仍以 1954 年河北、吉林、江苏、安徽、河南、广东、贵州 7 省农村私人借贷调查资料为例，"批实物"从无息到 25 分以上高利贷的各档次借贷都有，无息及 3 分以下较低利率的借贷占 15.7%，3 分以上的高利借贷占 84.3%；"买青卖青"全是 5 分以上的高利借贷；借粗粮还细粮除较少的无息借贷外，绝大部分是 5 分以上的高利借贷；"借实还实"各档次利率都存在，无息及利息 3 分以下的借

① 中国人民银行农村金融管理局：《目前农村金融工作中的新情况（1952 年）》，载《1949～1952 金融卷》，中国物资出版社，1996，第 530 页。

② 中国人民银行湖南省分行通讯组：《湖南农村自由借贷情况（1952 年 10 月）》，载《1949～1952 金融卷》，中国物资出版社，1996，第 538 页。

③ 中国人民银行湖南省分行通讯组：《湖南农村自由借贷情况（1952 年 10 月）》，载《1949～1952 金融卷》，中国物资出版社，1996，第 538 页。

贷占 45.0%，3 分以上的高利借贷占 55.0%；"借实还钱"利率档次也较全，无息及利息 3 分以下的借贷占 47.0%，3 分以上的高利借贷占 53.0%；"借钱还实"中，无息及利息 3 分以下的低利借贷占 53.8%，3 分以上的高利借贷占 46.2%；"借实还工"折为利息则是 5～10 分的高利借贷（见表 2-8）。

（四）农村实物借贷盛行的原因

20 世纪 50 年代初期到 60 年代初期，实物借贷一度成为农村私人借贷的主要形式，究其原因，笔者认为这是由当时的社会经济环境、商品市场状况决定的，借贷双方出于规避物价波动风险、降低交易成本的考虑，共同选择了实物借贷方式。不过，20 世纪 50 年代盛行实物借贷的原因又不同于 20 世纪 60 年代。

20 世纪 50 年代初期，农村私人借贷以实物借贷为主，主要是因为长期通货膨胀的影响。解放战争时期，"法币"恶性贬值，物价急速上涨，人民群众深受其害。新中国成立前后，由于财政经济状况尚未根本好转，人民币也在不断贬值。"重物轻币"成为人们应对通货膨胀的理性选择。在城乡不少地方，人们排斥纸币，以金、银、外币作为计价手段，一些地方甚至退回到物物交换或使用粮食、棉花、盐等作为实物货币的状态。实际上，不仅民间使用实物作为计价手段，人民政府的财经机构也使用小米作为计价单位，如为吸收居民储蓄，中国人民银行推出"折实储蓄"，人民政府发行"折实公债"，实物货币的影子在市场上随处可见。正是在这一社会经济环境中，农村私人借贷市场出现了以实物借贷为主的信用制度。

实物借贷可以说是借贷双方的最优选择。在物价涨幅很大的情况下，相对于货币借贷而言，实物借贷更能规避通货膨胀的风险，降低交易成本。借贷者有两种选择：借货币还是借实物。如果借到货币，必须到市场上购买需要的商品，因为通货膨胀，借到的货币随时都在贬值，可能物未购而钱已贬；如果借到粮食等实物，可以立即消费，不必再到市场购买，也就不必再支付一笔购买商品的交易成本。这样，一可避免货币借贷方式带来的货币贬值的风险，二可降低交易成本。放债者也同样面临两种放债方式的选择：贷放货币还是贷放实物。如果贷出货币收回货币，即使索要较高的利率，也有可能因通货膨胀过于严重而获利很少甚至亏损；如果贷出货币收回实物，或者贷出实物收回实物，不仅可以避免得不偿失的风险，还可以通过实物媒介，索取比货币借贷更高的利率。因此，无论是对于借贷者还是对于放债者来说，都是实物借贷好于货币借贷。

另外，20世纪50年代初期，多数农村借贷户借贷是为了应付生活消费的刚性支出。新中国成立初期，农民生活非常困苦，收入甚微，积蓄甚少，人口多的家庭常常口粮不够吃，不得不四处求贷，再遇到结婚、丧事等急需，更得背上沉重的债务。由于这些债务用于生活支出，在一定程度上说属于刚性支出。弥补这些消费刚性支出缺口最为迫切、最为有用的办法便是举借粮食等实物。因为大多数借贷农户都有实物借贷的需求，放债户自然乐意选择利率高于货币借贷的实物放贷方式。

但是，实物借贷与货币借贷相比毕竟也存在许多劣势。债务人借到的实物债不如货币债使用灵活。粮食等实物债有极强的专用性，如果想把实物债用作其他用途，比如用来购买其他消费品，则必须将粮食等实物卖掉以获得购买其他商品的货币，而在以粮食等实物换取货币的交易中，债务人不仅要支付交易成本，还可能因价格问题蒙受损失。所以，如果不是急需实物，借实物债不如借货币债方便。因此，当通货膨胀的社会经济环境消除后，农村实物借贷所占比重会迅速下降，货币借贷所占份额会大幅上升。这就是1951年稳定物价后，农村实物借贷比例下降、货币借贷比例提高的主要原因之一。此外，经过国民经济恢复时期的大力发展，到1953年农户的收入已有大的提高，生活大为改善，用于生活消费的借贷需求下降，而用于生产投资的借贷需求增加。农户消费支出刚性的缺口减小，实物借贷的需求下降；生产投资的需求扩大，货币借贷的需求上升。这是国民经济恢复时期结束后，农村实物借贷比例下降、货币借贷比例提高的另一个主要原因。

20世纪50~60年代农村实物借贷利率普遍很高，有特定的历史成因。

新中国成立前后，由于通货膨胀严重，物价上涨过快，私人借贷利率较高是正常的。究竟农村私人借贷利率多高比较合理，因为各地情况不同，中央政府并没制定统一的利率标准。而一些地方政府从当地情况出发，规定了农村私人借贷的指导利率标准。1950年7月，中共中央东北局对黑龙江省委拟定农村私人借贷利率标准问题致电中共中央，提出"粮食借贷年利不超过5分，货币借贷年利不超过3分"，得到中共中央的同意。① 1952年，中共中央东北局又指示：农村私人借贷利率"放钱一般月息不得超过3分，放粮食春借秋还，一般利息不得超过原本40%"。② 按照这一标准，国民经济恢复时期，农村多数地区实物借贷的利率偏高。

"一五"时期，国家银行的农业贷款利率不断下降。1953年10月13日，中国人民银行将农业一般生产贷款利率降为月息1分，将设备性质贷款及优待利率定为月息7.5厘。③ 1955年8月10日，中国人民银行规定"贫农合作基金"贷款利率月息4‰（月息4厘）、农业生产合作社贷款为月息6‰、农业互助组及个体农民设备性贷款为月息7.5‰、一般农业生产及副业生产贷款为月息9‰。④ 1957年10月30日，中国人民银行将农、牧、渔合作社贷款调整为月息4.8‰，将个体农民及生产社社员贷款调整为月息7.2‰。⑤ 国家银行很少贷放农民生活贷款，如果以上述农业生产组织贷款利率为参照，以是否超过国家银行利率4倍为高利贷的界限，"一五"时期农村私人实物借贷利率仍然偏高。

自古以来，高利贷一直为世人所痛恨。撇开道德评判，20世纪50～60年代农村实物借贷普遍索取高利率，除了通货膨胀的社会环境外，还有其他客观原因。

---

① 中共中央东北局：《对黑龙江省农村借贷利息调整意见致中央电》；中共中央：《关于黑龙江某些县借贷利息调整复东北局电》，载《1949～1952金融卷》，中国物资出版社，1996，第529页。

② 中共中央东北局：《农村私人借贷调查及开展农村信贷工作限制高利贷问题》，载《1949～1952金融卷》，中国物资出版社，1996，第536页。

③ 《中央人民政府政务院财政经济委员会关于调整人民银行利率的决定》，载《利率文件汇编》，中国金融出版社，1986，第143页。

④ 《中国人民银行关于调整现行利率的请示报告》，载《利率文件汇编》，中国金融出版社，1986，第181页。

⑤ 《中国人民银行现行利率表》，载《利率文件汇编》，中国金融出版社，1986，第248页。

其一，实物借贷高利率，与其借贷成本较高有关。因为实物借贷的对象是粮食等实物，与货币借贷相比，放债者需要额外承担实物的保管成本，一旦放债者对粮食等实物保管不善，发生虫咬鼠啃或霉变，实物借贷资本就有损失。因为放债者要收回实物债，所以他还需要额外承担对所收回的实物债务的质量监控，一旦借贷者虽然如数偿还了粮食等实物债务，但质量较次，放债者的利益就会受损。由于贷放实物的成本较高，债主往往索要较高的利率，而索要高额利率将面临触犯国家禁止高利贷法令的风险。这样，高利率的实物借贷又将承担潜在的违法被罚的成本。实物放贷的风险较大，提高利率自然是放债者的理性之举。

其二，实物借贷高利率，与实物借贷市场供求极不平衡有关。在农村普遍贫困的情况下，能够供给实物贷放资本并试图贷放获利的人其实不多，而急切需要借入实物以渡过生活难关的农户不少，供不应求的实物借贷市场抬高了借贷利率。

其三，国家银行、农村信用社没有实物借贷功能，不能对农村私人实物借贷市场进行及时有效的干预。[①] 由此实物放贷者几乎没有竞争对手，客观上处于实物放贷的垄断地位，从而可以索要高额利率。

从 20 世纪 50 年代初期到 60 年代初期，随着人民币币值日益稳定，农户借贷需求也逐渐从实物借贷转向货币借贷，货币借贷需求成为主体。

五　基本结论

从中华人民共和国成立到农村经济体制发生根本性变革之前的这一时期，农户的借贷需求仍然集中在生活消费支出借贷需求方面；北方农户的生产性借贷需求显著提高；农户借贷需求呈现差异性特征，较为富裕的农户生产性借贷需求较高，而比较贫穷的农户生活性借贷需求更大。

---

① 一些地方农村信用社在创办的初期，接受过实物储蓄，也贷放过粮食，但是，因为存粮的多存款的少，而要求贷款的多贷粮食的少，信用社很难经营，只得大量开展货币信用，逐渐代替实物经营。见农业合作银行《中国农村金融会议后的农村信用合作情况》，载《1949~1952 金融卷》，中国物资出版社，1996，第 568 页。

第三章 人民公社时期农户的借贷需求

伴随着农村互助合作化运动的不断升级，在农业生产高级合作社阶段，农户基本交出了土地、牲畜等生产资料，农村生产资料所有制出现巨大变革。1958年，中国农村推行政社合一的人民公社体制，单个农户彻底成为农村集体经济组织中的一分子，他们不再自主组织生产，也就不必再为生产活动融资。因此，在人民公社时期，农户借贷的用途比较单一，基本上是非生产性的，如购买生活消费品、婚丧嫁娶、修建房屋、治病等。

一 农户借贷的情况

1958年人民公社体制确立后，生产经营效率却没有出现预想的大幅提高，农户的收入增长缓慢，普遍贫穷的状况并没有多大改观。

特别是在20世纪60年代初期，由于天灾人祸，不少地方农户负债率较高，已是不争的事实，农村放债户较多，便是这一问题的侧面反映。比如，在经济较为发达的浙江省，1960年后城乡高利贷活动抬头，在经济条件好的经济作物区，"放高利贷的面"（即借高利贷的农户——引者注）约占总农户的30%，在经济条件较差的产粮区和渔区，"放高利贷的面"约占 10%。① 据黑龙江省绥化、宾县等 5 个县 29 个生产队的调查，放高利贷的农户占总农户的比重逐年增加，1960 年占 0.6%；1961 年占 1.1%；1962 年占 3.8%；1963 年达 9.75%，借高利贷的农户占总农户的比重，一般地区在 10% 左右，受灾地区达 20%～30%。②

中国人民银行系统于 1962～1963 年对福建、浙江、上海、江西、湖南、湖北、贵州、云南、陕西、甘肃、辽宁、吉林、黑龙江、安徽、江苏、内蒙古等 16 个省区市做的农村借贷情况的典型调查，则明显反映出农户家庭负债面过大的现象。除去亲朋好友之间的借贷，农户向高利贷者借贷所占的比例已相当惊人。

据中国人民银行调查，在受灾严重的地区，借高利贷的农户数已占总户数的 30% 左右，而在受灾最严重的农村，借贷农户占全部农户的比例高达 80%。浙江省黄岩县的石曲公社李家大队有 51% 的农户借了高利贷，平阳县务墙公社岳巢、和平两个大队有 35% 的农户借了高利贷。福建省南平县炉下公社洋洧大队借高利贷的农户数占总户数的 37%。湖南澧县大围公社五公大队向高利贷者借贷的农户数占总户数的 33.6%。辽宁省复县赵家屯公社枣房西生产队借贷农户数占总户数的 34%。吉林榆树县小岗公社第一生产队借贷农户数占总户数的 75%。河南息县路口公社彭店大队借贷农户数占总户数的 39%，东明县柳砦公社李林生产队借贷农户数占总户数的 76.1%。江西省余江县云峰公社安泉生产队借贷农户数占总户数的 80%。③在受灾较轻的地区，借高利贷的农户数也占当地总户数的 4%～10%。如贵州纳雍、镇宁两县 13 个生产队，借高利贷的农户数占总户数的 4.4%。湖南湘潭县借贷农户数占总户数的 7.1%，桃源县三叉公社樟树、庆南大

---

① 中共人民银行浙江省分行党组、农业银行浙江省分行党组：《关于贯彻执行中央关于坚决取缔高利贷活动的批示的报告（1964 年 4 月 11 日）》，中国农业银行党组档案 1964 - 永久 - 3。

② 《中共黑龙江省委关于打击农村高利贷活动的报告（1964 年 3 月 7 日）》，中国农业银行党组档案 1964 - 永久 - 3。

③ 国务院财贸办公室财金组：《当前农村高利贷活动的情况值得注意（1963 年 6 月 26 日）》，载中国社会科学院、中央档案馆编《中华人民共和国经济档案资料选编（1958～1966）》（金融卷），中国财政经济出版社，2011，第 378 页。

队借贷农户数占总户数的 9.7%；浙江衢县高泉公社借贷农户数占总户数的 7.4%。①

1963 年，中国人民银行在一份报告中反映，农村金融方面一个突出的问题是高利贷活动在许多地方死灰复燃。有些贫困区或轻灾区，在青黄不接时期，借高利贷的户数约占总户数 4%~10%，有些灾情严重的地区，这一比例达到 30% 左右。②

1964 年农户负债情况仍不乐观。中国农业银行的一份简报揭示，据 23 个省份分行对农村高利贷活动的典型调查，受高利贷剥削的农户一般占总农户的 5%~15%，灾区一般达 20%~40%，个别重灾区竟达 70%。③ 另根据 1964 年第二、第三两季度中国农业银行对山西、吉林、江苏、山东、湖南、河南、四川、贵州等 8 省、65 县、1600 多个生产队、53000 多户农户的调查，借高利贷的一般占总农户的 10%~20%，放高利贷的占 3%~6%。在灾区，借高利贷的农户已达到总农户的 40%~60%。据湖南沅江县梅山公社 6 个生产队的调查，因上一年旱灾严重，当年借高利贷的有 66 户，占总农户 157 户的 42.0%，月利率高达 10%~22%。山东齐河县大黄公社因之前连续三年水灾，当年青黄不接时，3 个生产队就有 50 户借高利贷，占总农户 80 户的 62.5%。④

从 1958 年人民公社体制建立，到 1983 年人民公社体制废除，许多地方的农村贫穷落后，农户生活困窘。特别是 20 世纪 60 年代前期，因为农村经济发展的挫折，农户负债面较大，此后直到人民公社体制结束，虽然农户负债率有所下降，但穷苦农户为生活而负债的现象仍然比较常见。

---

① 国务院财贸办公室财金组：《当前农村高利贷活动的情况值得注意（1963 年 6 月 26日）》，载中国社会科学院、中央档案馆编《中华人民共和国经济档案资料选编（1958~1966）》（金融卷），中国财政经济出版社，2011，第 378 页。
② 《中国人民银行关于整顿信用合作社、打击高利贷的报告（1963 年 10 月 21 日）》，载中国社会科学院、中央档案馆编《中华人民共和国经济档案资料选编（1958~1966）》（金融卷），中国财政经济出版社，2011，第 379 页。
③ 《〈中国农业银行简报〉：关于打击农村高利贷的情况（1964 年 2 月 29 日）》，中国人民银行农村金融管理局农行计划局档案 1964-永久-6。
④ 中国农业银行：《在农村社会主义教育运动中必须坚决打击高利贷活动（1964 年 11 月 20日）》，中国人民银行农行办公厅（分行长会议）档案 1965-永久-2。

二　农户生活性借贷需求强烈

20 世纪 50 年代末 60 年代初，由于自然灾害及政府经济工作的失误，中国农村经济陷入衰退的处境。农业生产倒退，农产品缺乏，农民收入下降严重，许多农户入不敷出。农户为了基本生活需要，被迫举债。另外，人民公社化后，单个农户被纳入集体组织之中，不再是传统的生产单位，农户不必再为生产而借贷。因此，人民公社时期，农户的借贷需求几乎全部缘于生活性消费缺钱，换句话说，这一时期农户的借贷需求基本上都是生活性借贷需求。

20 世纪 60 年代，农户借贷的主要用途是生活消费，主要为了满足购买急需口粮、购买换季衣服、筹办婚事丧事、修建房屋、看病等方面的需要。据邓子恢 1963 年底在河南、湖北、广东等省的调查，农户所借的高利贷多用于治病、买口粮、买衣着、修房子、丧葬、结婚、生孩子、交学费。[①] 据湖南省澧县涔南公社和平大队调查，52 户借贷户共借高利贷粮 16725 斤，其中 70% 作了口粮，10.8% 用于婚丧事，借现金 70 元，全部用于买口粮。[②] 黑龙江省农户借的高利贷有 70% 用于治病、换季、修盖房屋、买仔猪等生活、生产方面的急需，有 30% 用作订婚的彩礼钱。[③] 辽宁省农村借贷者借款用于解决口粮、换季和治病问题的占 69%，用于结婚、盖房子、买高级商品和生活挥霍的占 4%。[④] 浙江省关于农户借贷用途的调查也表明：农户所借高利贷大部分用于买口粮、治病、搞家庭副业、丧葬、结婚、修建房

---

① 《邓子恢同志关于城乡高利贷活动情况和取缔办法的报告（1964 年 1 月 13 日）》，中国农业银行党组档案 1964 - 永久 - 3。

② 中国农业银行湖南省分行：《湖南省当前农村高利贷活动情况（1965 年 1 月）》，中国农业银行信用合作局档案 1965 - 定 - 3。

③ 《中共黑龙江省委关于打击农村高利贷活动的报告（1964 年 3 月 7 日）》，中国农业银行党组档案 1964 - 永久 - 3。

④ 中共辽宁省农业银行党组、人民银行党组：《关于取缔城乡高利贷活动的报告（1964 年 3 月 19 日）》，中国农业银行党组档案 1964 - 永久 - 3。

屋等。[1] 湖南省借高利贷的农户主要是贫下中农，约占借贷户的87%，借贷的主要用途是满足买口粮、治病等急需，也有一部分是用于修理房屋、办理婚丧事。总的来看，这一时期，农村私人借贷主要是以粮食为主的实物借贷，农户借来的实物债绝大多数用于生活支出。

当然，也有少部分农户借贷用于享乐、赌博等畸形消费。邓子恢1963年底的调查指出，部分农户借贷用于大吃大喝、请客、迷信、买手表等高档商品。[2] 辽宁省农村借贷调查也表明，部分农户借贷是为了生活挥霍。[3] 浙江省关于农户借贷用途的调查显示，农户借款有用于大吃大喝、迷信等支出的，还有极少数用于赌博。[4]

另外，还有少部分农户将借贷用于"灰色经营"。人民公社时期，禁止农户自主从事商品贩卖，将私下贩运商品行为定义为投机倒把。一些农户在政策较松时，偷偷倒买倒卖商品，为筹措做生意的本钱，求诸高利贷等私人借贷。如辽宁省农村借贷户负债的22%用于副业生产，4%用于投机倒把。[5] 浙江省有极少数农户借贷用于投机倒把。[6] 此外，农户家庭从事养猪等养殖活动，在政策允许范围之内。由于家穷买不起仔猪，他们便向他人求贷仔猪或母猪饲养，以还猪、还粮方式支付利息。如在贵州省，私人放贷形式有放母猪、放仔猪，放母猪的方式大多是除母放子，放仔猪的方式是对半分肥。[7] 在浙江省农村，有借猪还粮、高价赊售小猪、放半边

① 中共人民银行浙江省分行党组、农业银行浙江省分行党组：《关于贯彻执行中央关于坚决取缔高利贷活动的批示的报告（1964年4月11日）》，中国农业银行党组档案1964-永久-3。

② 《邓子恢同志关于城乡高利贷活动情况和取缔办法的报告（1964年1月13日）》，中国农业银行党组档案1964-永久-3。

③ 中共辽宁省农业银行党组、人民银行党组：《关于取缔城乡高利贷活动的报告（1964年3月19日）》，中国农业银行党组档案1964-永久-3。

④ 中共人民银行浙江省分行党组、农业银行浙江省分行党组：《关于贯彻执行中央关于坚决取缔高利贷活动的批示的报告（1964年4月11日）》，中国农业银行党组档案1964-永久-3。

⑤ 中共辽宁省农业银行党组、人民银行党组：《关于取缔城乡高利贷活动的报告（1964年3月19日）》，中国农业银行党组档案1964-永久-3。

⑥ 中共人民银行浙江省分行党组、农业银行浙江省分行党组：《关于贯彻执行中央关于坚决取缔高利贷活动的批示的报告（1964年4月11日）》，中国农业银行党组档案1964-永久-3。

⑦ 中共人民银行贵州省分行：《关于整顿信用社、打击高利贷、支持贫下中农意见的报告（1964年12月30日）》，中国人民银行中国农业银行办公厅（行长会议）档案1965-永久-5。

猪（放一只小猪，养大后净得一半）、放养猪娘（每生一窝小猪，债主得一只，母猪所有权仍然归债主）、放"鱼行头"（放给渔业队一百元，过一两个月收利息一百斤黄鱼）等借贷形式。[①] 湖南省农村的"借猪还谷"，一般是秋后 1 斤猪还 7 ~ 10 斤谷。[②]

三 实物借贷的比例较大

（一）农户实物借贷情况

到 20 世纪 50 年代末期，货币借贷还是农村私人借贷的主流。20 世纪 60 年代初期，由于 3 年自然灾害，农村经济出现严重困难，生活物资匮乏，高利贷再次抬头，实物借贷又一次成为农户借贷的主角。[③]

20 世纪 60 年代初期，在农村发生的大规模私人借贷中，实物借贷是主要的信用形式。比如，在黑龙江省农村的高利贷中，现金借贷占 30%，实物借贷占 45%，高价赊卖物资占 25%[④]，如果将后两种借贷方式都作为实物借贷的话，则实物借贷占到农村借贷的 70%。吉林省农村私人借贷的主要形式是放实物，然后作高价收回现金，被调查的 1607 户放债户放债总额为 85236 元，其中放粮、猪等实物折价 79038 元，占 92.7%；放现金 6218 元，占 7.3%。[⑤] 另据安徽省六安地区、湖南省、广东省等地中国农业银行调查，当地的实物借贷非常普遍，共同的特点是放债收粮，如借钱还粮、借物还粮、借猪还粮、借粮还粮等，湖南省以粮食为借贷物的实物借贷

① 中共人民银行浙江省分行党组、农业银行浙江省分行党组：《关于贯彻执行中央关于坚决取缔高利贷活动的批示的报告（1964 年 4 月 11 日）》，中国农业银行党组档案 1964 - 永久 - 3。
② 中国农业银行湖南省分行：《湖南省当前农村高利贷活动情况（1965 年 1 月）》，中国农业银行信用合作局档案 1965 - 定 - 3。
③ 赵学军、吴俊丽：《20 世纪五六十年代中国农村的实物借贷》，《福建师范大学学报》2009 年第 5 期。
④ 《中共黑龙江省委关于打击农村高利贷活动的报告（1964 年 3 月 7 日）》，中国农业银行党组档案 1964 - 永久 - 3。
⑤ 中国农业银行吉林省分行党组：《关于进一步打击农村高利贷活动的报告（1964 年 12 月 22 日）》，中国农业银行信用社局档案 1965 - 定期 - 3。

额占到农村借贷总额的90%以上；至于借钱还钱，所占比重则非常小。[①]

与20世纪50年代相比，20世纪60年代农村实物借贷的形式并无多大变化。据1963年福建、浙江、上海、江西、湖南、湖北、贵州、云南、陕西、甘肃、辽宁、吉林、黑龙江、安徽、江苏、内蒙古等16个省区市农村私人借贷情况的典型调查，"除借粮还粮、借粮还钱、借钱还钱和借钱还粮外，还有借猪、羊、土布、花绒、食油、花生、红糖等实物以及借布票等，折成钱粮或劳动工分归还的"。[②] 20世纪60年代农村实物借贷的一个显著特点是用于借贷的实物主要集于粮食品种上。中国农业银行指出，发生在农村的"许多实物高利贷是放粮收粮，同国家争夺粮食"。[③] 各地的报告也反映了这一问题，如安徽省六安地区报告"高利贷形式很多，但集中反映在粮食上"[④]；湖南省反映，高利贷形式很多，但"集中在粮食上做文章……借粮还粮（包括借杂粮还主粮）、借猪还粮、借钱还粮（即卖青苗），这几项都是要求秋后还粮食，占高利贷总额的90%以上"[⑤]。

（二）实物借贷需求上升的原因

20世纪60年代初期，农村私人借贷市场再次出现了实物借贷多于货币借贷的现象。不过，这一时期，农村实物借贷成为私人借贷主要形式的原因并不同于50年代，其主要原因是：三年自然灾害造成众多农户缺食少

---

① 《中共六安地委关于取缔和打击农村高利贷活动的请示报告（1964年10月31日）》，中国农业银行党组档案1964 - 永久 - 3；中国农业银行湖南省分行：《湖南省当前农村高利贷活动情况（1965年1月）》，中国农业银行信用合作局档案1965 - 定 - 3；中共中国农业银行广东分行党组、中国人民银行广东省分行党组：《关于贯彻省委"打击和取缔高利贷的指示"后的工作报告（1965年1月29日）》，中国农业银行农村信用合作局档案1965 - 定 - 3；中国农业银行：《在农村社会主义教育运动中必须坚决打击高利贷活动（1964年11月20日）》，中国农业银行办公厅（分行长会议）档案1965 - 永久 - 2。

② 国务院财贸办公室财金组：《当前农村高利贷活动的情况值得注意（1963年6月26日）》，中国人民银行农村金融管理局档案1963 - 长期 - 6。

③ 中国农业银行：《在农村社会主义教育运动中必须坚决打击高利贷活动（1964年11月20日）》，中国农业银行办公厅（分行长会议）档案1965 - 永久 - 2。

④ 《中共六安地委关于取缔和打击农村高利贷活动的请示报告（1964年10月31日）》，中国农业银行党组档案1964 - 永久 - 3。

⑤ 中国农业银行湖南省分行：《湖南省当前农村高利贷活动情况（1965年1月）》，中国农业银行信用合作局档案1965 - 定 - 3。

衣；农产品统购后，可供交易的农副产品缺乏，农村粮食市场也被取缔；实行农产品统销，有钱但没有粮票也买不到粮食，货币的购买力被限制，"物贵钱贱"。借贷双方为降低交易成本，共同选择了实物借贷方式。

1960～1962 年的三年自然灾害，给本来还不富裕的农村造成严重的困难，粮食减产，经济萧条，许多地方缺衣少粮，不少农户陷入贫困之中，不得不借贷度日，形成了大面积的农户借贷现象。在这一较为特殊的社会环境下，实物借贷悄然占领了农村私人借贷市场。这是借贷双方理性选择的结果。从借贷方看，实行农业集体化后，生产经营资金由集体组织筹集，农户急切举债的主要原因是为了解决口粮及举办婚丧大事的生活急需，这仍是家庭消费的刚性支出。借贷农户可以选择货币债务，也可以选择实物债务。借入货币具有灵活使用的便利，可以根据需要购买商品，但是，借贷的主要目的是解决全家人的口粮或办理婚事、丧事等重大家庭事件所需要的粮食问题，由于没有农产品自由交易市场，借得的货币不一定能够买到粮食，或者需要用较高价格从黑市购买粮食，显然货币债务不具优势。而如果借债者能够直接从债主手里借到所需实物，则可以省去购买粮食等实物的交易成本，虽然利率较高，但相比借钱后再买东西还是合算的。因此，从借贷人的角度看，选择借实物债比借货币债更为合适。从较为富裕的放债方看，也可以选择是贷放货币还是贷放实物。贷放货币虽然比较隐蔽，也比较方便，但许多放债户家里并没有多少货币资本，只是可供放贷的粮食较多，如果贷放货币，需要卖出粮食，获得货币后再放贷，这一放贷种类的转换过程需要支付交易成本，特别是在国家严格管制粮食市场的情况下，风险还是比较大的。贷放实物，对于存有可供贷放的粮食的放债户来说，一方面省去了先把粮食卖出得到货币，然后再将货币放贷的交易成本（非法买卖粮食，可能被没收）；另一方面可以直接满足急需粮食等实物的借贷人的需要，得到更多潜在的借贷户。而且，贷放粮食可以利用买与卖两个市场、春和秋两个季节的价差赚取高额回报，所得的利率要远高于贷放货币。权衡利弊，放贷者偏好贷放实物。

20 世纪 60 年代农村盛行以粮食为主的实物借贷，另一个主要原因是统购统销制度的影响。国家为了保证这一制度的顺利推行，采取了严格管制全国城乡粮食自由市场、重要农副产品凭票证供应等措施。如果没有票证，农民即使手中有钱，也可能买不到粮、油、肉等农副产品，或者需要支付高价。在货币需要各种票证协助才能购买商品的商品流通制度下，货币的作用及购买力都被限制了，导致"物贵钱贱"的结果。特别是经历了严重缺粮的自然灾害后，粮食的重要性成为压在农民心头无法搬去的沉重石头。因此，借贷双方都偏好借贷粮食等实物。

四　实物借贷利率极高

20 世纪 60 年代初期，农村私人借贷利率极高。

据邓子恢 1963 年底在河南、湖北、广东等省的调查，各地借贷利率都高得惊人，一般月息是五分、六分（即借款一百元月息五元、六元），大加一、大加二（即借款一百元，月息十元、二十元），有的高至大加三、大加四。[①] 另据调查，贵州纳雍、镇宁两县，月息最低 5 分，最高达 122 分；浙江省绍兴、平阳、温岭、黄岩等地一般月息为 10~20 分，高的达 66 分；辽宁省昌图、开源、铁岭、盘山等地，月息一般为 3~10 分；江苏省盐城、建湖、金湖、靖江、江宁、句容、武进等地，月息一般在 15 分左右，最高达 120 分；山东省菏泽市月息是 10 分；江西省寻乌县，月息最低 10 分，最高 25 分；甘肃张掖、武威、通渭、临泽、定西、皋兰、城县、敦煌、兰州等地，月息在 10~15 分，高的达 60 分；湖南常德地区，月息最低 10 分，最高的达 50 分；黑龙江省，月息一般 3~5 分，最高的达到 10 分；安徽省六安地区，一般月息为 5~15 分，高的达 30 分以上。[②] 由于这

---

① 《邓子恢同志关于城乡高利贷活动情况和取缔办法的报告（1964 年 1 月 13 日）》，中国农业银行党组档案 1964‐永久‐3。

② 国务院财贸办公室财金组：《当前农村高利贷活动的情况值得注意，1963 年 6 月 26 日》，中国人民银行农村金融管理局档案 1963‐长期‐6；《中共黑龙江省委关于打击农村高利贷活动的报告（1964 年 3 月 7 日）》，中国农业银行党组档案 1964‐永久‐3；中国农业银行贵州省分行：《关于整顿信用社、打击高利贷、支持贫下中农意见的报告（1964 年 12 月 30 日）》，中国农业银行办公厅（行长会议）档案 1965‐永久‐5；《中共六安地委关于取缔和打击农村高利贷活动的请示报告（1964 年 10 月 31 日）》，中国农业银行党组档案 1964‐永久‐3。

一时期农村许多地区的高利贷为实物借贷，这也反映了农村实物借贷利率的基本概况。

实物借贷因为借还实物品种的转换，常常部分掩盖了高利率，借贷利率也因借贷种类不同而有所差别。湖南省、广东省、云南省农村放贷者根据不同种类的实物借贷索要不同的利率，是 20 世纪 60 年代全国农村实物借贷利率情况的典型反映。其一，借粮还粮，一般是春借秋还，1 石谷还 3～4 斗息，利率为 30%～40%。其二，借猪还谷（或借猪肉还谷），一般是 1 斤猪秋后还 7～10 斤谷。沅江县杨梅山公社的全福、新田、管家冲等 3 个大队的 6 个生产队，借入 13 头生猪，毛重 1600 斤，出售后当时买进谷 4700 斤，秋后则要还谷 9040 斤，利率达 92.3%。湘阴县桃林公社 261 户农户借生猪 274 头，按当时价格折谷为 21100 斤，而秋后则要还 36410 斤谷，利率高达 72.6%。其三，拿新谷钱（即借钱还谷）。债主将借出的钱按很低的价格折为若干谷物，要求负债者还谷物抵钱。如，市场议价 1 石新谷值 18 元，债主出借金钱时，却一般按 10～12 元折算为 1 石新谷，最低时按 8～9 元折算为 1 石新谷。湘阴县贫农吴 Q 借吴 KY 8 元钱，当时只能买 50 斤议价谷，而秋后他要还 100 斤谷，利率达 100%。其四，借粮还钱。一般是借 1 石谷秋后还 20～30 元，而秋后议价 1 石谷只有 15 元左右，利率为 33%～100%。其五，借实物还谷，如借 3 斤棉花还 100 斤谷等多种形式，但数量很少。① 其六，借粗粮还细粮。广东省兴宁县坭坡公社柑子大队的荷树下生产队，14 户农户在上年秋荒中放出番薯 4200 多斤，秋收后每百斤番薯要收回稻谷 30 斤，正常的价格是每百斤番薯换 20 斤稻谷，利率达到 50%。② 其七，放猪利。云南云龙县白石公社白石上村张 ZC 向张 YZ 借 1 只 3 个月大的小母猪，饲养 18 个月后小母猪长大并生了一窝小猪，张 YZ 将母猪收回。18 个月前小母猪只值 3.5 元，18 个月后母猪已

---

① 中国农业银行湖南省分行：《湖南省当前农村高利贷活动情况（1965 年 1 月）》，中国农业银行信用合作局档案 1965－定－3。

② 中共中国农业银行广东分行党组、中国人民银行广东省分行党组：《关于贯彻省委"打击和取缔高利贷的指示"后的工作报告（1965 年 1 月 29 日）》，中国农业银行农村信用社局档案 1965－定期－3。

值 35 元，获利 31.5 元，利率达 900%。① 另外，还有放半边猪，即贷出 1 只小猪，养大后得一半；放母猪，即借给他人 1 只母猪饲养，生崽后债主得 1 只小猪，且母猪仍归原债主所有。②

1961 年 4 月 21 日，国家银行的农业贷款利率进一步降低到月息 4.8 厘③，这一利率标准一直持续到 1971 年 8 月。20 世纪 60 年代初期，为帮助贫困农户解决生活困难，1962 年 10 月财政部拨给中国人民银行农户口粮贷款资金，由农村信用社贷放，1963 年 8 月中国人民银行指示农村信用社贷放贫农、下中农生产生活贷款，利率为月息 4.8 厘。④ 1965 年 7 月，中国农业银行还设立了支持贫下中农无息贷款专项资金。⑤ 以国家银行农业贷款及农户口粮贷款作参照，以不超过国家银行贷款利率 4 倍为限，20 世纪 60 年代初期农村私人实物借贷的利率的确太高了。1964 年中共中央吸收邓子恢的意见，提出"高利贷和正常借贷的界限，主要按利息的高低来确定，一切借贷活动，月息超过一分五厘的，视为高利贷；月息不超过一分五厘的，视为正常的借贷"。⑥ 按照这一标准，20 世纪 60 年代农村实物借贷多数属于高利贷。

五　基本结论

人民公社时期，因为农户不再单独从事生产经营，几乎没有生产性借

---

① 中国农业银行：《在农村社会主义教育运动中必须坚决打击高利贷活动（1964 年 11 月 20 日）》，中国农业银行办公厅（分行长会议）档案 1965 - 永久 - 2。
② 中共人民银行浙江省分行党组、农业银行浙江省分行党组：《关于贯彻执行中央关于坚决取缔高利贷活动的批示的报告（1964 年 4 月 11 日）》，中国农业银行党组档案 1964 - 永久 - 3。
③ 《中国人民银行关于降低农贷利率的通知》，载《利率文件汇编》，中国金融出版社，1986，第 285 页。
④ 内务部、财政部、中国人民银行总行：《关于拨给口粮食贷款指标的通知》，中国人民银行农村金融管理局档案 1962 - 永久 - 3；《中国人民银行总行关于积极支持信用社发放贫农、下中农生产、生活贷款的指示》，中国人民银行农村金融管理局档案 1963 - 永久 - 4。
⑤ 中国农业银行：《关于支持贫下中农设立无息贷款专项资金的通知》，中国农业银行信用局档案 1965 - 永久 - 3。
⑥ 《中央转发邓子恢同志关于城乡高利贷活动情况和取缔办法的报告的批示（1964 年 2 月 15 日）》，中国农业银行党组档案 1964 - 永久 - 3。

贷需求。

农户借贷需求几乎全为生活消费方面的非生产性借贷需求，特别是购买生活消费品、婚丧嫁娶、修建房屋、治病等方面的借贷需求旺盛。

在 20 世纪 60 年代初期，更多的农户向高利贷者借贷，而且，借贷需求以实物借贷需求为主，尤其是粮食借贷需求强烈。

第四章　改革开放后农户的借贷需求

　　1978 年 12 月中共十一届三中全会召开，拉开了农村改革开放的序幕。1984 年，废除了政社合一的人民公社体制，普遍推行"家庭联产承包责任制"，土地经营权还给农户，农户成为生产经营主体，为生产而借贷趋于活跃。从农户借贷用途看，非生产性的借贷需求仍是借贷需求的主体，为生产而借贷的需求明显上升。不同收入水平的农户借贷需求呈现差异性，低收入的农户用于生活性消费的借贷倾向较强；随着人均收入提高，生活性借贷需求呈递减态势。不同类型农户的借贷需求也表现出不同的特征。另外，不同地区的农户的借贷用途差异性也比较显著，在东南沿海一带、商品经济比较发达的一些内陆地区，农户借款主要用于工商业经营，而在欠发达的大多数内地和边远地区，农户借贷则主要用于生活急需和一般性的农业生产经营。

一　农户生产经营主体地位的恢复

　　20 世纪 70 年代末期，中国农村创新出"包产到户""包干到户"等多种形式的家庭联产承包责任制，启动了农村经济体制改革。"包产到户"就是根据产量记工分，最后按工分分配。"包干到户"则是"交够国家的，留足集体的，剩下全是自己的"。1982 年 1 月，中共中央批转的《全国农村工作会议纪要》，第一次明确提出包产到户、包干到户的社会主义性质，正式确立了家庭联产承包责任制。中国共产党的十五届三中全会后，将"家庭联产承包责任制"改称为"家庭承包经营制"。实行家庭承包经营制度后，农民家庭重新获得了土地使用权，开始独立经营，重新恢复了生产经营主体地位。

农户家庭承包经营制度，显示出旺盛的生命力，迅速推动了农村经济领域的巨大变革。这一新型家庭经济形式，循序渐进，催生了以发展商品生产为目的的各种兼业户、重点户、自营专业户、承包专业户、专业合作社。

农村实行家庭承包经营制度后，一些农户家庭经营规模不断扩大，逐渐超越家庭承包范围，出现专业户、大户。这些专业户为了扩大生产，有了购买拖拉机等大型农业生产资料的需求。到1982年底，全国农民私人购买拖拉机已超过100万台（其中小型拖拉机80多万台，大中型拖拉机20多万台），购买汽车超过10万台，它们成为农业生产和农村运输中不可缺少的力量，同时涌现出一批农机、汽车专业户、联合体。实行家庭承包经营制度后，农户有了相对独立的经济地位。农村一些"能人"向生产专业化方向发展，从而涌现出一批种植、养殖"专业户"。由于不少合作经济组织对商品性较强的种养业、手工业采取了专业承包的办法，于是出现了以经营一业为主的"承包专业户"。同时，除了种植、养殖"专业户"外，由于允许农户购置加工机具和拖拉机、汽车等生产资料，经营家庭工业和个体商业、服务业，又产生了各种"自营专业户"。①

家庭承包经营制度，为农村经济的发展提供了条件，由此涌现出以股份合作制为代表的多种新型合作经济组织、私人企业、联户（合伙）经营的乡镇企业，形成了以农工商（或贸工农、供产销、产加销）联合企业为代表的多种跨越社区、城乡、行业和所有制界限的新型经济联合体，农村经济呈现多元化发展的格局。

---

① 武力、郑有贵主编《中国共产党"三农"思想政策史（1921~2013年）》，中国时代经济出版社，2013，第439~444页。

二 农户借贷日益活跃

农户重新回归自我经营的主体地位后，生产、投资、融资、销售等各个环节都需要他们自己解决。政府实施放活农村经济的政策后，计划经济时期经济收入相差无几的农户出现分化，一部分人开始投身于工商业，生产性借贷需求如雨后春笋，农户借贷率步步升高。

1980 年后，农村民间借贷活动逐渐增多。特别是在沿海商品经济较为发达的地区，民间借贷发展速度非常快，并带动内地省份农村借贷的增长。据邓英淘等学者的研究，根据中国农业银行 1984～1990 年的农户调查统计数据分析，民间借贷的人均规模由 1984 年的 25.40 元增长到 1990 年的 56.64 元，增长了 1.23 倍，年均增长速度为 14.3%。[1] 1986 年之后，农户从民间借贷的户均金额超过了从正规金融机构借贷的，1989 年，农户从民间渠道借贷的户均金额已是从正规金融机构借贷的 2.2 倍（见表 4-1）。另据邓英淘等人测算，1986 年之后农村民间借贷的规模超过了正规金融机构借贷的规模（见表 4-2）。

表 4-1 1984～1990 年农户户均借贷情况

年份	1984	1985	1986	1987	1988	1989	1990
民间借贷贷款（元）	136.36	159.73	193.97	222.17	285.27	319.37	296.66
正规信贷款（元）	198.67	195.99	170.32	218.17	203.46	145.95	190.75
民间借贷/正规借贷	0.686	0.815	1.139	1.018	1.403	2.188	1.555
有正规信贷农户的比例（%）	46.20	33.00	37.20	33.40	29.20	26.90	35.89

资料来源：邓英淘、刘建进、张一民《中国农村的民间借贷》，《战略与管理》1993 年第 11 期。

根据中国农业银行 1992 年对全国 15 个省市的 13113 户农户的抽样调查，15 个省市的农户的民间借贷发生率平均为 48%，发生率高的地区有湖北、陕西、江苏、北京、江西等省市。从户均借贷规模看，平均每户 422

---

[1] 邓英淘、刘建进、张一民：《中国农村的民间借贷》，《战略与管理》1993 年第 11 期。

表 4 - 2　1984~1990 年农村金融市场中农户贷款的规模

年份	1984	1985	1986	1987	1988	1989	1990
正规信贷规模（亿元）	373.30	373.95	333.49	440.05	424.42	313.79	424.23
民间借贷贷款（亿元）	256.22	304.76	379.79	448.12	595.07	686.65	659.77
总规模（亿元）	629.52	678.71	713.28	888.17	1019.49	1000.44	1084.00
民间借贷的比重（%）	40.7	44.9	53.2	50.5	58.4	68.6	60.9

资料来源：邓英淘、刘建进、张一民《中国农村的民间借贷》，《战略与管理》1993 年第 11 期。

元，但不同地区之间相差较大，最低的河北省仅为 135 元，最高的浙江省为 1256 元。[①]

一些地方金融机构的调查报告，也反映出改革开放后农村借贷数量的快速增长。

吉林省梨树县是粮食生产大县。随着农村家庭联产承包责任制的推行，一些农户因生产投入资金和生活消费资金的紧缺而借贷，民间借贷有较大的发展，借贷金额和范围逐年扩大。1982 年，全县民间借贷户数（单位）共 659 个，借款总金额 23.1 万元，月利率为 1%~1.5%，当年偿还本息 19.4 万元。到 1990 年，全县借贷户数（单位）达到 37400 个，借贷总金额 1860 万元，月利率提高到 3%~5%，当年应付利息达 72.54 万元。经过 9 年时间，梨树县民间年借贷总金额增加 79.5 倍，利率增高 2 倍多，应付利息增加 156.7 倍。[②]

1984 年，中国农业银行广西玉林中心支行、贵县支行和覃塘工商所联合调查组，对覃塘镇 33 个农户、10 户个体商业户借贷情况进行了调查，发现在银行和信用社以外借款的有 34 户，借贷 117184 元，占调查户的 79.1%，其中 14 户既有借入又有借出。据覃塘工商所、覃塘大队干部的分

① 邓英淘、刘建进、张一民：《中国农村的民间借贷》，《战略与管理》1993 年第 11 期。
② 陆万春：《农村民间借贷问题的调查与探索》，《中国农业会计》1991 年第 4 期。原文借贷总金额增加 55.7 倍，有误，笔者重新计算了数据。

析，覃塘镇发生有息自由借贷的户数大约是借入户 30 户、借出户 150 户，覃塘镇的借贷资金约为 30 万元，覃塘公社其他大队农业户借贷资金约为 10 万元。①

据湖北省农业银行对 918 户农民家计的户调查，1987 年上半年，有 683 户农民发生民间借款往来 2647 笔，占总户数的 74%。借贷户借贷金额为 150832 元，比上年同期增加 48459 元，增长 47%；户均 220.8 元。②

1987 年 7 月，四川省遂宁市农业银行按农民经济收入好、中、差三类选择 103 户农户进行民间借贷调查。103 户农民 1987 年 6 月末在银行、信用社贷款的余额 34746 元，户均 337 元，人均 71.35 元。1987 年 1～6 月，有 57 户借入实物折款与现金 12110 元，为同期银行、信用社贷款 9830 元的 1.23 倍，户均 212 元，借款面占总户数的 55.3%，借入现金占借入总额的 94.3%；有 15 户贷出实物与现金 4048 元，户均 269.9 元，贷出面占总户数的 14.6%，现金占贷出总额的 91.4%。③

1987 年，中国社会科学院经济研究所与国务院发展研究中心发展研究所对无锡、保定 22 村的社会经济情况进行调查。此次调查被录入数据库的无锡、保定地区的调查资料存有 1921 个样本户，其中有 508 户当年发生借贷，负债户占样本户的比例为 26.4%，户均 887.95 元（见表 1-3）。④

1991 年河南省信阳、驻马店两地区遭受严重的自然灾害，民间借贷较以往更加活跃。据对信阳地区受灾县固始、淮滨、息县、潢川 4 个县 19 个乡镇的 895 户农户的调查，1991 年参与民间借贷的有 279 户，占调查总户数的 31.2%，比 1990 年末增加 96 户，增长 52.5%，借款笔数 936 笔，比 1990 年末增加 236 笔，增长 33.7%；借款额达 104.5 万元，比 1990 年末

---

① 玉林中支、贵县支行、覃塘所联合调查组：《关于覃塘圩镇民间信用的调查报告》，《广西农村金融研究》1984 年第 11 期。

② 聂世富、罗彤等：《民间借款弊多利少——农民家计户调查》，《金融研究》1987 年第 10 期。原文户均借贷 164 元，是作者以 918 户调查样本户平均的，笔者以为不妥，户均 220.8 元是按发生借贷的 683 户平均的。

③ 何云丰：《遂宁市一百户民间借贷调查》，《四川金融》1988 年第 3 期。原文户均 272 元，有误，笔者改为"269.9 元"。

④ 笔者所见的数据库残缺。负债户占样本户的比例应该比文中引用的比例低。

增长 23.63%。①

1998 年中国社会科学院经济研究所对无锡、保定 22 村进行第四次经济调查。无锡、保定地区被调查农户为 3137 户，其中有 383 户发生借贷，占被调查户的 12.2%，户均借贷 13570.2（见表 1 - 3）。

1998 年中国社会科学院农村发展研究所对广东省东莞雁田村、浙江省温州项东村、湖北省汉川福星村、山西省原平屯瓦村和陕西省商州王涧村农民金融服务需求和金融部门的服务供给情况进行调查。调查表明，农户贷款需求较为普遍。在 5 村调查的 256 人中，有贷款需求的有 164 人，占调查总数的 64.06%。②

2007 年中国人民银行对农户借贷需求意愿的调查，比较全面地反映出新时期农户的借贷需求状况。中国人民银行与国家统计局在全国 10 个省份，抽选 263 个县、2004 个村、20040 户农户，开展农户借贷需求的专项问卷调查，获得了 20040 户农户的有效样本。农户表示在生产、生活及其他活动中，需要从银行、信用社或其他私人渠道借款，农户的贷款需求是普遍存在的。调查数据显示，农户普遍具有借贷需求，但各省份之间的差异比较明显。在回答"您家在生产生活及其他活动过程中是否需要借款"时，总样本农户中有 46.1% 回答需要借款（见表 4 - 3）。其中，在种植业生产比重较大省份，有借贷需求农户所占比例较高，如宁夏、内蒙古、吉林 3 省份有借贷需求的农户分别占 63.9%、62.6% 和 60.6%；而生产规模小且外出打工者较多省份，如河南、四川等省，有借贷需求的农户占比小于 50%。江苏省样本农户中有贷款需求的比例较低的原因在于这里非农产业较为发达，农户生产多样化特征显著，多种产业发展、非农产业项目收入较高。而安徽省样本农户中有贷款需求的比例较低，则与其农户人均种养殖业规模较小有更直接的联系。吉林、内蒙古样本农户中有贷款需求的

①　张艳峰：《对河南灾区农村民间借贷情况的调查》，《金融理论与实践》1992 年第 6 期。原文"比 1990 年末 96 户，增长 36.9%""比 1990 年末增加 236 笔，增长 25.21%"计算有误。

②　中国社会科学院农村发展研究所农村金融研究课题组：《农民金融需求及金融服务供给》，《中国农村经济》2000 年第 7 期。

比例较高，与吉林、内蒙古农户的平均种养殖业规模相对较大有关。宁夏有贷款需求的农户所占比例较高，则与回族居民商业活动参与意识较强有关。在被问及不需要借贷的原因时，回答"自有资金已能满足现在的生产生活需要"的农户所占比重最大，达60.5%；回答"没有借钱习惯"的农户占比为14.0%；而回答"没有好的发展项目"的农户占比为12.5%（见表4-4）。

表4-3 2007年存在贷款需求农户的占比情况

单位：%

省份	不需要	需要
内蒙古	37.4	62.6
吉林	39.4	60.6
江苏	67.5	32.5
安徽	63.2	36.9
福建	49.7	50.4
河南	59.5	40.5
湖南	58.2	41.8
四川	54.9	45.1
贵州	44.6	55.5
宁夏	36.2	63.9
总样本	53.9	46.1

资料来源：中国人民银行农户借贷情况问卷调查分析小组编《农户借贷情况问卷调查分析报告》，经济科学出版社，2009，第51页。

表4-4 农户不需要借款的主要原因

单位：%

省份	自有资金已能满足现在的生产生活需要	没有好的发展项目	没有借钱习惯	打工有钱不需要借	其他
内蒙古	74.1	15.3	7.0	1.5	2.0
吉林	82.6	6.3	8.5	1.1	1.4
江苏	54.4	11.2	17.4	14.3	2.6
安徽	60.2	12.0	12.7	12.7	2.5
福建	50.4	20	15.8	8.7	5.1

续表

省份	自有资金已能满足现在的生产生活需要	没有好的发展项目	没有借钱习惯	打工有钱不需要借	其他
河南	63.1	12.3	14.3	8.0	2.2
湖南	69.6	10.4	9.7	8.0	2.4
四川	49.4	12.1	17.1	18.1	2.8
贵州	53.8	16.4	19.0	4.2	6.6
宁夏	74.3	12.6	7.2	4.2	1.8
总样本	60.5	12.5	14.0	10.2	2.9

资料来源：中国人民银行农户借贷情况问卷调查分析小组编《农户借贷情况问卷调查分析报告》，经济科学出版社，2009，第52页。

三　农户借贷需求的结构

（一）非生产性借贷需求仍然是主体

20世纪70年代末，中国农村经济改革发轫后，农户生产性借贷需求与生活性借贷需求都出现比较大的提升。不同地区农户生产性借贷需求与生活性借贷需求的结构有比较大的差异，比较普遍的情况是农户生活性借贷比例一般都超过生产性借贷比例。如，根据中国农业银行1991年对全国13566户农户定点抽样调查的汇总资料，农户民间借贷非生产性用途的款额占60%。[①]

笔者将1984～2000年发表的有关农户借贷情况的调查文献中借贷用途的结构整理出来，列于表4-5，根据用途不同将农户借贷简单地分为生产性借贷与非生产性借贷。因为市场经济发育程度不同，不同地区农户的借贷需求表现出一定的差异性，但总体上看，非生产性借贷占主体。

表4-5中，广西贵县、内蒙古阿荣旗、河南漯河农户负债的生产性用途超过非生产性用途，主要与调查对象及遭受灾害年份有关。贵县被调查农户从事工商业的较多，所以生产性借贷所占比例较大；内蒙古阿荣旗、

---

① 刘建进：《中国农村的民间借贷》，《中国农村经济》1993年第3期。

河南漯河农户在调查年份都遭受了水灾，农户生产性投入较多，相应的生产性借贷所占比例较大。

表 4-5 20 世纪 80～90 年代农户借贷用途的结构

单位：户，%

调查年份	调查地区	调查户数	生产性借贷	非生产性借贷					
				合计	生活消费	修建房屋	婚丧嫁娶	治病	其他
1984	广西贵县	43	61.76① 38.23②	29.41		29.41			
1987	四川遂宁	103	34.45	65.55					
1987	湖北	918	27	73		24.82	48.18		
1988	贵州遵义	200	43.74	56.26					
1989	内蒙古阿荣旗		85	15	8		5		2
1990	吉林梨树县		31.8	68.2	9.4	25.6	24.7	8.5	
1991	河南固始、淮滨、息县、潢川灾区	895	35	65	51		5	7	2
1992	北京、江苏等15个省份		47	53	11③	29	13		
1992	江西南漳县	120	31	69					
1993	河南漯河		95	5					
1998	浙江、江苏、河北、河南、陕西21县	365	32	68	11.8	20.5	7.45	28.25④	

续表

调查 年份	调查 地区	调查 户数	生产性 借贷	非生产性借贷					
				合计	生活 消费	修建 房屋	婚丧 嫁娶	治病	其他
1998	广东 东莞、浙 江温州、湖 北汉川、山 西原平、 陕西商州	256	42.9	57.1					

注：①此数据指生产性借贷中用于生产投资的比例，②此数据指生产性借贷中用于商业流通的比例，③此数据包括除建房、婚丧嫁娶外的其他消费对应的比例，④原文中此数据为 28.88%，从而使总计数据超过 100%，故笔者调整为 28.25%；表中空缺项不详。

资料来源：玉林中支、贵县支行、覃塘所联合调查组《关于覃塘圩镇民间信用的调查报告》，《广西农村金融研究》1984 年第 11 期；何云丰《遂宁市一百户民间借贷调查》，《四川金融》1988年第 3 期；聂世富、罗彤等《民间借款弊多利少——农民家计户调查》，《金融研究》1987 年第 10期；李承中《对遵义地区农村资金市场的调查与思考》，《贵州社会科学》1988 年第 7 期；内蒙古呼盟人民银行调研室、阿荣旗支行《对内蒙古自治区阿荣旗民间借贷的调查》，《农村金融研究》1989 年第 2 期；陆万春《农村民间借贷问题的调查与探索》，《中国农业会计》1991 年第 4 期；张艳峰《对河南灾区农村民间借贷情况的调查》，《金融理论与实践》1992 年第 6 期；人民银行、农业银行南漳县支行联合调查组《民间借贷日趋活跃，弊多利少急待引导——对南漳县农村民间借贷行为的调查与思考》，《银行与企业》1992 年第 5 期；黄金木、王社教《对漯河市民间借贷状况调查与思考》，《金融理论与实践》1993 年第 10 期；邓英淘、刘建进、张一民《中国农村的民间借贷》，《战略与管理》1993 年第 11 期；中国社会科学院农村发展研究所农村金融研究课题组《农民金融需求及金融服务供给》，《中国农村经济》2000 年第 7 期。

　　从 1998 年中国社会科学院经济研究所对无锡、保定 22 村 1997 年经济情况的调查看，农户借贷用于非生产方面所占的比例为 21.27%（见表 1 - 4 和表 1 - 5）。特别是保定农户非生产性借贷占借贷总额的比例较低，仅为 14.93%，这与 1997 年第二轮土地承包启动相关。[①] 当年农户加大了生产方面的借贷投资，以至于生活性借贷用途占比降低。当这一轮对土地投资的热潮过去后，生活性借贷需求回归正常，又超过了生产性借贷需求。

　　1998 年中国社会科学院农村发展研究所对广东省东莞雁田村、浙江省温州项东村、湖北省汉川福星村、山西省原平屯瓦村和陕西省商州王涧村

---

　　① 赵学军：《农户借债结构的用途与变迁：一个长期视角》，《贵州财经学院学报》2012 年第 6 期。

的调查表明，农户生活性借款需求超过生产性借款需求。5村总样本农户中，有借贷需求的农户占46.5%，其中，生活性借贷需求户占有借贷需求户的比例为57.1%。经济不发达地区农户生活性借贷的比重较高，如屯瓦村高达83.3%、雁田村为64.3%、王涧村也有60.9%，而发达地区农户如项东村农户则无生活性借贷需求（见表4-6）。

表4-6 1998年王涧村等5村农户借贷需求情况

单位：%

指标	王涧	瓦屯	福星	项东	雁田	总计
有贷款需求户占调查户的比例	65.7	59.0	68.0	100.0	21.5	46.5
生产性借贷需求户占有借贷需求户的比例	39.1	16.7	44.4	100.0	35.7	42.9
生活性借贷需求户占有借贷需求户的比例	60.9	83.3	55.6	0	64.3	57.1

资料来源：中国社会科学院农村发展研究所农村金融研究课题组《农民金融需求及金融服务供给》，《中国农村经济》2000年第7期。

刘锡良等人在对四川省梓潼县农户2002～2005年的借贷情况进行调查时，分析了农户生产性与生活性借贷的用途。241户有效问答样本户中，回答用于生产性方面的有199户，占样本户的82.57%。在生活性借贷方面，用于子女上学的农户最多，占比为34.02%；其次是用于盖房，所占比例为19.92%；第三是用于人情往来，占比为9.13%。用于其他方面的情况是：用于纳税、还债的占比为6.22%，用于医疗的占比为4.98%，用于解决生活困难的占比为1.66%；用于婚丧嫁娶的占比为1.24%（见表4-7）。

从2007年中国人民银行与国家统计局对全国10个省份农户借贷需求意愿的调查看，总体样本农户中，生活性借贷需求所占比例超过生产性借贷需求。以农户第一笔借款为例，有45.0%的农户将之用于生活性需求方面，其中又以用于看病、建房、孩子学杂费的为多，分别为13.4%、12.6%和12.6%，另外，用于红白喜事方面的也有6.4%（见表4-8）。

表 4 - 7 四川省梓潼县样本农户 2002~2005 年贷款用途结构

单位：户，%

贷款用途	农户数	比例
生产性	199	82.57
生活性	150	62.24
生产性用途		
种植业	57	23.65
养殖业	83	34.44
服务业	67	27.80
生活性用途		
盖房	48	19.92
医疗	12	4.98
婚丧嫁娶	3	1.24
子女上学	82	34.02
人情往来	22	9.13
生活困难	4	1.66
缴税、还债	15	6.22

注：对这一问题的有效回答农户数为 241 户，由于允许农户做出多项选择，所以比重合计不等于 100%。

资料来源：刘锡良等《中国转型时期农村金融体系研究》，中国金融出版社，2006，第 31 页。

表 4 - 8 农户（第一笔）借款用途的结构

单位：%

用途	比例
生活性需求	45.0
建房	12.6
看病	13.4
孩子学杂费	12.6
红白喜事	6.4
生产性需求	40.8
发展工商业	7.2
购置农机	3.3
外出打工	2.1
购置农资	23.4

续表

用途	比例
购买畜禽	4.8
其他需求	14.3
归还其他借款	3.0
其他	11.3

资料来源：中国人民银行农户借贷情况问卷调查分析小组编《农户借贷情况问卷调查分析报告》，经济科学出版社，2009，第59页。

仍以 2007 年中国人民银行与国家统计局农户借贷调查数据分析，农户从非正规渠道得到的借款，用于生活方面的比例更高，为 53.29%。而生活性借款中，又以用于看病、建房、孩子学杂费的为多，分别为 15.51%、15.06% 和 14.06%，另外，用于红白喜事方面的也有 8.66%（见表 4 - 9）。

表 4 - 9 农户非正规渠道借贷的用途分类及比重

单位：笔，%

用途	笔数	占总笔数的比例
生活性用途	3734	53.29
看病	1087	15.51
孩子学杂费	985	14.06
红白喜事	607	8.66
建房	1055	15.06
生产性用途	2133	30.44
发展工商业	371	5.29
购置农机	186	2.65
外出打工	159	2.27
购买农资	1126	16.07
购买畜禽	291	4.15
其他用途	1140	16.27
归还其他借款	209	2.98
其他用途	924	13.19
空白选项	7	0.10

续表

用途	笔数	占总笔数的比例
总计	7007	100.00

资料来源：中国人民银行农户借贷情况问卷调查分析小组编《农户借贷情况问卷调查分析报告》，经济科学出版社，2009，第139页。

（二）生产性借贷需求占比有所上升

农户重新回归自主经营后，需要解决生产经营资金不足的问题，为生产而借贷成为不少地方常见的现象。与以前相比，农户生产性借贷占比有所上升。

20世纪30~40年代，农户生产性借贷需求所占比例一般在20%以下。20世纪50年代初期，农户生产性借贷需求占比一般为30%左右。改革开放后，农户生产性借贷需求占比有明显的提高，许多地方达到40%。

比如，中国农业银行1991年对全国13566户农户定点抽样调查的汇总资料表明，农户民间借贷的40%用于生产性活动。[1]

另据一些机构或学者对1984~2000年农户借贷情况的调查资料，农户生产性借贷比例较高，特别是在市场经济比较发达的地区，农户生产性借贷需求比较旺盛（见表4-5）。

从1998年中国社会科学院经济研究所对无锡、保定22村1997年农村经济情况的调查资料看，无锡、保定地区农户借贷用于生产方面的占了绝大部分，所占比例为78.37%（见表1-4、表1-5）。特别是保定地区，1997年农户借贷用于生产方面所占的比例大幅提升，达到85.07%，是当年适逢第二轮土地承包之故。[2] 农户签订承包合同后，土地使用权相对稳定，掀起了在田地里打井、修建水利设施、增加土壤肥力等投资热潮，因此，1997年前后保定农户在生产方面的借贷比例呈现显著变化。

1998年中国社会科学院农村发展研究所对雁田村、项东村、福星村、

---

[1] 刘建进：《中国农村的民间借贷》，《中国农村经济》1993年第3期。
[2] 赵学军：《农户借债结构的用途与变迁：一个长期视角》，《贵州财经学院学报》2012年第6期。

屯瓦村和王涧村的调查资料显示，农户生产性借款需求较大。5 村总样本农户中，有生产性借贷需求的农户占有借贷需求户的比例为 42.9%，特别是经济发达地区农户生产性借贷比重较高，如项东村农户借贷需求全部是生产性的，福星村为 44.4%，王涧村也有 39.1%（见表 4-6）。

刘锡良等人在对四川省梓潼县农户 2002～2005 年的借贷情况进行调查表明，在 241 户有效问答样本户中，回答借款用于生产性方面的有 199 户，占样本户的 82.57%。在生产性借贷中，投入养殖业与服务业的农户较多，所占比例分别为 34.44% 和 27.80%，投入种植业的农户所占比例为 23.65%（见表 4-7）。

2007 年中国人民银行与国家统计局在全国 10 个省份对农户借贷需求意愿的调查资料表明，总体农户借贷样本中，有生产性借贷需求的农户所占比例较大。以农户第一笔借款为例，有 40.8% 的农户将之用于生产性方面，将之用于购买农资、发展工商业、购买畜禽的农户比例分别为 23.4%、7.2% 和 4.8%（见表 4-8）。从农户民间借贷用途看，有 30.44% 的农户将借款用于生产性需求方面，将之用于购买农资、发展工商业、购买畜禽的农户较多，分别占 16.07%、5.29% 和 4.15%；将之用于购置农机、外出打工的农户所占比例分别为 2.65%、2.27%（见表 4-9）。

四 不同收入水平农户借贷需求的差异性

不同收入水平的农户借贷需求呈现显著的差异性。

据刘建进利用中国农业银行 1991 年全国 13566 户农户定点抽样调查汇总资料的研究，低收入的农户生活性借贷倾向较强。他指出，随着收入的增长，农户的生产性借贷比例先是下降，到了人均收入 800 元以后，又开始上升，而非生产性借贷比例则是先上升，然后下降。[1]

中国社会科学院农村发展研究所 1998 年对全国 5 个地区农村居民的调查显示，同一地区低收入农民生活性借贷的比重较高，如王涧村最低人均

---

① 刘建进：《中国农村的民间借贷》，《中国农村经济》1993 年第 3 期。

收入组的 5 户成员，全部有过需要依靠借贷度日的经历。随着人均收入水平提高，按人均收入分组显示的生活性借贷需求呈递减态势。而生产性借贷需求与人均收入水平呈正相关的增长态势。如屯瓦村生产性贷款需求全部来自按人均收入排列的高收入组。同样的情况还发生在项东村和雁田村。[①]

（一）低收入水平农户的借贷需求结构

利用刘建进所引用的资料，笔者对不同收入水平农户的借贷需求进行分层次分析。

依据 1991 年农户的收入水平，人均收入在 200 元以下，为低收入贫困农户。他们的生产性借贷需求与生活性借贷需求所占的比例分别为 39.06%、50.04%，余下的 10.90% 对应还债等其他用途。贫困农户生产性借贷需求所占比例高于全部样本农户的平均水平（36.83%），生活性借贷需求所占比例高于样本农户平均水平（49.63%），其他借贷需求所占比例低于平均水平（13.54%），详见表 4-10。

表 4-10　1991 年农户民间借贷用途结构

单位：%

用途	合计	按农户人均纯收入水平分组					
		200 元以下	200～400 元	400～600 元	600～800 元	800～1000 元	1000 元及以上
防病养老	3.57	3.26	5.64	4.25	3.13	3.11	3.13
以丰补歉	3.49	12.48	7.16	3.95	2.23	2.98	2.77
婚事	10.30	5.90	10.19	13.57	9.74	9.38	9.46
建房	15.39	8.57	8.71	8.93	28.37	17.35	10.77
购买高档商品	3.78	0.54	3.08	2.77	2.82	3.56	5.79
子女上学	4.90	7.95	6.73	5.97	4.86	4.16	3.90
生产	36.83	39.06	38.12	35.70	32.14	40.98	38.07

①　中国社会科学院农村发展研究所农村金融研究课题组：《农民金融需求及金融服务供给》，《中国农村经济》2000 年第 7 期。

用途	合计	按农户人均纯收入水平分组					
		200 元以下	200～400 元	400～600 元	600～800 元	800～1000 元	1000 元及以上
固定资产投资	10.10	14.28	12.58	8.31	8.80	12.67	9.60
做生意	7.80	6.43	6.94	6.22	7.50	7.44	7.25
科技投入	0.98	1.04	0.83	1.22	0.50	0.71	1.41
人情往来	7.22	10.30	7.38	7.66	5.83	7.16	7.81
其他	13.54	10.90	12.17	16.00	10.39	10.61	16.89

注："科技投入""人情往来"两个分项为原文资料，笔者引用时未做改动。
资料来源：刘建进《中国农村的民间借贷》，《中国农村经济》1993 年第 3 期。

贫困农户生产性借贷用途的结构是：固定资产投资占 14.28%，做生意占 6.43%，前者高于全部样本农户的平均水平（10.1%），后者低于全部样本农户的平均水平（7.80%）。在生活性借贷方面，贫困农户从多到少使用的比例依次是：以丰补歉（12.48%），高于平均水平（3.49%）；建房（8.57%），低于平均水平（15.39%）；子女上学（7.95%），高于平均水平（4.90%）；婚事（5.90%），低于平均水平（10.30%）；防病养老（3.26%），低于平均水平（3.57%）；购买高档商品（0.54%），低于平均水平（3.78%）；人情往来（10.30%），高于平均水平（7.22%）。正如刘建进所指出的，人均收入 200 元以下的农户，在民间借贷方面为迫于生活急需而借贷的比重较大。

农户人均收入在 200～400 元，为低收入家庭。这些农户生产性借贷用途的结构是：固定资产投资占 12.58%，高于全部样本农户的平均水平（10.10%）；做生意占 6.94%，低于全部样本农户的平均水平（7.80%），与低收入贫困户相似。低收入农户各类生活性借贷需求占总借贷需求的比例从高到低依次是：婚事（10.19%），接近平均水平（10.3%）；建房（8.71%），低于平均水平（15.39%）；以丰补歉（7.16%），高于平均水平（3.49%）；子女上学（6.73%），高于平均水平（4.90%）；防病养老（5.64%），高于平均水平（3.57%）；购买高档商品（3.08%），低于平均水平（3.78%）。这一阶层农户生活性借贷的主要需求是办婚事和建房。

　　据刘锡良等人对四川省梓潼县农户借贷情况的调查，低收入与中低收入农户多为纯农户。在生产性借贷需求方面，低收入与中低收入农户更多的是投入种植业与养殖业。在低收入农户中，将借贷资金用于种植业、养殖业及服务业的农户所占的比例分别为16.67%、22.22%和5.56%。在中低收入农户中，将借贷资金用于种植业、养殖业及服务业的农户所占的比例分别为21.21%、22.22%和9.09%。中低收入农户在种植业与服务业方面的借贷需求高于低收入农户。在生活性借贷需求方面，低收入农户将最多的借贷资金用于子女上学，占比为16.67%；其次为用于解决生活困难、纳税还债，占比都是11.11%；再次为盖房、医疗和人情往来，占比都是5.56%。在生活性借贷需求上，中低收入农户也将最多的借贷资金用于子女上学，占比为25.25%。余下的从高到低依次为：盖房，占比为7.07%；缴税还账，占比为7.07%；人情往来，占比为5.05%；医疗，占比为2.02%；解决生活困难，占比为1.02%（见表4-11）。低收入户与中低收入户中均未发现有婚丧嫁娶方面的借贷用途，不知何故，笔者猜测也许与调查者的抽样有关。

表4-11　四川省梓潼县2002~2005年300户农户借贷情况

单位：户，%

用途	低收入		中低收入		中等收入		中高收入		高收入	
	数量	比例	数量	比例	数量	比例	数量	比例	数量	比例
种植业	3	16.67	21	21.21	31	13.54	2	5.41	0	0
养殖业	4	22.22	22	22.22	49	21.40	8	21.62	1	8.33
服务业（含运输）	1	5.56	9	9.09	37	16.16	11	29.73	9	75.01
盖房	1	5.56	7	7.07	33	14.41	7	18.92	1	8.33
医疗	1	5.56	2	2.02	9	3.93	0	0	0	0
婚丧嫁娶	0	0	0	0	3	1.31	0	0	0	0
子女上学	3	16.67	25	25.25	50	21.83	3	8.11	1	8.33
人情往来	1	5.56	5	5.05	10	4.37	6	16.21	0	0
生活困难	2	11.11	1	1.02	1	0.44	0	0	0	0
缴税还账	2	11.11	7	7.07	6	2.61	0	0	0	0

续表

用途	低收入		中低收入		中等收入		中高收入		高收入	
	数量	比例	数量	比例	数量	比例	数量	比例	数量	比例
是否满足需要	数量	比例	数量	比例	数量	比例	数量	比例	数量	比例
完全能满足	5	41.67	36	57.14	76	59.84	14	45.16	5	50
大部分能满足	5	41.67	14	22.22	38	29.92	10	32.26	5	50
可以满足一些	2	16.67	10	15.87	13	10.24	7	22.58	1	10
不能满足	0	0	3	4.76	0	0	0	0	0	0

注：原表中各项借贷资金所占比例有误，笔者重新做了计算。

资料来源：刘锡良等《中国转型时期农村金融体系研究》，中国金融出版社，2006，第34页。

（二）中等收入农户的借贷需求结构

1991年中国农业银行的调查数据显示，人均收入400～800元为中等收入家庭。这一阶层农户有一定的积累，生产性借贷需求小于中低收入阶层的农户。人均收入400～600元农户，生产性借贷需求所占比例为35.70%，低于全部样本农户的平均水平；生活性借贷需求所占比例为48.30%，也低于样本农户的平均水平；其他借贷用途所占比例为16.00%，高于样本农户的平均水平。生产性借贷用途的结构是：固定资产投资占8.31%，做生意占6.22%，都低于全部样本农户的平均水平。人均收入400～600元农户各类生活性借贷需求占总借贷需求的比例从高到低依次是：婚事（13.57%），超过平均水平；建房（8.93%），高于平均水平；子女上学（5.97%），高于平均水平；防病养老（4.25%），低于平均水平；以丰补歉（3.95%），高于平均水平；购买高档商品（2.77%），低于平均水平（见表4-10）。

人均收入600～800元农户，生产性借贷需求所占比例为32.14%，低于全部样本农户的平均水平；生活性借贷需求所占比例为57.47%，高于样本农户平均水平；其他借贷用途所占的比例为10.39%，低于平均水平。生产性借贷用途的结构是：固定资产投资占8.80%，做生意占7.50%，都低于全部样本农户的平均水平。人均收入600～800元农户各类生活性借贷需求占总借贷需求的比例从高到低依次是：建房（28.37%），远高于样本农户的平均水平；婚事（9.74%），略低于样本农户的平均水平；子女上学（4.86%），接近于样本农户的平均水平；防病养老（3.13%），低于样本农户的平均水平；以丰补歉（2.23%），低于样本农户的平均水平；购买高档商品（2.82%），低于样本农户的平均水平（见表4-10）。

中等收入阶层农户生活性借贷需求主要是建房和办婚事。

据刘锡良等人对四川省梓潼县农户借贷情况的调查，中等收入户基本都是兼业农户。在生产性借贷方面，中等收入农户相比低收入农户更多地将资金投入养殖业与服务业。中等收入农户将借贷资金用于种植业、养殖业及服务业所占的比例分别为13.54%、21.40%和16.16%。在生活性借贷需求方面，中等收入农户使用最多借贷资金的是子女上学，占比为21.83%；其次为盖房，占比为14.14%；其三为人情往来，占比是4.37%；其四为医疗，占比是3.93%；其五为缴税还账，占比是2.61%；其六为婚丧嫁娶，占比为1.31%。中等收入户用于解决生活困难的借贷比例较低，为0.44%（见表4-11）。

（三）中高收入及高收入农户借贷需求的结构

1991年中国农业银行的调查数据显示，人均收入800~1000元为中高收入家庭，1000元及以上的为高收入家庭。中高收入家庭生产性借贷需求所占比例为40.98%，高于全部样本农户的平均水平；生活性借贷需求所占比例为48.41%，略低于样本农户平均水平；其他借贷用途所占比例为10.61%，低于平均水平。生产性借贷用途的结构是：固定资产投资占12.67%，做生意占7.44%，前者高于全部样本农户的平均水平，后者低于全部样本农户的平均水平。人均收入800~1000元农户各类生活性借贷需求占总借贷需求的比例从高到低依次是：建房（17.35%），高于平均水平；婚事（9.38%），略低于平均水平；子女上学（4.16%），低于平均水平；购买高档商品（3.56%），略低于平均水平；防病养老（3.11%），略低于平均水平；以丰补歉（2.98%），低于平均水平（见表4-10）。可见，中高收入家庭生活性借贷的主要用途是建房和办婚事。

高收入家庭生产性借贷需求所占比例为38.07%，高于全部样本农户的平均水平；生活性借贷需求所占比例为45.04%，低于样本农户平均水平；其他借贷的用途所占比例为16.89%，高于平均水平。他们生产性借贷用途的结构是：固定资产投资占9.60%，做生意占7.25%，均低于全部样本农户的平均水平。人均收入1000元及以上农户各类生活性借贷需求占总借贷需求的比例从高到低是：建房（10.77%），低于平均水平；婚事（9.46%），略低于平均水平；购买高档商品（5.79%），远高于平均水平；子女上学（3.90%），低于平均水平；防病养老（3.13%），略低于平均水平；以丰补歉（2.77%），低于平均水平（见表4-10）。高收入农户生活性借贷需求的主要用途为建房、办婚事和购买高档消费品。

据刘锡良等人对四川省梓潼县农户借贷情况的调查，中高收入及高收入户几乎没有纯农户，工商兼业户较多。在生产性借贷需求方面，中高收入农户相比其他收入水平的农户更多的是投资养殖业与服务业的借贷需求。中高收入农户将借款用于种植业、养殖业及服务业所占的比例分别为5.41%、21.62%和29.73%。在生活性借贷需求方面，中高收入农户中最多的借贷被用于盖房，占比为18.92%；其次为人情往来，占比为16.21%；再次为子女上学，占比为8.11%。其他方面则无借贷需求。高收入农户没有投资种植业的借贷需求，生产性借贷需求为投资养殖业与服务业借贷需求。高收入农户将借贷资金投资于养殖业及服务业所占的比例分别为8.33%和75.01%。在生活性借贷需求方面，高收入农户中为盖房而借贷的占8.33%，为子女上学而借贷的占8.33%，其他方面则无借贷需求（见表4-11）。

五　不同类型农户的借贷需求

改革开放后，农户在自由生产经营中发生明显的分化，各类兼业户、重点户、自营专业户、承包专业户层出不穷。农村纯农户越来越少，各种类型的兼业户越来越多，部分农户变为非农户。因此，中国农户表现为纯农户、农业兼业户、非农业兼业户和非农户四种类型。不同类型农户的借贷需求也表现出不同的特征。

（一）纯农户的借贷需求

仍以刘锡良等人对四川省梓潼县 2002～2005 年不同类型农户借贷需求为例分析。被调查农户中纯农户有 34 户，占样本农户的 14.11%，其中，收入 5000 元以下的有 7 户，占纯农户的 20.59%；收入在 5000～10000 元的有 11 户，占纯农户的 32.35%；收入在 10000～30000 元的有 11 户，占纯农户的 32.35%；收入在 30000～50000 元的有 5 户，占纯农户的 14.71%。没有收入在 5 万元及以上的纯农户。纯农户贷款规模为 650700 元，占贷款总额的 7.72%。

纯农户生产性借款需求的情况是：10 户有投资种植业的借款需求，占比为 29.41%；16 户有投资养殖业的借款需求，占比为 47.06%；2 户有投资服务业的借款需求，占比为 5.88%。可见纯农户更多地为投资种植业、养殖业而借款，但也试图经营服务业。纯农户生活性借贷需求的情况是：为子女上学借款的农户较多，有 12 户，占 35.29%；其次为盖房借贷，有 6 户，占 17.65%；再次是为看病借贷，有 4 户，占 11.76%。另外，为人情往来、纳税还债而借款的各 2 户，各占 5.88%。调查资料中，没有纯农户为婚丧嫁娶、生活困难而借贷的（见表 4－12）。

表 4－12　四川省梓潼县 2002～2005 年不同类型农户
贷款需求情况

单位：户，%，元

项目		纯农户		农业兼业户		非农业兼业户		非农户	
		户数	百分比	户数	百分比	户数	百分比	户数	百分比
		34	14.11	77	31.95	83	34.44	47	19.50
收入水平	5000 元以下	7	20.59	2	2.60	2	2.41	1	2.13
	5000～10000 元	11	32.35	26	33.77	19	22.89	7	14.89
	10000～30000 元	11	32.35	41	53.25	49	59.04	26	55.32
	30000～50000 元	5	14.71	7	9.09	13	15.66	5	10.64
	50000 元及以上	0	0	1	1.30	0	0	8	17.02

续表

项目		纯农户		农业兼业户		非农业兼业户		非农户	
		户数	百分比	户数	百分比	户数	百分比	户数	百分比
		34	14.11	77	31.95	83	33.44	47	19.50
借贷资金用途	种植业	10	29.41	17	22.08	26	31.33	2	4.26
	养殖业	16	47.06	40	51.95	20	24.10	6	12.77
	服务业（含运输）	2	5.88	11	14.29	24	28.92	28	59.57
	盖房	6	17.65	12	15.58	20	24.10	9	19.15
	医疗	4	11.76	5	6.49	3	3.61	0	0
	婚丧嫁娶	0	0	2	2.60	1	1.20	0	0
	子女上学	12	35.29	21	27.27	32	38.55	14	29.79
	人情往来	2	5.88	5	6.49	14	16.87	1	2.13
	生活困难	0	0	0	0	2	2.41	1	2.13
	缴税还账	2	5.88	9	11.69	2	2.41	2	4.26
贷款规模		数量	百分比	数量	百分比	数量	百分比	数量	百分比
		650700	7.72	2208960	26.20	2010950	23.85	3560102	42.23

注：原表所计算的比例部分数据有误，笔者重新做了计算；农户借贷的一笔资金可有两个以上的用途，故借贷资金用途百分比加总后大于 100%。

资料来源：刘锡良等《中国转型时期农村金融体系研究》，中国金融出版社，2006 年，第 35 页。

（二）农业兼业户借贷需求

刘锡良等人调查四川省梓潼县 2002 ~ 2005 年农户贷款情况的资料中，农业兼业户有 77 户，占样本农户的 31.95%，其中，收入 5000 元以下的有 2 户，占农业兼业户的 2.60%；收入在 5000 ~ 10000 元的有 26 户，占农业兼业户的 33.77%；收入在 10000 ~ 30000 元的有 41 户，占农业兼业户的 53.25%；收入在 30000 ~ 50000 元的有 7 户，占农业兼业户的 9.09%。收入在 5 万元及以上的农业兼业户有 1 户，占农业兼业户的 1.30%。农业兼业户贷款规模为 2208960 元，占贷款总额的 26.20%。

农业兼业户生产性借贷需求的情况是：17 户有投资种植业的借款需求，占比为 22.08%；40 户有投资养殖业的借款需求，占比为 51.95%；11 户有投资服务业的借款需求，占比为 14.29%。可见农业兼业户更多地为投资养殖业、种植业而借贷，另外，投资服务业的借贷需求也较多。农业兼业户生活性借贷需求情况是：为子女上学借款的农户较多，有 21 户，占 27.27%；其次是为盖房而借贷，有 12 户，占 15.58%；再次是为纳税还债而借款，有 9 户，占 11.69%；然后是为看病、人情往来而借贷，各有 5 户，各占 6.49%。另外，为婚丧嫁娶而借贷的有 2 户，占 2.6%。农业兼业户中没有为解决生活困难而借贷的（见表 4 - 12）。

（三）非农兼业户的借贷需求

在刘锡良等人的四川省梓潼县 2002～2005 年农户贷款资料中，非农业兼业户有 83 户，占样本农户的 34.44%，其中，收入 5000 元以下的有 2 户，占非农业兼业户的 2.41%；收入在 5000～10000 元的有 19 户，占非农业兼业户的 22.89%；收入在 10000～30000 元的有 49 户，占非农业兼业户的 59.04%；收入在 30000～50000 元的有 13 户，占非农业兼业户的 15.66%。没有收入在 5 万元及以上的农户。非农业兼业户贷款规模为 2010950 元，占贷款总额的 23.85%。

非农业兼业户在生产性借款需求方面，26 户有投资种植业的借款需求，占比为 31.33%；20 户有投资养殖业的借款需求，占比为 24.10%；24 户有投资服务业的借款需求，占比为 28.92%。可见非农业兼业户更多的是为投资服务业而借贷。在生活性借贷需求方面，非农业兼业户为子女上学借款的较多，有 32 户，占 38.55%；其次是为盖房而借贷，有 20 户，占 24.10%；再次是为人情往来而借贷，有 14 户，占 16.87%；然后是为看病而借贷，有 3 户，占 3.61%。另外，因生活困难、纳税还债而借款，各 2 户，分别占 2.41%。另有 1 户为婚丧嫁娶借贷，占 1.2%（见表 4 - 12）。

（四）非农户的借贷需求

刘锡良等人对四川省梓潼县 2002～2005 年农户贷款情况的调查资料中，非业户有 47 户，占样本农户的 19.50%。其中，收入 5000 元以下的有 1 户，占非农户的 2.13%；收入在 5000～10000 元的有 7 户，占非农户的 14.89%；收入在 10000~30000 元的有 26 户，占非农户的 55.32%；收入在 30000~50000 元的有 5 户，占非农户的 10.64%。收入在 5 万元及以上的有 8 户，占非农户的 17.02%。非农户贷款规模为 3560102 元，占贷款总额的 42.23%。非农户贷款数额远远超过了其他类型的农户。

非农户在生产性借款需求方面，2 户有投资种植业而借款的需求，占比为 4.26%；6 户有投资养殖业而借款的需求，占比为 12.77%；28 户有投资服务业而借款的需求，占比为 59.57%。可见非农户主要为非农产业经营而借贷。在生活性借贷需求方面，为子女上学借款的非农户较多，有 14 户，占 29.79%；其次是为盖房而借贷，有 9 户，占 19.15%。另外的借贷原因是人情往来、生活困难、纳税还债，分别有 1 户、1 户和 2 户（见表 4-12），所占比例不大。非农户绝大多数为农村生活富裕户。

六　不同地区农户借贷需求的差异性

不同地区的农户，在借款的使用上，呈现一定的差异性。刘建进认为，从地域分布看，在东南沿海一带、个体经济和商业经济较发达的一些内陆地区，农户的民间借款主要用于从事利润高的工商业经营性活动。而在欠发达的大多数内地和边远地区，农户借贷则主要用于生活急需和一般性的农业生产经营。①

2007 年中国人民银行和国家统计局对全国 10 省份农户借贷情况的调查，也显示出存在农户借贷需求的区域差异性。从分省份数据来看，农户借款主要用于非生产性方面，农户用在生产性方面的借贷金额所占比例小于用在非生产性方面的借贷金额。不同地区农户生产性借贷用途也表现出较大的差异性。

工商业发达的地区，农户工商业借贷需求较大，如江苏和福建两个东部省份，农户用于工商业的贷款比例分别为 13.1% 和 12.6%，高于其他样本省份，而用于种植业、养殖业的借款比例分别为 12.5% 和 11%，均低于

---

① 刘建进：《中国农村的民间借贷》，《中国农村经济》1993 年第 3 期。

各自工商业借款比例。畜牧业、种植业发达的地区，借贷用于农业生产的比例则相对很高，如内蒙古、吉林两省份，在全部四笔借款中分别有40.4%和38.9%的借款用于种养业，而用于工商业的借款所占比例分别为1.5%和1.2%，在10省份的调查数据中最低。其他省份农户的生产性借贷用途，均是投资种植业、养殖业需求所占比例远远大于投资工商业借款需求所占的比例（见表4-13）。

表4-13 各省份农户借款用途分布（4笔借款总计）

单位：%

省份	生产性用途			生活性用途			其他
	小计	工商业	种养业	小计	生活支出	孩子学杂费	
内蒙古	41.9	1.5	40.4	37.6	21.8	15.8	20.6
吉林	40.1	1.2	38.9	38.7	22.7	16.0	21.3
江苏	25.6	13.1	12.5	59.0	44.9	14.1	15.4
安徽	24.5	4.3	20.2	57.3	44.4	12.9	18.3
福建	23.6	12.6	11.0	56.6	47.7	8.9	19.8
河南	27.5	8.3	19.2	58.5	49.1	9.4	14.0
湖南	24.6	6.0	18.6	51.3	38.2	13.1	23.8
四川	21.3	4.4	16.9	60.2	43.9	16.3	18.6
贵州	24.8	3.0	21.8	46.1	34.2	11.9	29.1
宁夏	34.0	6.6	27.4	41.4	32.3	9.1	24.6

注：表中一些生产性用途、生活性用途及其他用途百分比相加，略大于或小于100%，为原表的数据，可能是由四舍五入造成的。

资料来源：中国人民银行农户借贷情况问卷调查分析小组编《农户借贷情况问卷调查分析报告》，经济科学出版社，2009年，第93页。

在生活性借贷需求方面，农户更多的是为解决生活方面的收支缺口而负债。如河南省、福建省、江苏省、安徽省4省份农户用于生活方面的借款所占比例较高，分别是49.1%、47.7%、44.9%和44.4%，而用于子女上学的借贷需求，四川、吉林、内蒙古、江苏4省份较高，分别占16.3%、16.0%、15.8%、14.1%（见表4-13）。

七 基本结论

改革开放后，农户重新成为生产经营的主体，生产性借贷需求再度兴起。这是农户借贷需求的正常回归。

从农户借贷的用途看，非生产性的借贷需求仍然是借贷需求的主体，农户在生活消费、修建房屋、婚丧嫁娶、治病等方面的借贷需求仍然较强。

农户借贷需求仍然显现出差异化特征。不同收入水平的农户，借贷需求倾向明显不同。低收入农户生活消费的借贷需求比较显著，而高收入农户生产性借贷需求比较强烈。不同地区的农户，借贷需求也显现区域的差异性。商品经济比较发达的东南沿海及一些内陆地区，农户工商业经营性借贷需求非常明显，但欠发达的地区的农户仍然需要为温饱而负债，用于生活急需的借贷需求比较突出。

本篇小结
农户借贷需求变迁的特征

通过对 20 世纪 30 年代以来不同时期农户借贷需求的粗略分析，可以看出，农户借贷需求的变迁表现出如下的几个特征。

第一，任何时期，农户的经济状况存在差别，有比较富裕的农户，也有比较贫穷的农户，还有收入比较一般的农户，他们的借贷需求倾向也是不同的。相对而言，比较富裕家庭的生产性借贷需求较多，而贫穷家庭生活性借贷需求较多。因为富裕家庭的收入与积蓄能够应对生活消费等非生产性支出，而贫穷家庭却时常入不敷出，需要为生活消费而借贷。

第二，任何时期，农户的经营理念都存在差别，也决定了农户的借贷需求倾向。比较富裕的农户，因为不必操心生活消费支出问题，有余力、有时间扩大农业生产经营，甚至希望投入工商业活动，因此生产性借贷需求倾向比较鲜明。比较贫穷的农户，家无余财，缺衣少食，首先需要生存，能够维持简单再生产已属不易，因此其生活性借贷需求更为强烈，生产性借贷需求相对较弱。

第三，20 世纪 30 年代以来，总体而言，农户借贷需求一直是以生活性借贷需求为主体的，而生产性借贷需求居于其次，这一借贷需求大格局还没有发生逆转性变化。不过，农户借贷需求变迁的趋势是生活性借贷需求逐渐下降，而生产性借贷需求逐渐上升。当中国社会发展到普遍富裕阶段，农户的生产性借贷需求将超过生活性借贷需求。

第四，农户借贷需求结构的变迁，是农户自身经济环境变迁的反映。新中国成立前，中国小农多数穷困潦倒，艰难度日，常常需要借贷来解决生活困难，处于"道义小农"的状态。新中国成立后，小农生活得到改善，入不敷出的农户数量逐渐减少，生活性借贷所占比例下降，生产性借贷所占比例上升，小农的理性得到发挥，小农的"拐杖"日益粗壮，直至引导小农从传统小农向现代小农转型。

中　篇

农户借贷渠道的变迁

从民国时期到 21 世纪初期，中国普通农户的借贷需求以弥补生活消费缺口为主，而生产性借贷需求居于次要地位。农户的这种借贷需求结构，是以私人借贷渠道作为主干的农村借贷网络为支撑的。令人吃惊的是，直到今天，普通农户能够有效利用的农村借贷网络结构竟然没有太大的变化，其中的原因是什么？中华人民共和国近 70 年的经济发展中，政府一直加强农村金融体系建设，为何它没能成为农户借贷的主渠道？回顾历史，这些都是耐人寻味的问题。

从 20 世纪 30 年代起，国内外已有不少学者调查研究了农户融资渠道的问题。把他们的研究成果加以梳理、精选，似乎可以简单地推断出中国农户借贷的主渠道几乎没有多大的变化。不过，这种推论并不严谨。因为不同学者使用的是不同时期零散的、分散于多个地区的资料，如果简单地按时间序列排列下来，在逻辑上就存在研究对象时空不一的问题。如果能够找到某一地区被调查农户持续多年的借贷资料，就可以管窥中国农户融资渠道长时段的变迁。

"无锡、保定农村调查"系列资料（1930~2010 年）中关于农户借贷情况的调查，就为研究 80 余年来农户借贷渠道变迁问题提供了重要数据。本篇将以无锡、保定农村调查中农户借贷资料为基础，探讨 20 世纪 30 年代以来不同时期农户的借贷渠道构成及其变化趋势。

第五章 民国时期农户的借贷渠道

近代中国的农村，在银行、信用合作社、合作金库等现代金融机构建立之前，农户借贷网络主要由四个渠道构成：一是私人借贷，如亲友与熟人的无息或低息借贷、私人高利贷；二是典当；三是村镇的商户；四是互助会，如各种形式的钱会。银行、信用合作社、合作金库等现代金融机构兴起后，农户新增了借贷渠道，但借款金额有限。总体而言，20世纪30~40年代，私人借贷渠道是农户借贷的主渠道。

一 私人借贷渠道

20世纪30~40年代，银行、信用合作社、合作金库等现代金融机构在中国逐渐兴起，但业务范围还较少触及广大农村。农户借贷的主要渠道仍旧是私人借贷渠道。从20世纪30~40年代各类调查资料中，可以发现农户借贷的主要途径是私人渠道。

1930年前后陈翰笙先生领导的"无锡、保定农村调查"的汇总资料，就反映了这一现象。1930年夏，第一次无锡、保定农村调查在河北省清苑县11个村展开。参与此次调查的张培刚先生利用汇总的部分调查资料写成了《清苑的农家经济》一文。他写道，当时清苑县农村借贷方式主要有5种：借钱、借粮、典当、钱会和赊账，"借钱最为通行，构成主要的借贷方式，典当与钱会次之，借粮又次之。赊账一项，普通只算作商店的付款方式之一，因为大多是中等以上的农家，经济情形较为充裕而有偿还能力的保证者，始能与商店共往来，记账赊欠。但中小农家亦常有小额赊进，且因偿还价值高，实际等于利息，故仍附入借贷制度中""农家一般所称借贷即指此种而言"①。

据张培刚对各村调查资料的统计，被调查的 24 个自然村中借贷户数占总户数的 73%。② 笔者在河北统计局 1957 年对清苑 1930 年的调查资料汇总统计中看到，保定农村借贷家庭占调查样本户的 20%。另据李景汉先生 1928～1933 年对河北定县农村的调查，"借贷家庭约占一切家庭数目的百分之二十左右"。③ 笔者认为，河北统计局的汇总数据与张培刚先生的统计数据有出入，大概是统计样本的差异所至。

可以断定，农户借贷的主渠道是私人渠道，其次是钱庄，尽管当时已有新式银行，但几乎没有农户去借过钱，即使是最富的地主阶级，也没有从银行借过钱，向银行借钱的家庭主要是工商业者。423 户农户共借贷 70829.41 元，户均 167.45 元，其中，借自地主富农的负债户均为 120.12 元，借自中农的债务户均为 2.58 元，借自钱庄的债务户均为 16.12 元，借自其他渠道的债务户均为 28.08 元。从不同阶级借贷情况看，户均借贷额最多的是地主，其余依次为富农、中农、贫农、雇农家庭（见表 5-1）。这一个方面说明地主、富农等农村富裕家庭在生产、生活方面的支出较其他阶级为多。从另一个角度来看，由于殷实的家庭更能够向债主提供担保，所以更容易借到钱。

另外，张培刚对第一次无锡、保定农村调查清苑县调查资料中的部分分户调查资料做了统计汇总，500 户农户中负债户有 290 户，占 58%。其中，从不同阶级来看，借贷的地主占 47%，富农占 38%，中农占 58%，贫农占 63%，雇农占 55%。"中小农家借贷者较地主与富农为多""地主

---

① 张培刚：《清苑的农家经济》，载李文海主编《民国时期社会调查丛编》（二编）之《乡村经济》（中卷），福建教育出版社，2009，第 155、156 页。

② 张培刚：《清苑的农家经济》，载李文海主编《民国时期社会调查丛编》（二编）之《乡村经济》（中卷），福建教育出版社，2009，第 155 页。

③ 李景汉：《定县社会调查概况》，大学出版社，民国二十二年，第 735 页。

表 5 - 1　1930 年保定农户借贷渠道与结构

单位：元

阶层	调查户数	其中借贷户	借贷额		借自地主富农		借自中农		借自银行		借自钱庄		借自其他	
			总额	平均	总额	平均	总额	平均	总额	平均	总额	平均	总额	平均
地主	70	14	9975.04	712.50	3474.2	248.16	0	0.00	0	0.00	4929.49	352.11	1571.35	112.24
富农	169	26	8123.53	312.44	5783.03	222.42	0	0.00	0	0.00	720	27.69	1620.5	62.33
中农	742	144	29015.08	201.49	23837.16	165.54	272.04	1.89	0	0.00	429.55	2.98	4476.33	31.09
贫农	915	200	19414.62	97.07	15764.44	78.82	819.6	4.10	0	0.00	448.47	2.24	2382.11	11.91
雇农	161	32	2724.76	85.15	1755.38	54.86	0	0.00	0	0.00	290.9	9.09	678.48	21.20
其他	62	7	1576.38	225.20	194.50	27.79	0	0.00	231	33.00	0	0.00	1150.88	164.41
合计	2119	423	70829.41	167.45	50808.71	120.12	1091.64	2.58	231	0.55	6818.41	16.12	11879.65	28.08

注：原表中借贷额平均数按调查户数平均计算，不妥。本表改为以发生借贷的户数为分母计算平均数。

资料来源：河北省统计局《1930～1957 年保定农村经济调查综合资料》（油印本），第 78 页，1958 年 10 月，中国社会科学院经济研究所图书馆藏书。

与富农的借贷，并非由于家庭经济的穷迫，实不能与中小农家的告贷相提并论"。[1] 张培刚特别关注了农户借粮食等实物借贷的问题，指出："在农村中借粮的都是最贫窘的农家，因为缺乏食粮乃临时小额向外告贷。所借粮食种类，以玉米、小米、高粱、小麦数种为多。借粮时期，普通都是在春夏交四月，即农家客岁所收食粮告罄之际。每次借额低在 5 斗，高达 5 石，普通以 1 石至 2 石为多。期限以 1 月至 5 月不等，其所以短，系因借后不久便有新收获物可以偿还。"[2]

由于农户很少从银行借贷，可以将农户家庭借贷来源分为私人、钱庄及其他三个渠道，那么，调查资料显示，20 世纪 30 年代保定农户的借贷主要来自私人。在全部调查样本户中，农户家庭借自私人的债务所占的比例为 73.27%，借自钱庄的债务所占的比例为 9.63%，借自其他方面所占的比例为 16.77%（见表 5 - 2）。不同阶级的农户借贷渠道则有所差别，富有的地主家庭借自私人的债务占总债务的比例比其他阶级的农户低，而借自钱庄的债务占总债务的比例则较其他阶级农户为高。中农借自私人的债务所占比例最高，而借自钱庄的债务所占比例最低。农村中最穷的雇农家庭借自私人的债务占所欠债务的比例，以及借自钱庄的债务占所欠债务的比例，都低于地主家庭。

表 5 - 2　1930 年保定农户借贷不同融资渠道的比例

单位：%

	借自私人			借自银行	借自钱庄	借自其他方面
	小计	其中借自地主富农	其中借自中农			
地主	34.83	34.83	0	0	49.42	15.75
富农	71.19	71.19	0	0	8.86	19.95
中农	83.09	82.15	0.94	0	1.48	15.43

[1]　张培刚：《清苑的农家经济》，载李文海主编《民国时期社会调查丛编》（二编）之《乡村经济》（中卷），福建教育出版社，2009，第 155 页。

[2]　张培刚：《清苑的农家经济》，载李文海主编《民国时期社会调查丛编》（二编）之《乡村经济》（中卷），福建教育出版社，2009，第 153 页。

续表

	借自私人			借自银行	借自钱庄	借自其他方面
	小计	其中借自地主富农	其中借自中农			
贫农	85.42	81.20	4.22	0	2.31	12.27
雇农	64.42	64.42	0	0	10.68	24.90
其他	12.34	12.34	0	14.65	0	73.01
合计	73.27	71.73	1.54	0.33	9.63	16.77

注：原文中个别数据有误，笔者做了校正。

资料来源：河北省统计局《1930～1957 年保定农村经济调查综合资料》（油印本），第 78 页，1958 年 10 月，中国社会科学院经济研究所图书馆藏书。

除陈翰笙先生领导的无锡、保定农村调查外，20 世纪 20～30 年代，著名学者费孝通、卜凯（John Lossing Buck）、于树德、吴志铎等人，日本满铁株式会社、国民政府中央农业实验所对农户借贷问题所做的研究也可作为佐证。如，李金铮对中央农业实验所的《农情报告》做了整理与统计，发现 1934 年 850 个被调查县的农户借自私人的债务平均占 67.6%，借自商店的平均占 13.1%，借自钱庄的平均占 5.5%，借自典当的平均占 8.8%。[①] 这也说明，私人借贷是当时农户借贷的主渠道。

李金铮研究了 1934～1947 年长江中下游乡村私人出贷者的比例构成后，认为私人、店铺是中国农户传统借贷的核心。从国民政府中央农业实验所对 20 世纪 30～40 年代有关省份私人出贷者的统计看，出贷者主要是地主、富农和商人。1934 年，在长江中下游的江苏、浙江、安徽、江西、湖南、湖北六省，私人出贷者中，地主所占比例均居第一位，接近或超过 40%，平均占 42% 强；富农与商人所占比例，除了安徽、湖北二省略高外，其他四省均接近 30%。到 1947 年，私人出贷者中，地主所占比例明显减少，比 1934 年降低 16 个多百分点；富农所占比例则有明显的增多，比 1934 年上升 15 个百分点，商人所占比例略有下降，但变动极小。另据中共华东军政委员会等部门在 1949 年对江苏、浙江、安徽三省的调查统

① 李金铮：《民国乡村借贷关系研究——以长江中下游地区为中心》，人民出版社，2003，第 49 页。

计，农村出贷者中，既有地主、富农，也有中农、贫农、雇农、手工业者，后者户数在出贷者中所占比例还超过地主、富农；但在出贷金额上，地主、富农在全部贷款额中所占的比例远大于其他各类农户。这说明，一般农民之间虽也存在较为广泛的借贷关系，但农民仍然主要向地主、富农求贷。[①]

实际上，除了迫不得已向地主、富农、商人等借高利贷外，亲朋好友、街坊邻里之间的相互周济也是农户重要的借贷渠道。1949 年华东军政委员会的调查资料表明，有大量的中农、贫农、雇农、手工业者借出钱财，这也说明了亲朋好友之间借贷的普遍性。表 5-3 所示金陵大学农经系对湖北、安徽、江西农户的调查资料，也印证了这一情况。

表 5-3　湖北、安徽、江西农户借贷金额来源结构

单位：%

	农户类型	商人	地主	富农	亲戚	家族	其他
湖北	自耕农	4.8	0	50.6	27.6	4.8	2.2
	半自耕农	2.8	5.6	40.7	44.2	6.7	0
	佃农	8.3	8.3	37.4	40.0	6.0	0
安徽	自耕农	9.5	2.2	33.3	46.5	5.3	3.2
	半自耕农	8.8	4.9	33.2	46.3	4.7	1.7
	佃农	5.4	5.4	45.2	33.3	9.2	1.4
江西	自耕农	0	0	55.1	44.9	0	0
	半自耕农	11.1	0	62.4	26.5	0	0
	佃农	4.5	0	51.3	27.7	16.6	0
平均	自耕农	4.77	0	46.33	39.67	3.37	1.80
	半自耕农	7.57	3.50	45.43	39.00	3.80	0.60
	佃农	6.07	4.57	44.63	33.67	10.6	0.47

注：表中部分数据有误，导致若干行数据加总不等于 100%，系原文如此。

资料来源：应廉耕《农佃问题与农村借贷》，《农林新报》1936 年 7 月 21 日，第 427 号。转引自徐畅《二十世纪二三十年代华中地区农村金融研究》，齐鲁书社，2005，第 109 页。

[①] 李金铮：《民国乡村借贷关系研究——以长江中下游地区为中心》，人民出版社，2003，第 106~109 页。

再从福建省闽西地区农户借贷款项来源进行分析，结果表明，来自私人的借贷比例一般在60%~80%（见表5-4、表5-5）。

表5-4　1942年闽西5县农村借款来源

单位：%

来源	长汀	连城	上杭	武平	永定	平均
借亲友	20	25	25	20	60	30
借富户	80	75	75	80	40	70

资料来源：龙岩地区地方志编纂委员会编《龙岩地区志》（下），第848页。转引自俞如先《清至民国闽西乡村民间借贷研究》，天津古籍出版社，2010，第44页。

表5-5　1942年闽西6县农村借款来源

单位：%

	借贷来源比例						民间借贷来源比例
	银行	合作社	典当	商店	合会	私人	
长汀	0	5	0	25	10	60	95
宁化	50	0	0	25	0	25	50
明溪	0	30	0	0	0	70	70
上杭	0	5	5	15	15	60	95
武平	10	27.5	6.5	2		54	62.5
永定	0	0	0	8.3	33.4	58.3	100
平均							78.75

资料来源：郑林宽《福建省之农村金融》，《农业经济研究丛刊》1946年9月第8号，第9页。转引自俞如先《清至民国闽西乡村民间借贷研究》，天津古籍出版社，2010，第45页。

二　典当借贷渠道

典当是农户为解决燃眉之急，不得已而求贷的重要渠道。典当机构作为专门的金融机构，在农民借贷活动中占有一定的地位。

第一，典当融资在农户借贷来源中占有一定的比例。据李金铮对长江中下游六省农民借贷来源结构的分析，1934年和1947年，典当融资分别占比为10.6%和4.2%。1942年、1944年，在浙江、江西、湖南、湖北四省，典当业在农民借贷来源中分别占 5.8%、3.8%。与其他借贷来源相比较，20 世纪 30 年代初典当业居第三位，抗战时期和解放战争时期跌至第五位。不过，总体而言，典当业在农民借贷来源中的地位呈下降之势。

第二，典当业主要的客户是当地的住户，农户所占比例尤其高。据李金铮对 1936 年湖北、安徽和江西三省调查资料的统计分析，在设有典当店铺的 17 个地区中，典质农户占当地住户的比例高者达 80%，低者为 20%，平均为 55.3%。在江苏武进县黄镇，有 70%～80% 的农民要由当铺周转部分资金。

第三，典当业将更多的业务面对农户。典当业喜欢将当铺开在乡镇，以赚取农户的钱财。乡村当铺几乎全部是以农民为经营对象。以江苏各县为例，据 20 世纪 30 年代初实业部中国经济年鉴纂委员会的统计，乡当、城当分别有 202 家、109 家，乡当数差不多是城当的 2 倍。从资本总额来看，乡当、城当分别占 56.55%、43.45%，乡当也比城当多，只是平均每家资本较少。

第四，农户是典当业的主要客户。从农户在典当经营的比例中，更可以看出典当业在农户借贷中的地位。20 世纪 30 年代初期，在全国农村及中小城市典当业的放款额中，农户占 60% 以上。如江苏各县典当业的典户中，农户占比低者为 40%，高者达 90% 以上，一般也在百分之六七十。又如浙江海宁、嘉兴、平湖、海盐四县当铺，在当物件数中，农户分别占 58.5%、49.5%、57.6%、54.0%；在当物金额中，农户分别占 54.5%、45.2%、59.2%、52.2%，都远高于市民、小商人、手艺工人及其他阶层居民。[①]

三　商户借贷渠道

乡村附近的商户、商店或商行，特别是粮食商店，是农户最为重要的

---

① 李金铮：《民国乡村借贷关系研究——以长江中下游地区为中心》，人民出版社，2003，第 209～211 页。

借贷渠道之一。这是 20 世纪 30 ~ 40 年代中国农村农户借贷来源的一大特色。

费孝通先生在研究江苏江村 20 世纪 30 年代的农户借贷问题时，注意到农户向城镇米行借粮的普遍现象。当农户缺少粮食时，他们通常会求助于城镇米行。农户向米行借米的价格为每三蒲式耳 12 元，比市场价高。借贷人将以市场价格偿还相当于 12 元钱的大米（冬天，三蒲式耳大米价格约为 7 元）。如果借期两个月，每月利率约为 15%[①]，但这一利率比高利贷低些。江村农户向米行借米，往往是通过村里的航船主完成。航船主代表农户顾客向米行借米，并保证新米上市后归还。航船主成为米行与农户借贷的中间人，与航船在江村经济运行中的地位密切相关。因为出售稻米给城镇的米行需要航船运输，米行为了能得到经常不断的供应，特别是为对付城镇市场的竞争，必须与航船主保持友好的关系。另外，农户依赖航船主进行购销。这些因素使航船主能够充当米行和村民借贷的中间人。有航船主作为中保，米行所担的风险不大，农户支付的利息也较高利贷低。[②]

又据李金铮统计，20 世纪 30 ~ 40 年代，在农户借贷来源中，商人占 30% 左右，商店占 10% 左右。[③] 各地对农户向商店借钱、借米的调查资料，也证明了商店在农户借贷来源中的重要性，特别是米行，在农户借贷中十分活跃。如，在江苏省高淳县东霸镇、泰县曲塘镇，粮行在青黄不接时向农民贷款或贷放粮食，油坊将豆饼贷放给农民。[④] 常熟县米粮行兼营存放业务，吸收地主、富农和富裕中农存入的米粮，高利贷给农民。据李墅乡的统计，商行放债农户占放债总户数的 33%，贷出数量占总额的 46.3%，

---

① 此数据有误，但原文如此。
② 费孝通：《江村经济——中国农民的生活》，江苏人民出版社，1986，第 193 ~ 194 页。
③ 李金铮：《民国乡村借贷关系研究——以长江中下游地区为中心》，人民出版社，2003，第 112 页。
④ 逊农：《泰县曲塘粮行之调查》，《农行月刊》1936 年第 3 卷第 4 期；高淳支行：《高淳之粮行》，《农行月刊》1936 年第 3 卷第 11 期。转引自李金铮《民国乡村借贷关系研究——以长江中下游地区为中心》，人民出版社，2003，第 112 页。

商行成了农村借贷的中心。① 浙江西部地区各县的米行、丝商以及贩售农产品的商人也都对农民兼营放贷。② 在武康县、龙游县，商店的交易均以放贷为主，嵊州商店也有半数放贷。③ 安徽省南陵县，农户借贷对象主要是收买和加工稻谷的"砻坊"，农户借贷后，秋收时以稻相偿。④ 湖北省汉口等地的苎麻产区，农户常向杂货铺赊买日用生活必需品，以麻担保偿还。⑤

农户通过向商户赊买生产资料或生活资料、预卖农副产品的方式，获得商家的贷款。商业资本也通过赊卖和预买方式，向农户贷放钱物，榨取高额利润。

农户常常无钱购买种子、肥料、农具、耕畜等生产资料以及口粮、油盐、粗布、煤油、火柴等部分生活资料，这为商店、粮行、茧行、棉行、油行等商铺提供了赊卖机会。商铺向农户赊账的实物主要为日常生活消费品及部分生产资料，农户用现金或者实物还账。经营赊账的商铺以杂货店、小米店（湘西称米厂）、南货店、油坊居多，多设于农户附近的市镇。商铺赊账，均立有账折，对于信用可靠的农户，商店乐意对其赊欠。但对于资产较少、信用较差的希望赊账的农户，则要求有人作保，商铺才赊卖。

农户赊买商品的现象在全国各地都很普遍。据《江苏省实业志》记载，江苏各县均有赊买习惯。向商店赊买的农户占所在地农户的比例，江宁县淳化镇高达100%，常熟占三分之二，句容占十分之六七。⑥ 江北各县

---

① 华东军政委员会土地改革委员会：《江苏省农村调查》，第216、219页。转引自李金铮《民国乡村借贷关系研究——以长江中下游地区为中心》，人民出版社，2003，第112页。

② 韩德章：《浙西农村之借贷制度》，《社会科学杂志》1932年第3卷第2期。转引自李金铮《民国乡村借贷关系研究——以长江中下游地区为中心》，人民出版社，2003，第112页。

③ 实业部国际贸易局：《中国实业志·浙江省》，第69~71页。转引自李金铮《民国乡村借贷关系研究——以长江中下游地区为中心》，人民出版社，2003，第113页。

④ 刘家铭：《南陵农民状况调查》，《东方杂志》1927年第24卷第16号。转引自李金铮《民国乡村借贷关系研究——以长江中下游地区为中心》，人民出版社，2003，第113页。

⑤ 章有义：《中国近代农业史资料》（第二辑），三联书店，1957，第337页。转引自李金铮《民国乡村借贷关系研究——以长江中下游地区为中心》，人民出版社，2003，第113页。

⑥ 赵宗煦：《江苏省农业金融与地权异动之关系》，载萧铮主编《民国二十年代中国大陆土地问题资料》（第87辑），台北成文出版社、（美国）中文资料中心，1977，第46041页。转引自徐畅《二十世纪二三十年代华中地区农村金融研究》，齐鲁书社，2005，第61页。

农户有 80% 以上赊买。① 在浙江省，据浙江大学社会学系 1931 年对 20 县的调查，农户赊欠购物所占的比例平均为 49.59%，其中海宁县最高，达81.15%，长兴县最少，亦达 10%。② 新登县农户向商户赊借者所占的比例为 80%，南田县为 70%，崇德、定海、桐庐县均为 60%，乐清县为45%。③ 湖南省有 40 县农户常常向商户借贷，占全省 75 县的 53.3%。④

湖北商店对农民赊欠比例较小。孝感杂货店赊账只占 9%，粮行赊粮也很少，而且"限于少数境遇较好之农民"。⑤ 据金陵大学对湖北部分农家的调查，从商店赊借的农户占总调查户数的 13%。据金陵大学对江西部分农家的调查，从商店赊借的农户占总调查户数的 42%。⑥

农户获得商户借贷的另一途径是预卖农副产品。生计困难的农户为解决燃眉之急，常向商户预卖农副产品，获得借款，约定在农作物收获后偿付。据冯和法估计，20 世纪 30 年代初，有至少一半的农户是以预卖方式出售农产品的。⑦ 江苏养蚕区域普遍流行"卖寒叶"，即头年冬天将来年桑叶预卖，价格通常在普通时价半数以下，清明以前可以回赎，借三还四，清明以后，必须以桑叶抵偿。⑧ 无锡桑农因为缺钱，往往在年底将来年春天

---

① 李范：《武进乡村信用之现状及其与地权异动之关系》，载萧铮主编《民国二十年代中国大陆土地问题资料》（第 88 辑），台北成文出版社、（美国）中文资料中心，1977，第46974 页。转引自徐畅《二十世纪二三十年代华中地区农村金融研究》，齐鲁书社，2005，第 61 页。

② 秩名：《中国之合作运动》，《农村经济》1935 年第 3 卷第 2 期。转引自徐畅《二十世纪二三十年代华中地区农村金融研究》，齐鲁书社，2005，第 62 页。

③ 实业部国际贸易局：《中国实业志·浙江省》，第二编第五章。转引自徐畅《二十世纪二三十年代华中地区农村金融研究》，齐鲁书社，2005，第 63 ~ 64 页。

④ 陆国香：《湖南农村借贷之研究》，第 2 页。转引自徐畅《二十世纪二三十年代华中地区农村金融研究》，齐鲁书社，2005，第 64 页。

⑤ 南秉方：《湖北孝感县农村金融调查记》，《农林新报》1936 年 6 月 1 日，第 439 号。转引自徐畅《二十世纪二三十年代华中地区农村金融研究》，齐鲁书社，2005，第 65 页。

⑥ 郑槐：《我国目下之乡村借贷情形》，《农林新报》1936 年 6 月 1 日，第 424 号。转引自徐畅《二十世纪二三十年代华中地区农村金融研究》，齐鲁书社，2005，第 66 页。

⑦ 冯和法：《中国农产物的原始市场》，《中国农村》1934 年第 1 卷第 3 期。转引自徐畅《二十世纪二三十年代华中地区农村金融研究》，齐鲁书社，2005，第 67 页。

⑧ 冯和法编《中国农村经济资料》（上册），第 429、430 页。转引自徐畅《二十世纪二三十年代华中地区农村金融研究》，齐鲁书社，2005，第 68 页。

的桑叶预卖给商人，叫"卖青叶"，价格只合来年叶价的60%左右。[①] 武进县农民预卖桑叶每担3元，而来年春季则价值七八元，预卖价格仅及市价的38%～43%。[②]

苏北商户常常将肥料等物以高利贷给农民，要求以低价收购农产品为条件，其出价常不及市价的1/2。[③] 在浙江浙西，长兴县流行"放夏米"，即在阴历五月至七月按夏米期间市价一半估值预售米，一次付清，合同条文明确规定冬季或十月中旬还米若干石。临安县为"放青谷"，与长兴"放夏米"实质相同，年利率相当于30%～40%。武康县有"抵竹"借贷，系头年冬天以来年新竹向富户抵押借贷。平湖、嘉兴、临安等蚕区，"卖白头桑"十分盛行。[④] 象山农民将棉麻预卖给商人，"其价格往往低于市价数倍，棉花普通值洋十七元，而先期预卖，甚有低至八元以下者"。[⑤]

湖北省"青苗钱"十分流行，松滋、公安、石首等县尤甚。湖北各地还流行"押干租"，即农民种田缺乏资本，不得不向殷实商家借款，俟稻谷收割以后，以稻谷偿还，买主支付价格通常相当于原价20%左右。[⑥]

湖南衡山产米，每遇五六月青苗时节，就有米商前来，以现金贷放农民，预估秋后谷价为每担若干元，秋收时农户即按此项谷价，以收获之新谷偿欠。常德为产棉之区，长沙棉花商赴该地预买棉花，其方法与"卖青叶"相同。[⑦]

---

① 钱兆雄：《商业资本操纵下的无锡蚕桑》，《中国农村》1935年第1卷第4期。转引自徐畅《二十世纪二三十年代华中地区农村金融研究》，齐鲁书社，2005，第68页。

② 愈飞：《剧变中的故乡》，《东方杂志》1936年第33卷第6期。转引自徐畅《二十世纪二三十年代华中地区农村金融研究》，齐鲁书社，2005，第68页。

③ 曹幸穗等：《民国时期的农业》，《江苏文史资料》第51辑，1993，第62页。

④ 韩德彰：《浙西农村之借贷制度》，《社会科学杂志》1932年第3卷第2期。转引自徐畅《二十世纪二三十年代华中地区农村金融研究》，齐鲁书社，2005，第69页。

⑤ 林味豹：《浙江象山农村经济概况》，载中国农村经济研究会编《农村通讯》。转引自徐畅《二十世纪二三十年代华中地区农村金融研究》，齐鲁书社，2005，第69页。

⑥ 中央银行经济研究处编《中国农业金融概要》，第47、48页。转引自徐畅《二十世纪二三十年代华中地区农村金融研究》，齐鲁书社，2005，第69页。

⑦ 陆国香：《湖南农村借贷之研究》，第6页。转引自徐畅《二十世纪二三十年代华中地区农村金融研究》，齐鲁书社，2005，第69页。

四 钱会借贷渠道

中国农村自古以来就有借贷性的资金互助组织——钱会。这种互助合作组织以亲友邻里关系为纽带。费孝通先生认为，农户需要大笔款项时，向个人借款并在短期内归还常有困难。因此，兄弟之间或其他亲戚之间的互相帮助也不能满足需要。这样才产生了互助会。互助会是集体储蓄和借贷的机构。互助会主要解决农户生活性资金需求。通常互助会的目的是为办婚事筹集资金，为偿还办丧事所欠的债务。这些是筹集资金的可以被接受的理由。但如果为了从事生产，譬如说要办一个企业或买一块土地，人们往往认为这不是借钱的理由。[①]

中国农村的资金互助会种类繁多，名称不一，学者们一般将其统称为"钱会"。钱会在各地有不同的称谓。如上海郊区、安徽称"约会"，江苏苏北地区称"请会"，扬中县称"纠会"，南通、昆山两县称"合会"，无锡县称"钱会"或"聚会"，江阴县称"搭会"，浙江鄞县称"落家会"，绍兴县称"兜会"，湖北宣恩县称"来会"或"邀会"，江西寻乌县、湖南会同县称"打会"[②]，等等。

钱会可按参加人数、转会时间、得会顺序等内容分为不同的种类。其一，按参加人数多少，确定钱会名称。如江苏常熟县的"七贤会""十一贤会"，即指会员分别有 7 人、11 人。其二，按收会或转会的期限确定名称。如年会（又称周年转）、半年会（又称六腊会产、半年转）、季会（又称四季发财）、月会（又称月月红）。湖南有"月月会""二季会""半年会""十月会""四季会"等。其三，按得会的次序和方法分类。又可分为三种，一是"摇会"，是以摇骰或抽签决定会员得会次序的钱会；二是"轮会"，是由会员预先认定得会次序的钱会；三是"标会"，即以投标

---

① 费孝通：《江村经济——中国农民的生活》，江苏人民出版社，1986，第188页。
② 李金铮：《民国乡村借贷关系研究——以长江中下游地区为中心》，人民出版社，2003，第266页。

方式决定会员得会先后的钱会。①

费孝通先生考察江村的农户借贷互助组织时，调查到当地互助会由若干会员组成，为时若干年。会员每年相聚数次。每次聚会时存一份款。各会员存的总数，由一个会员收集借用。每一个会员轮流收集借用存款。第一个收集人即组织者。一开始，他是该会的借贷人。他分期还款，交一定量的利息。最后一个收集人是存款人。他最后收集自己那笔存款和利息。其他成员则依次收集存款，从存款人变为借贷人。收款次序按协议、抽签或"自报公议"的办法决定。②

费先生认为，这种互助会的核心总是亲属关系群体。在村庄里，保持密切关系的亲属圈子有时较小。因此，会员可能扩展至亲戚的亲戚或朋友。这些人不是凭社会义务召集来的，而是必须互利互惠。③

在各类钱会中，"摇会"最为流行，费孝通先生已在江村观察到这一现象。据李金铮对 20 世纪 30~40 年代全国各类钱会的统计，摇会最多，占 36%；次为轮会、标会，各占 15%；其余为七星会、八贤会等。④

农村钱会的数量与当地经济发展水平相关，经济较发达的地区钱会较多，经济落后地区钱会较少。20 世纪 30~40 年代，长江中下游六省平均每县有 3.62 个钱会，比全国平均每县 2.21 个多 1.41 个，钱会数量明显高于其他地区。⑤

钱会在农户的借贷来源中占有一定的比例。20 世纪 30 年代，江苏省武进县钱会借贷占农户借贷的 26.9%，在农户各种借贷渠道中居第二位。在浙江平湖县，通过合会借贷占农户借贷的 7.1%。在江西 47 个县调查中，依靠钱会的借贷占农户借贷 10% 及以下的有 10 个县，占 11%~20% 的有 15 个

---

① 李金铮：《民国乡村借贷关系研究——以长江中下游地区为中心》，人民出版社，2003，第 267~268 页。

② 费孝通：《江村经济——中国农民的生活》，江苏人民出版社，1986，第 189 页。

③ 费孝通：《江村经济——中国农民的生活》，江苏人民出版社，1986，第 190 页。

④ 李金铮：《民国乡村借贷关系研究——以长江中下游地区为中心》，人民出版社，2003，第 272 页。

⑤ 李金铮：《民国乡村借贷关系研究——以长江中下游地区为中心》，人民出版社，2003，第 270 页。

县，占 21% ~50% 的有 17 个县，占 51% ~80% 的有 5 个县，达到 70% 以上的有 2 个县。在湖北武昌、汉阳的乡村，靠钱会融通资金的农户比例达到 20%，宜昌也在 10% 以上。又据金陵大学农学院对湖北、江西、安徽的调查，在各种借贷来源中，从钱会借贷的农户分别占农户总数的 15%、12%、16%，占农户借贷总额的 7%、6%、6%，通过钱会借贷的农户比例比通过私人借款、土地典当、商店赊欠以及合作社借贷都少，比典质什物多，借贷额的比例则少于私人借款、土地典当，但多于商店赊欠、合作社借贷。[①]

农户从钱会融资的时间、金额及还款时间，与钱会的运作方式相关。最流行的"摇会"主要有单式缩金会、单式堆金会、总式缩金会、总式堆金会方式。总式缩金会、总式堆金会为单式缩金会、单式堆金会的变种。费孝通先生调查的江村"摇会"是单式缩金会。其具体组织方式如表 5 - 6 所示。

表 5 - 6　江村"摇会"的组织方式

摇会次序	存款人数（人）	每个存款人的存款（元）
第一次	13	4.42
第二次	12	4.286
第三次	11	4.126
第四次	10	3.936
第五次	9	3.702
第六次	8	3.41
第七次	7	3.035
第八次	6	2.535
第九次	5	1.838
第十次	4	0.785

资料来源：费孝通《江村经济——中国农民的生活》，江苏人民出版社，1986，第 192 页。

20 世纪 30 年代浙江桐乡"十贤堆金会"是单式堆金会的典型，其运作方式如表 5 - 7 所示。

---

① 李金铮：《民国乡村借贷关系研究——以长江中下游地区为中心》，人民出版社，2003，第 272 ~273 页。

表 5-7　浙江桐乡"十贤堆金会"运作方式

单位：元

会次 （会期）	收会会款（斜黑体数字）、缴纳会费										
	首会	一会	二会	三会	四会	五会	六会	七会	八会	九会	十会
首期	*100*	10	10	10	10	10	10	10	10	10	10
二期	14	*104*	10	10	10	10	10	10	10	10	10
三期	14	14	*108*	10	10	10	10	10	10	10	10
四期	14	14	14	*112*	10	10	10	10	10	10	10
五期	14	14	14	14	*116*	10	10	10	10	10	10
六期	14	14	14	14	14	*120*	10	10	10	10	10
七期	14	14	14	14	14	14	*124*	10	10	10	10
八期	14	14	14	14	14	14	14	*128*	10	10	10
九期	14	14	14	14	14	14	14	14	*132*	10	10
十期	14	14	14	14	14	14	14	14	14	*136*	10
十一期	14	14	14	14	14	14	14	14	14	14	*140*
共出会金	140	136	132	128	124	120	116	112	108	104	100
收支损益	-40	-32	-24	-16	-8	0	8	16	24	32	40

资料来源：韩德章《浙西农村之借贷制度》，《社会科学杂志》1932 年第 3 卷第 2 期。转引自李金铮《民国乡村借贷关系研究——以长江中下游地区为中心》，人民出版社，2003，第 290 页。

五　新式金融机构借贷渠道

20 世纪 30~40 年代，政府开始在乡村建设现代金融组织。这些金融组织有国家银行，有商业银行，也有农业仓库、合作金库、合作社等新式乡村借贷机构。

新式乡村借贷网络大体分为四个层次：第一层次为银行，处于该网络的最上层，包括专业农民银行、商业银行以及省地方银行；第二层次在银行之下，为农民借贷所、合作金库；第三层次在银行、农民借贷所和合作金库之下，为合作社；第四层次为最底层，即农业仓库。[①] 农贷所多为银

---

① 李金铮：《民国乡村借贷关系研究——以长江中下游地区为中心》，人民出版社，2003，第 318~319 页。

行设立的下属金融机构。合作金库为合作事业的金融组织，1935 年 4 月，成立豫鄂皖赣等省合作金库，到 1936 年 12 月国民政府实业部颁布《合作金库规程》，建立了中央、省市、县市三级合作金库机构，到 1941 年达到顶峰。据统计，1940 年底，国统区共有省级合作金库 5 个，县级合作金库 397 个，遍及 16 省 2 个特别县。农村合作社也在 20 世纪 30～40 年代有了较快发展。以保存、运销和抵押贷款为主要业务的新式农仓，也在 20 世纪 20 年代末建立和发展起来。

新式金融机构的借贷额在农户借贷中的比重有所上升。据李金铮研究，新式农贷呈上升之势。如江苏省农民银行，1928～1935 年的农贷额，由 12.5 万元相继增至 68.1 万元、278.4 万元、529.1 万元、589.8 万元、1821.9 万元、2317.7 万元、2475 万元，1935 年约为 1928 年的 200 倍。另外，合作社年度放款由 1928 年 7 月到 1929 年 6 月的 40.5 万元，增至 1935 年的 305 万余元。又如浙江省各县农民银行，1933 年、1934 年，农贷额由 58.4 万元增至 78.9 万元。上海商业银行农贷额，也由 1931 年初的 10 万元增至 1935 年的 500 余万元。中国农民银行农贷余额，1937 年为 1960 万元，1944 年增至 271453 万元。这些都表明，新式借贷的数额是增长的。

新式金融机构成为农户借贷的又一渠道。据李金铮研究，江苏省农民银行 1937 年抗战以前各县农贷共计 1722 万余元，假定平均每户贷款 20 元，则有 85 万余户在银行有贷款。据金陵大学 1934～1935 年的部分调查，湖北、江西、安徽三省分别有 21%、16%、9% 的农户在合作社借款。1941 年，在湖南、湖北、江西、安徽、江苏、浙江、四川、贵州等 19 个省份 948 个县附设的合作金库有 317 个，经营借款的合作社约 10 万个，与此有借贷关系的农民达 600 余万人。1947 年，中国农民银行各项生产贷款涉及农民团体达 5.5 万余个，借款人数为 1100 余万人。

新式借贷在农户借贷来源中的比例有所上升。对于全国较大范围的统计而言，1934 年、1942 年、1944 年、1945 年、1947 年，银行在农民借贷来源中的比例相继为 2.4%、19%、21%、21.1%、27%；合作社在农民借贷来源中的比例相继为 2.6%、34%、27%、19.8%、18%；总计银行、合作社在农民借贷来源中的比例相继为 5%、53%、48%、40.9%、45%。

对于长江中下游地区而言，1934 年、1942 年、1944 年、1945 年、1947 年，银行在农民借贷来源中的比例相继为 2.8%、20.3%、24%、20%、27.5%；合作社在农民借贷来源中的比例相继为 4.7%、30.3%、23.8%、20%、13.2%；总计银行、合作社在农民借贷来源中的比例相继为 7.5%、50.6%、47.8%、40%、40.7%。当然，新式借贷比例的增加与传统借贷的萎缩有关。[①]

六 基本结论

民国时期，农户借贷的主要渠道是私人借贷渠道。虽然银行、信用合作社、合作金库等现代金融机构已经有大的发展，并将一些业务延伸到农村，但对农户的私人借贷渠道几乎没有任何竞争性影响。

在农户私人借贷渠道中，主要是亲友与熟人之间互助性的无息或低息借贷，此外也有私人高利贷借贷。

典当业在农户借贷渠道中扮演着重要角色，与农户的生活消费息息相关。

村镇商户、商店、商行等商业机构，在农户借贷来源中也有举足轻重的影响。

农村的互助会，如各种形式的钱会，也是农户借贷的重要渠道。

总体而言，民国时期，农村借贷网络中的各个渠道相互补充，层次分明，为农户借贷提供了方便。

---

① 李金铮：《民国乡村借贷关系研究——以长江中下游地区为中心》，人民出版社，2003，第 370~372 页。

第六章　人民公社化之前农户的借贷渠道

　　20世纪50年代初期，土地改革完成后，农户从单独生产经营，逐步在互助合作化运动中走向了集体化，最终被纳入了人民公社体制。在人民公社体制建立前的20世纪50年代前期，农户为了生产经营、生活消费的需要，通过多种渠道借贷。与20世纪30~40年代相比，现代金融体系卓有成效的建设，让农户可用的借贷渠道增多了，但社会环境的变化也使农户失去了某些传统的借贷渠道。这一时期，在农户借贷网络中，借贷渠道大致有五条：一是传统的私人借贷渠道；二是国家银行渠道；三是信用社渠道；四是国家贸易部门提供的商业信用；五是各种钱会。最令人瞩目的现象是：20世纪50年代上半期，国家大力推行信用合作，1956年基本实现信用合作化时，农户融资的主渠道发生了短暂的变化，传统的私人借贷渠道让位于农村信用合作社。

一　私人借贷渠道

（一）土地改革对私人借贷渠道的短期影响

1949年10月1日，中华人民共和国宣告成立，人民成为国家的主人。国内战争的结束，开启了恢复国民经济的新篇章。土地改革废除了封建土地制度，但中国农村并不可能在短期内改变贫穷落后的面貌，农户依然穷困，借贷救急现象极为普遍。虽然国民经济恢复时期国家银行体系已经建立并不断发展，但国家银行的力量还无暇顾及农村，信用合作组织也未普及，农户借贷仍旧沿用传统的私人借贷渠道。

土地改革后的一段时期，农村私人借贷渠道受到冲击。鉴于广大贫苦农民在旧中国遭受高利贷残酷剥削，生活凄苦，1947 年 9 月中共中央在颁布《中国土地法大纲》时宣布："废除一切乡村中在土地制度改革以前的债务"。[①] 但在废除债务问题上，一些地方将农户本应清偿的正常债务也加以废除，导致传统借贷关系出现混乱。1948 年，中共中央对《中国土地法大纲》中关于废除债务问题的条款做了正式补充说明，强调"本条所称应予废除之债务，系指土地改革前劳动人民所欠地主富农高利贷者的高利贷债务"。[②] 同时，中共中央又制定了废除封建债务后提倡自由借贷的政策。

但是，在声势浩大的土地改革运动中，农户在私人借贷问题上产生了思想顾虑。对土改后遗留下来的旧债，有的借贷户不想还，或者想还但不知怎样还，而放债户怕被别人说成剥削，想要而又不敢要，双方都在等待观望。因此，私人借贷大多局限于乡村干部、积极分子和亲朋好友之间，正常的私人借贷关系陷于僵局。从中南地区看，土地改革后的一两年内，农村的私人借贷关系虽然比 1950 年有所发展，但基本上处于停滞状态。土改后农村私人借贷关系的停滞固然与土改后地主等封建剥削阶级被消灭、农村财富趋于平均、农户之间的贫富差距缩小有关，但是，土地改革后农村私人财产权在政策实践中缺乏有力的保障，是造成当时农村私人借贷关系停滞的深层次的原因。[③]

为推进农村私人借贷关系发展，1950 年 7 月，中共中央在《关于土改中退押与债务问题的处理给各地的指示电》中指出：土地改革后借贷自由，利率亦不加限制。1950 年 8 月中国人民银行总行的《人民银行区行行

---

① 中央档案馆编《中共中央文件选集（1946~1947）》，中央党校出版社，1992，第 547 页。
② 中央档案馆编《中共中央文件选集（1946~1947）》，中央党校出版社，1992，第 547 页。
③ 常明明：《中国农村私人借贷关系研究——以 20 世纪 50 年代前期中南区为中心》，中国经济出版社，2007，第 36、59 页。

长会议关于几个问题的决定》提出："大力提倡恢复与发展农村私人借贷关系……借贷自由应予保障。"①1951年1月中国人民银行总行在《第二届全国金融会议关于若干问题的决定》中指出，应宣传并提倡私人借贷自由，利率不加限制，由双方根据自愿两利原则商定。农民自由借贷，实物计算，利率较高，但比没有借贷好，应予鼓励。② 在这些政策支持下，国民经济恢复时期，农村私人借贷渠道逐渐恢复。

国民经济恢复时期，农村中通过私人渠道借贷最多的是贫农。以安徽省凤台县马心庄、夥县黄村口村调查为例，1951年，黄村口村贫农借贷额占78.2%，中农借贷额占21.8%；1952年，黄村口村贫农借贷额占65.6%，中农借贷额占34.4%，马心庄村贫农借贷额占65.4%，中农借贷额占8.0%，富农借贷额占26.6%；1953年，黄村口村贫农借贷额占64.5%，中农借贷额占35.5%，马心庄村贫农借贷额占41.7%，中农借贷额占43.1%，富农借贷额占15.3%；1954年，黄村口村贫农借贷额占66.3%，中农借贷额占33.8%，马心庄村贫农借贷额占68.0%，中农借贷额占10.7%，富农借贷额占21.4%（见表6-1）。

表6-1　安徽省农村私人借贷情况（1951~1954年）

单位：元，%

年份	阶级成分	安徽凤台县马心庄		安徽夥县黄村口	
		金额	占比	金额	占比
1951	贫农	0	0	86	78.2
	中农	0	0	24	21.8
	富农	0	0	0	0
	合计	0	0	110	100.0

---

① 《人民银行区行行长会议关于几个问题的决定（1950年8月）》，载中国社会科学院、中央档案馆编《中华人民共和国经济档案资料选编（1949~1952）》（金融卷），中国物资出版社，1996，第528页。

② 《第二届全国金融会议关于若干问题的决定》，载中国社会科学院、中央档案馆编《中华人民共和国经济档案资料选编（1949~1952）》（农村经济体制卷），社会科学文献出版社，1992，第530页。

年份	阶级成分	安徽凤台县马心庄		安徽黟县黄村口	
		金额	占比	金额	占比
1952	贫农	187	65.4	82	65.6
	中农	23	8.0	43	34.4
	富农	76	26.6	0	0
	合计	286	100.0	125	100.0
1953	贫农	60	41.7	176	64.5
	中农	62	43.1	97	35.5
	富农	22	15.3	0	0
	合计	144	100.0	273	100.0
1954	贫农	70	68.0	53	66.3
	中农	11	10.7	27	33.8
	富农	22	21.4	0	0
	合计	103	100.0	80	100.0

资料来源：中国人民银行农村金融管理局档案1954-永久-6。

（二）私人借贷渠道的萎缩

国民经济恢复时期，土地改革对私人借贷渠道的冲击，对农村私人借贷网络造成了负面的影响，特别是在一些土改新区，私人借贷渠道萎缩，农户从国家银行及信用社等正规金融渠道借款所占的比例，短期内超过了私人渠道。

从河南省9个乡农户借贷调查资料看，1952年农户借自国家银行的金额占比为48.24%，借自信用社（组）的金额占比为18.19%，而借自私人的金额占比为33.57%；1953年农户借自国家银行的金额占比为52.47%，借自信用社（组）的金额占比为17.88%，而借自私人的金额占比为29.65%（见表6-2）。

从鄂湘赣省13乡农户借贷调查资料看，1952年农户借自国家银行的金额占比为62.10%，借自信用社（组）的金额占比为7.18%，而借自私人的金额占比为30.72%；1953年农户借自国家银行的金额占比为36.98%，

表 6 - 2　河南省 9 个乡各阶级农户借贷来源结构

单位：%

年份	阶级	借自私人	借自银行	借自信用社（组）	合计
1952	总计	33.57	48.24	18.19	100
	地主及其他剥削者	69.26	4.29	26.45	100
	富农	24.19	31.83	43.98	100
	中农小计	31.64	48.53	19.83	100
	富裕中农	23.19	64.02	12.79	100
	中农	36.45	39.72	23.83	100
	贫农	38.46	51.35	10.19	100
1953	总计	29.65	52.47	17.88	100
	地主及其他剥削者	26.87	21.18	51.95	100
	富农	18.54	13.03	68.43	100
	中农小计	28.42	50.75	20.83	100
	富裕中农	12.83	61.38	25.79	100
	中农	31.07	48.94	19.99	100
	贫农	33.83	63.93	2.24	100

注：原文个别数据有误，笔者做了改正。

资料来源：中共中央中南局农村工作部《中南区 1953 年农村经济调查统计资料（1954 年 7 月）》，湖北省档案馆档案 SZ - J - 517。转引自常明明《中国农村私人借贷关系研究——以 20 世纪 50 年代前期中南区为中心》，中国经济出版社，2007，附录第 263~264 页。

借自信用社（组）的金额占比为 26.73%，而借自私人的金额占比为 36.29%（见表 6 - 3）。

表 6 - 3　鄂湘赣省 13 乡各阶级农户借贷来源结构

单位：%

年份	阶级	借自私人	借自银行	借自信用社（组）	合计
1952	总计	30.72	62.10	7.18	100
	地主及其他剥削者	49.88	50.12	0	100
	富农	91.54	8.46	0	100
	中农小计	28.49	64.67	6.84	100
	富裕中农	13.28	77.82	8.9	100
	中农	31.12	62.40	6.48	100

续表

年份	阶级	借自私人	借自银行	借自信用社（组）	合计
1952	贫农	30.80	61.12	8.08	100
	其他	32.12	66.00	1.88	100
1953	总计	36.29	36.98	26.73	100
	地主及其他剥削者	29.56	1.68	68.76	100
	富农	85.52	8.20	6.28	100
	中农小计	31.13	42.57	26.30	100
	富裕中农	28.71	43.83	27.46	100
	中农	31.88	42.17	25.95	100
	贫农	40.81	33.98	25.21	100
	其他	47.49	8.44	44.07	100

注：个别数据有误，笔者做了改正。

资料来源：中共中央中南局农村工作部《中南区1953年农村经济调查统计资料（1954年7月）》，湖北省档案馆档案 SZ–J–517。转引自常明明《中国农村私人借贷关系研究——以20世纪50年代前期中南区为中心》，中国经济出版社，2007，附录第264页。

再从广东省7个乡农户借贷调查资料看，1952年农户借自国家银行的金额占比为55.85%，借自信用社（组）的金额占比为7.01%，而借自私人的金额占比为37.14%；1953年农户借自国家银行的金额占比为40.91%，借自信用社（组）的金额占比为10.6%，而借自私人的金额占比为48.49%（见表6–4）。

表6–4　广东省7个乡各阶级农户借贷来源结构

单位：%

年份	阶级	借自私人	借自银行	借自信用社（组）	合计
1952	总计	37.14	55.85	7.01	100
	地主及其他剥削者	60.50	39.50	0	100
	富农	66.92	33.08	0	100
	中农小计	37.70	55.53	6.77	100
	富裕中农	32.94	60.44	6.62	100
	中农	39.09	54.11	6.81	100
	贫农	33.47	58.43	8.1	100

续表

年份	阶级	借自私人	借自银行	借自信用社（组）	合计
1952	其他	64.72	35.28	0	100
1953	总计	48.49	40.91	10.60	100
	地主及其他剥削者	75.83	24.17	0	100
	富农	100.00	0	0	100
	中农小计	47.16	40.72	12.12	100
	富裕中农	36.47	43.00	19.93	100
	中农	49.37	40.13	10.50	100
	贫农	45.39	44.13	10.50	100
	其他	83.27	16.73	0	100

注：原文个别数据有误，笔者做了改正。

资料来源：中共中央中南局农村工作部《中南区 1953 年农村经济调查统计资料（1954 年 7 月）》，湖北省档案馆档案 SZ - J - 517。转引自常明明《中国农村私人借贷关系研究——以 20 世纪 50 年代前期中南区为中心》，中国经济出版社，2007，附录第 265 页。

　　另外，在农村信用合作化运动尚未全面推开时，1954 年中国人民银行对河北省等 7 省 18 村农户私人借贷情况进行了调查，向私人借贷的农户占全部被调查农户的比重平均为 15.9%，其中河北省为 8.7%（见表 6-5）。

表 6-5　1954 年河北等 7 省 18 村的私人借贷情况

地区	调查村数（个）	调查户数（户）	借贷户	
			户数（户）	占总户数的比重（%）
河北	2	904	79	8.7
吉林	3	661	69	10.4
江苏	2	105	72	68.6
安徽	5	407	120	29.5
河南	3	255	52	20.4
广东	2	986	135	13.7
贵州	1	117	19	16.3
合计	18	3435	546	15.9

资料来源：中国人民银行农村金融管理局档案 1954 -永久 -6。

无锡、保定农村调查资料也显示1957年华北农户私人借贷在全部借贷金额中所占比例为4%。这则材料从另一侧面反映了1956年信用合作化接近尾声时，私人借贷在农户借贷来源中所占比例的大幅下降。

（三）无锡、保定农户私人借贷情况

1957年是中国完成农业社会主义改造后的第一年，农村消灭了地主、富农阶级。土改改革后，农村出现了"中农化"的趋势。[①] 1958年进行第二次无锡、保定农村调查时，农户分作了上中农、中农、下中农、贫农及其他5个阶级类型。

调查结果表明，1957年保定农村借贷户占全部调查样本户的25.05%，796户负债户的债务总额为22934.39元，户均28.81元。从户均借贷看，借贷最多的是其他家庭（工商业者），其次为贫农家庭，再次为上中农家庭，最少的是下中农家庭（见表6-6）。20世纪30年代，不同阶级借贷数额与财产正相关，越富者借贷越多。1957年的调查显示，除工商业者借贷用于投入经营外，农村越穷者借贷越多。

表6-6 1957年保定农户借贷金额与借贷渠道

单位：户，元

调查户数	借贷户数	借贷额		借自中农		借自银行		借自信用社		借自其他方面	
		总额	平均	总额	平均	总额	平均	总额	平均	总额	平均
合 计 3178	796	22934.39	28.81	912.17	1.15	310	0.39	17036.28	21.40	4675.94	5.87
上中农 996	203	6317.57	31.12	151.17	0.74	152	0.75	4770.2	23.50	1244.2	6.13
中 农 1522	410	11644.71	28.40	622	1.52	158	0.39	8551.97	20.86	2312.74	5.64
下中农 507	166	3885.11	23.40	139	0.84	0	0	3377.11	20.34	369	2.22
贫 农 65	12	534	44.50	0	0	0	0	324	27.00	210	17.50
其 他 88	5	553	110.60	0	0	0	0	13	2.60	540	108.00

注：表中部分数据有误，导致若干行数据加总不等于总额，系原文如此。

资料来源：河北省统计局《1930～1957年保定农村经济调查综合资料》（油印本），第196页，1958年10月，中国社会科学院经济研究所图书馆藏书。

[①] 苏少之：《论我国农村土地改革后的"两极分化"问题》，《中国经济史研究》1989年第3期。

农村出现的这一借贷现象，与农业合作化运动有关。农业合作化兴起后，将越来越多的单个农户聚集到集体生产组织之中，农户在生产方面的融资需求减少，从而导致富裕家庭不再为生产而借贷。另外，农村信用合作社的普及，又为贫穷的农户提供了新的借贷渠道，贫农有机会借到更多的钱。

从农户借贷渠道看，1957 年保定农户借贷来自私人渠道的比例下降为4%（见表 6-7）。私人借贷这一农户传统的借贷主渠道，一时让位于银行等正规金融机构。另一现象是，中农成为借出资金、物资的主要放贷人。因为，农村土地改革之后，地主阶级被消灭，中农因经营有方，很快成为富裕家庭，有财力向外借款。

表 6-7　1957 年保定农户债务来源与构成

单位：%

借贷总额	借自中农	借自正规金融机构			借自其他方面
		小计	借自银行	借自信用社	
合　计	4.0	75.7	1.4	74.3	20.3
上中农	2.4	77.9	2.4	75.5	19.7
中　农	5.3	74.8	1.4	73.4	19.9
下中农	3.6	86.9	0	86.9	9.5
贫　农	0	60.7	0	60.7	39.3
其　他	0	2.4	0	2.4	97.6

资料来源：据河北省统计局《1930~1957 年保定农村经济调查综合资料》（油印本，第 196 页，1958 年 10 月，中国社会科学院经济研究所图书馆藏书）计算。

不过，在一些地区，私人借贷渠道仍是农户重要的借款来源。如无锡、保定农村调查调查点之一的无锡市胡埭镇马鞍村，1957 年有 30 户村民负债，负债总额为 1638.32 元，平均每户负债 54.61 元。从借款来源看，向银行借贷 1 笔，金额为 45 元；向信用社借贷 3 笔，金额为 114 元；其余 28 笔是私人之间的借贷，金额为 1479.32 元。私人借贷仍然是马鞍村借贷活动的主要部分。[①]

[①]　吴文勉、武力：《马鞍村的百年沧桑——中国村庄经济与社会变迁研究》，中国经济出版社，2006，第 184 页。

二　农村信用合作社借贷渠道

中华人民共和国成立后，农村百废待兴。国家鼓励农村举办信用合作组织，农村信用合作化运动兴起。人民政府的这些积极行为，将国民政府时期没有实现的农村新式金融机构规划付诸实施。农户增加了从农村信用合作社借贷这一新渠道。

早在抗日战争时期与解放战争时期，中国共产党领导的陕甘宁边区、晋冀鲁豫边区及解放区，信用合作社就曾经得到较大的发展，1947 年解放区有 880 多个信用社（部）。① 国民党政权也在统治区尝试推行农村信用合作。1947 年之后，由于通货膨胀日甚一日，大多数农村信用合作社停止了活动。到 1949 年，国统区仅剩的 20 多个信用社（部）也无法经营下去。②

在农村实行信用合作，是解决农民资金短缺的重要途径。1950 年全国统一财经后，物价趋于稳定，具备了大规模组织信用合作社的社会环境。"一五"时期，在国家政策鼓励下，农村信用合作社飞速发展，1956 年底实现了信用合作化。信用合作社成为农户新的重要的借贷渠道。

国民经济恢复时期，各地都在试办信用合作社，农户已经能够从信用组织获得贷款。从河南省 9 个乡农户借贷调查资料看，1952 年农户借自信用社（组）的借款占比为 18.19%（见表 6-2）。从鄂湘赣省 13 乡农户借贷调查资料看，1952 年农户借自信用社（组）的借款占比为 7.18%（见表 6-3）。再从广东省 7 个乡农户借贷调查资料看，1952 年农户借自信用社（组）的借款占比为 7.01%（见表 6-4）。

与 20 世纪 30 年代相比，20 世纪 50 年代后期，农村掀起信用合作化

---

① 农村金融管理局：《几年来的信用合作工作情况》，载中国社会科学院、中央档案馆编《中华人民共和国经济档案资料选编（1949～1952）》（金融卷），中国物资出版社，1996，第 576 页。

② 农村金融管理局：《几年来的信用合作工作情况》，载中国社会科学院、中央档案馆编《中华人民共和国经济档案资料选编（1949～1952）》（金融卷），中国物资出版社，1996，第 576 页。

高潮后，农户的借贷主渠道短时出现大的转折。

从1958年无锡、保定农村调查结果看，农户借贷主渠道是国家银行和农村信用合作社等正规金融机构。农户从银行、信用社借贷占全部债务的比例破天荒地成了大头儿，而传统的私人借贷占比却急剧减少。借自信用社的债务占全部负债的比例高达74.3%。1958年无锡、保定农村调查结果还表明，从信用社得到的贷款占其全部债务的比例，下中农最高，上中农次之，中农又次之，贫农最低（见表6-7）。贫农更多地寻求私人、正规金融机构渠道以外的借贷机会。

另据吴文勉等人的研究，在无锡、保定农村调查调查点之一的胡埭镇，1954年，为了弥补和替代农村民间的借贷，让缺乏生产资料和生活资料的农民借贷有门，建立了信用合作社。在此之前，国家农贷则是由乡村政府代为发放。每到粮食登场的时候，信用社就派人到粮站坐镇（1953年实行粮食统购统销），回收贷款，农民一般也能主动还贷付息。这个时期，信用合作社的贷款主要是贷给互助组和合作社，很少贷给单干农户。[①] 1956年信用合作社对农户的贷款增加到6.1亿元，超过了集体农业贷款（见表6-8、表6-9）。

表6-8　1953~1999年农村信用合作社各项贷款

单位：亿元

年份	贷款总额	集体农业贷款	农户贷款	乡镇企业贷款
1953	0.2	0.2	0	
1954	1.2	1.2	0	
1955	3.0	3.0	0	
1956	10.2	4.1	6.1	
1957	9.5	4.2	5.3	
1958	24.7	13.6	11.1	
1959	22.9	16.0	6.9	

---

① 吴文勉、武力：《马鞍村的百年沧桑——中国村庄经济与社会变迁研究》，中国经济出版社，2006，第184页。

年份	贷款总额	集体农业贷款	农户贷款	乡镇企业贷款
1960	22.3	12.7	9.6	
1961	17.6	9.5	8.1	
1962	15.6	7.9	7.7	
1963	13.8	5.6	8.2	
1964	14.1	4.2	9.9	
1965	13.5	3.1	10.4	
1966	15.2	3.8	11.4	
1967	14.6	3.6	11.0	
1968	16.5	4.0	12.5	
1969	17.8	4.5	13.3	
1970	18.8	5.6	13.2	
1971	19.4	6.0	12.6	0.8
1972	21.1	7.9	12.0	1.2
1973	20.8	7.8	11.5	1.5
1974	22.0	10.7	11.3	0
1975	26.7	15.4	11.3	0
1976	35.8	17.1	11.7	7.0
1977	39.7	18.4	11.4	9.9
1978	45.1	21.8	11.2	12.1
1979	47.5	22.4	10.9	14.2
1980	81.6	34.5	16.0	31.1
1981	96.4	35.7	25.2	35.5
1982	121.2	34.8	44.1	42.3
1983	163.7	28.2	75.4	60.1
1984	354.5	38.4	181.1	135.0
1985	400.0	41.4	194.2	164.4
1986	568.5	44.6	258.0	265.9
1987	771.4	64.5	347.6	359.3
1988	908.6	80.1	372.4	456.1
1989	1094.9	107.3	415.7	571.9
1990	1410.9	134.1	517.7	759.1

续表

年份	贷款总额	集体农业贷款	农户贷款	乡镇企业贷款
1991	1808.6	169.9	631.4	1007.3
1992	2453.9	222.7	759.4	1471.8
1993	3143.9	262.1	880.6	2001.2
1994	4168.55	808.38		2279.42
1995	5234.24	1094.85		2779.10
1996	6364.68	1486.61		3264.66
1997	7326.14	1774.31		3191.67
1998	8340.18	2659.29		3761.05
1999	9225.59	3039.64		4187.29

注：下述资料无1994年后的农户贷款统计；表中缺项是因原资料无统计数字；特别强调的是，笔者从相关资料中看到，1953~1955年全国各地的信用合作社均有向入社社员发放贷款的记载，但中国人民银行的这个统计表中显示信用合作社农户的贷款为零，笔者以为，这一统计有很大的遗漏；1994~1999年农村信用合作社信贷种类，除集体农业贷款、乡镇企业贷款外，还有工业贷款、商业贷款、建筑业贷款等。

资料来源：中国人民银行调查统计司《中国金融统计（1952~1987）》，中国金融出版社，1988，第120~121页；中国人民银行调查统计司《中国金融统计（1952~1996）》，中国金融出版社，1997，第97~99、102页；中国人民银行调查统计司《中国金融统计（1997~1999）》，中国金融出版社，2000，第42~43页。

表6-9 1953~1999年农村信用合作社贷款结构的变化

单位：%

年份	集体农业贷款	农户贷款	乡镇企业贷款
1953	100	0	
1954	100	0	
1955	100	0	
1956	40.2	59.8	
1957	44.2	55.8	
1958	55.1	44.9	
1959	69.9	30.1	
1960	57	43	
1961	54	46	
1962	50.6	49.4	
1963	40.6	59.4	

年份	集体农业贷款	农户贷款	乡镇企业贷款
1964	29.8	70.2	
1965	23	77	
1966	25	75	
1967	24.7	75.3	
1968	24.2	75.8	
1969	25.3	74.7	
1970	29.8	70.2	
1971	30.9	64.9	4.1
1972	37.4	56.9	5.7
1973	37.5	55.3	7.2
1974	48.6	51.4	0
1975	57.7	42.3	0
1976	47.8	32.7	19.6
1977	46.3	28.7	24.9
1978	48.3	24.8	26.8
1979	47.2	22.9	29.9
1980	42.3	19.6	38.1
1981	37.0	26.1	36.8
1982	28.7	36.4	34.9
1983	17.2	46.1	36.7
1984	10.8	51.1	38.1
1985	10.4	48.6	41.1
1986	7.8	45.4	46.8
1987	8.4	45.1	46.6
1988	8.8	41.0	50.2
1989	9.8	38.0	52.2
1990	9.5	36.7	53.8
1991	9.4	34.9	55.7
1992	9.07	30.95	59.98
1993	8.34	28.01	63.65
1994	19.39		54.68

年份	集体农业贷款	农户贷款	乡镇企业贷款
1995	20.92		53.09
1996	23.36		51.29
1997	24.42		43.57
1998	31.89		45.10
1999	32.95		45.39

资料来源：由表6-8中数据计算而得。

三　国家银行借贷渠道

国民经济恢复时期，为支持农村经济的恢复，中国人民银行开办了针对农户的农业贷款业务。

1949年初，华北人民政府金融机构向农村发放的贷款类型有一般农副业贷款与专业贷款。一般农副业贷款用于解决灾区农民购买农具、肥料、种子的资金不足问题，专业贷款用于扶持造林、牲畜、水利、棉花等专项事业。

1950年，中国人民银行在各地提供农业贷款方面又做了一些尝试。如华北地区，开办了水利贷款、农具贷款、牲畜贷款、肥料贷款、种子贷款等类型的农业贷款。

1951年，中国人民银行制定了《农业生产放款章程》，将农业生产贷款分为生产放款和设备放款两类。生产放款用于解决农户购置或制造优良种子、种畜、种苗、改良农具、抽水机、动力燃料、肥料、牲畜饲料、病虫害药械、血清及渔船、渔具等所需资金不足问题；设备放款是为了满足农户购置农业特产棉、麻、烟、茶、糖、蚕丝及渔产等的加工设备以及购买加工必需的物资燃料所需的资金需求。

"一五"时期，在农业的社会主义改造中，国家银行对于农业的信贷业务经历了从兼顾组织起来的农民与个体农民资金需求，到重点扶持农业合作组织的转变。

1953 年，政务院指示，"农业贷款……必须贷给生产及生活上有困难而要求贷款的农民，在组织起来的农民和个体农民之间必须作合理的分配"。① 1954 年中国人民银行进一步提出"将农贷工作与生产互助合作运动结合起来，统盘考虑"。② 1955 年全国农村金融工作会议再次强调，农业贷款的重点是"扶植农业生产合作社""扶持个体贫农和有困难的中农"。③ 1956 年国家银行的农业贷款政策发生了重大变化，中国人民银行提出"农业信贷工作的中心应转到农业合作方面来"。④ 1957 年李先念还指示农业贷款"总的应当贯彻扶助农业生产，促进农业增产，巩固合作化的方针"。⑤

"一五"时期，国家银行的贷款种类主要有生产费用贷款、基本建设贷款、贫农合作基金贷款、小型农田水利贷款、救灾贷款、农产品收购贷款、少数民族农牧业贷款等。

1953 年，中国人民银行发放了船民修船贷款；1955 年 12 月，中国人民银行又开办渔工、贫苦渔民合作基金贷款。

1955 年 9 月，水利部和中国人民银行总行指示，发放小型农田水利贷款一是用于兴建或整修小型沟、渠、塘、堰，小型水库，打井、钻井等水利工程所需建筑材料费和技工工资；二是用于添置或修理各式水库、小型抽（戽）水机（包括附属建筑及动力燃料）及其他提水工具之费用。⑥

1955 年 10 月，中国农业银行出台《办理农业生产合作社贷款暂行办

---

① 《政务院关于发放农业贷款的指示》，载中国社会科学院、中央档案馆编《中华人民共和国经济档案资料选编（1953~1957）》（金融卷），中国物价出版社，2000，第 303 页。

② 《中国人民银行为发放 1954 年上半年农业贷款工作的指示》，载中国社会科学院、中央档案馆编《中华人民共和国经济档案资料选编（1953~1957）》（金融卷），中国物价出版社，2000，第 307 页。

③ 《全国农村金融工作会议总结报告》，载中国社会科学院、中央档案馆编《中华人民共和国经济档案资料选编（1953~1957）》（金融卷），中国物价出版社，2000，第 313、314 页。

④ 中国人民银行行长办公室：《1956 年银行工作提要》，载中国社会科学院、中央档案馆编《中华人民共和国经济档案资料选编（1953~1957）》（金融卷），中国物价出版社，2000，第 324 页。

⑤ 李先念：《农业贷款的方针和实施办法》，载中国社会科学院、中央档案馆编《中华人民共和国经济档案资料选编（1953~1957）》（金融卷），中国物价出版社，2000，第 334 页。

⑥ 《水利部、中国人民银行总行关于作好今后小型农田水利贷款工作和处理过去大型水利贷款遗留问题的联合指示》，载中国社会科学院、中央档案馆编《中华人民共和国经济档案资料选编（1953~1957）》（金融卷），中国物价出版社，2000，第 342 页。

法》，向农业生产合作社直接举办三种贷款：一是基本建设贷款，用于帮助农业生产合作社解决基本建设所需资金的困难；二是生产费用贷款，用于帮助农业生产合作社解决当年生产周转所需资金的困难；三是贫农合作基金贷款，用于帮助那些确实无力交清股份基金的贫苦社员交清股份基金。[①]

1956 年 3 月，中国农业银行规定农田水利贷款对象为农业生产合作社，在工程受益范围内如仍有互助组和个体贫困农民，对他们应以户为贷款对象。[②]

1955 年 6 月 20 日，中国人民银行总行发出关于办理贫农合作基金放款的通知，提出以后国家对农业生产合作社的放款，除了基本建设放款和临时生产费用放款外，另增设贫农合作基金放款，以帮助贫农解决初参加农业社时筹措入社费用的困难。[③]

据不完全统计，1950 年中国人民银行共发放农业贷款 20868 亿元（旧币），1951 年农业贷款增加到 35489 亿元，较上年增长 70%；1952 年农业贷款增加到 107550 亿元，较 1950 年增长 415%。1950 年中国人民银行发放的农业贷款年内最高额为 7577 亿元，1951 年农业贷款年内最高额增加到 18188 亿元，较上年增长 140.04%；1952 年农业贷款最高额增加到 55208 亿元，较 1950 年增长约 629%（见表 6-10）。

表 6-10　1950~1952 年国家银行农业贷款情况

年份	计划指标（亿元）	全年放贷		全年收回			年内最高贷款	
		金额（亿元）	指数	金额（亿元）	指数	收回占放出的比重(%)	金额（亿元）	指数
1950	—	20868	100	13218	100	63.34	7577	100
1951	25812	35489	170.06	22681	171.59	63.91	18188	240.04

---

① 《中国农业银行办理农业生产合作社贷款暂行办法》，载中国社会科学院、中央档案馆编《中华人民共和国经济档案资料选编（1953~1957）》（金融卷），中国物价出版社，2000，第 340、341 页。

② 《中国农业银行办理农田水利贷款暂行规定》，载中国社会科学院、中央档案馆编《中华人民共和国经济档案资料选编（1953~1957）》（金融卷），中国物价出版社，2000，第 345 页。

③ 《中国人民银行总行关于办理贫农合作基金放款的通知》，载中国社会科学院、中央档案馆编《中华人民共和国经济档案资料选编（1953~1957）》（金融卷），中国物价出版社，2000，第 348、349 页。

年份	计划指标（亿元）	全年放贷		全年收回			年内最高贷款	
		金额（亿元）	指数	金额（亿元）	指数	收回占放出的比重（%）	金额（亿元）	指数
1952	54614	107550	515.38	80229	606.97	74.60	55208	728.63

注：1950年统计数据中缺东北区、内蒙古、新疆、川东数据，1951年缺东北区数据；表中金额系以旧币为单位。

资料来源：中国人民银行总行《三年来农贷发放情况（1953年9月29日）》，载中国社会科学院、中央档案馆编《中华人民共和国经济档案资料选编（1950~1952）》（金融卷），中国物资出版社，1996，第641页。

1953年末，农业贷款余额为6.6亿元，"一五"末期的1957年末达到了27.7亿元（见表6-11）。

表6-11　1953~1999年国家银行农业贷款情况（年末余额）

单位：亿元，%

年份	农业贷款	农业贷款占全部贷款的比例	农业贷款年增长率
1953	6.6	4.9	57.1
1954	7.6	4.1	15.2
1955	10.0	4.9	31.6
1956	30.2	12.9	202.0
1957	27.7	10.0	-8.3
1958	43.4	9.1	56.7
1959	44.5	5.6	2.5
1960	62.8	6.5	41.1
1961	36.7	7.9	-41.6
1962	66.7	9.8	81.7
1963	70.8	12.5	6.1
1964	71.5	12.4	1.0
1965	78.2	12.1	9.4
1966	77.7	10.3	-0.6
1967	81.4	10.2	4.8
1968	81.2	9.1	-0.2

续表

年份	农业贷款	农业贷款占全部贷款的比例	农业贷款年增长率
1969	84.0	8.9	3.4
1970	85.1	8.2	1.3
1971	51.6	4.6	− 39.4
1972	56.6	4.9	9.7
1973	58.8	4.6	3.9
1974	64.0	4.7	8.8
1975	72.4	4.9	13.1
1976	90.4	5.9	24.9
1977	98.3	5.9	8.7
1978	115.6	6.2	17.6
1979	136.7	6.7	18.3
1980	175.9	7.3	28.7
1981	189.7	6.9	7.8
1982	212.5	6.7	12.0
1983	231.2	6.4	8.8
1984	368.1	7.7	59.2
1985	416.6	7.1	13.2
1986	570.4	7.5	36.9
1987	685.8	7.6	20.2
1988	814.2	7.7	18.7
1989	895.1	7.2	9.9
1990	1038.1	6.8	16.0
1991	1209.5	6.7	16.5
1992	1448.7	6.7	19.8
1993	1222.7	4.6	− 15.6
1994	1554.0	4.8	27.1
1995	1921.6	4.9	23.7
1996	2367.8	5.0	23.2
1997	3063.4	3.9	29.4
1998	3536.5	5.2	15.4

年份	农业贷款	农业贷款占全部 贷款的比例	农业贷款年增长率
1999	3650.0	5.0	3.2

资料来源：中国人民银行调查统计司《中国金融统计（1952~1987）》，中国金融出版社，1988，第26~28页，第42~45页；中国人民银行调查统计司《中国金融统计（1952~1996）》，中国金融出版社，1997；中国人民银行调查统计司《中国金融统计（1997~1999）》，中国金融出版社，2000，第10~11页。

20世纪50年代前期，中国人民银行经营农村信贷业务，为农户开辟了重要的借贷渠道。

从中南区的资料看，河南省9个乡农户1952年借自国家银行的金额占比为48.24%，而借自私人的金额占比为33.57%；1953年农户借自国家银行的金额占比为52.47%，而借自私人的金额占比为29.65%（见表6-2）。鄂湘赣省13乡农户1952年借自国家银行的金额占比为62.10%，而借自私人的金额占比为30.72%；1953年借自国家银行的金额占比为36.98%，而借自私人的金额占比为36.29%（见表6-3）。广东省7个乡1952年农户借自国家银行的金额占比为55.85%，而借自私人的金额占比为37.14%；1953年借自国家银行的金额占比为40.91%，而借自私人的金额占比为48.49%（见表6-4）。

从1958年无锡、保定农村调查资料看，在农村信用合作社兴起后，国家银行在农户借贷来源中所占比例并不高，1957年保定农户借自银行的债务占全部负债的比例为1.4%。

国家银行的农村信贷，打击了农村高利贷，同时也对私人借贷渠道形成一定的挤压。不少地方出现了农户从国家银行贷款比例超过了从私人渠道借贷比例的新情况。

四　贸易部门商业信用的渠道

20世纪50年代前期，农户获得借款的另一来源是国家贸易部门提供的各类商业信用，比如，贸易部门对农户的商品赊销、对农户提供的农副产品预购定金等。农户从商业部门获得商业信用，类似于民国时期农户从商铺、商行等渠道获得借款。

（一）贸易部门的赊销

国民经济恢复时期，为支持农业生产，国家通过供销合作社向农民赊销种子、肥料等生产资料，赊销粮食、燃料等生活资料。[①]

比如，苏南南汇县大团区合作社 1951 年在棉农春耕缺乏肥料时，赊出豆饼 1100 余片，又在棉农缺粮时赊售大米 12 万斤。[②] 1952 年 9 月 9 日，商业部、全国合作总社"为了解决农村合作社经营煤炭资金之困难，大力向农村腹心地带推销煤炭，减低国家煤炭之积压，以满足农民所需"，指示"煤建公司对农村合作社在铁路沿线两侧各六十华里以内的自营部分，均给予两个月的赊销期限，对农村合作社在铁路两侧各六十华里以外之自营部分，均给予三个月的赊销期限"。[③]

国营贸易部门向农户提供赊销生产资料、生活资料等商业信用，实际上是让农户获得了实物性的借贷。

（二）贸易部门的农副产品预购定金[④]

除向农户赊销外，贸易部门还向农户提供农副产品预购定金，这种商业信用是农户获得借款的又一渠道。

国民经济恢复时期，为了增加棉花、烟草、麻类、甘蔗、茶叶、甜菜等经济作物和出口物资的生产，政府鼓励农民扩大种植面积，但有不少农民心存顾虑。一是因为部分地区遭受水灾，吃粮困难，农民愿意种粮食而

① 赵学军：《中国商业信用的发展与变迁》，方志出版社，2008，第 82 页。
② 杨刚毅：《开展供销合作社的赊销订购业务》，载中国社会科学院、中央档案馆编《中华人民共和国经济档案资料选编（1949~1952）》（商业卷），中国物资出版社，1996，第 321 页。
③ 《商业部、全国合作总社为大力向农村推销煤炭建立赊销业务的联合指示》，载中国社会科学院、中央档案馆编《中华人民共和国经济档案资料选编（1949~1952）》（商业卷），中国物资出版社，1996，第 324 页。
④ 赵学军：《中国商业信用的发展与变迁》，方志出版社，2008，第 84~86 页。

不愿意种棉花等作物；二是因为一些农民担心棉花等作物种多了卖不出去，或卖不到好价钱，反而影响自己的收入。为消除农民的顾虑，国家决定向个体农户、农民合作组织实行预购。

1952 年前负责预购的机构较多，既有供销合作社，也有国营专业公司。1952 年之后，国营经济部门主要通过供销合作社进行预购。供销合作社在预购棉花、茶叶、烟草等作物时，采取两种预购方式：一种是信用预购，即合作社只与农民签订购销合同，保证收购棉花等产品以及保证向农民调剂粮食，但不预付定金或实物；另一种是实物贷放形式的预购，即供销合作社预先向农民预付定金或种子、肥料、粮食等实物。从预购的品种看，1953 年之前国营经济部门（包括合作社）主要预购棉花，棉农获得了定金或种子、肥料、粮食等实物。

国民经济恢复时期，国营贸易部门预付的定金主要是实物。在预付实物的种类上，各地供销合作社向棉农预付的主要有粮食、豆饼、煤炭及食盐四种。预付实物在具体操作上，主要采用下列三种方式：（1）预付的实物按现行牌价作价后计息，秋后收棉时由棉农按棉花牌价折棉偿还；（2）以实物易棉花，预付的实物在订合同时即定死与棉花的比价，棉农秋后偿还棉花；（3）预付的实物不作价，待秋后收棉时按当时当地的实物与棉花牌价再作价还棉。[①]

中原、东北、华北的部分地区最早以预付定金的方式预购棉花。1950年春平原省[②]的安阳、阳阴、邺县等县的供销合作社与 110 个村的棉农订立了预购棉花合同，按棉农的需要预先供给良种、肥料、粮食及其他必需品，将农业贷款变为预购商业信用。[③] 东北、华北部分地区的供销合作社

---

① 《中财委关于预购棉花存在的几个问题的指示》，载中国社会科学院、中央档案馆编《中华人民共和国经济档案资料选编（1949~1952）》（商业卷），中国物资出版社，1996，第297 页。

② 平原省是旧省名，中央人民政府1952 年10 月撤销其建制，所属地区分别划归山东、河南二省。

③ 华北局通报：《平原省推行棉花预购合同制度的重要经验》，载中国社会科学院、中央档案馆编《中华人民共和国经济档案资料选编（1949~1952）》（商业卷），中国物资出版社，1996，第286 页。

与棉农订立了预付实物形式的棉花预购合同。据河北、平原二省不完全统计，供销合作社利用自有资金、粮食公司及政府的公粮等物资，预付粮食24602864 斤、豆饼 10476835 斤、煤炭 5058736 斤，共预购了籽棉 1811456斤、皮棉 3155081 斤。[①] 1951 年 10 月 18 日，为了更好地开展棉花预购，中央人民政府贸易部（甲方）和中华全国合作社联合总社（乙方）签订了1951 年预购棉花协议书，规定：甲方在进行棉花预购时，除应根据乙方"订货单"上所列的粮食、煤、盐、肥料四种实物保证按时供应外，同时要支付一部分货币；棉农可自愿按照"听涨不听落"原则赊欠一部分或大部分粮食、煤、盐、肥料四种实物；在棉花播种前或青黄不接之际，特别在生产棉花的重灾区及主要产棉区，棉农确实生活困难时，甲方若有余力，应预付棉农一部分粮食，其预付比例不超过预购棉花总值的 20%，预付的粮食不计利息，作为预购棉花的"定金"，届至收棉期，按当时当地棉粮牌价由棉农折棉偿还。[②] 1951 年除西南区未曾开展，中南区未全面进行，东北区由花纱布公司自行预购外，其他地区全部由合作社实施了棉花预购。[③] 1952 年 3 月 22 日，中华全国合作社联合总社要求 1952 年预购棉花总产量的 40%，对富裕农民采用信用预购，对贫农、生产上确有困难者及灾区棉农，采用"赊销预购"，预付不超过总值 10% 的定金。[④]

　　1952 年国家鼓励种植棉花的政策初见成效，为防止棉田盲目扩大，国家决定停止对棉花的预购。1953 年棉花减产，收购量减少，市场供求矛盾再次突出。1954 年 9 月 14 日政务院公布了《关于实行棉花计划收购的命

---

① 汪雄时、金熙彬：《关于棉花预购合同的几点经验介绍》，载中国社会科学院、中央档案馆编《中华人民共和国经济档案资料选编（1949～1952）》（商业卷），中国物资出版社，1996，第 288 页。

② 《中央人民政府贸易部（甲）和中华全国合作社联合总社（乙）1951 年度预购棉花协议书》，载中国社会科学院、中央档案馆编《中华人民共和国经济档案资料选编（1949～1952）》（商业卷），中国物资出版社，1996，第 289～290 页。

③ 《全国合作总社关于 1951 年预购棉花收回情况及对 1952 年预购工作的初步意见的报告》，载中国社会科学院、中央档案馆编《中华人民共和国经济档案资料选编（1949～1952）》（商业卷），中国物资出版社，1996，第 312 页。

④ 《中华全国合作社联合总社关于 1952 年预购棉花工作的指示》，载中国社会科学院、中央档案馆编《中华人民共和国经济档案资料选编（1949～1952）》（商业卷），中国物资出版社，1996，第 301 页。

令》，对 1954 年秋季的新棉实行计划收购——统购，但棉花的统购也遇到许多问题。1955 年国家决定在统购政策下再次对棉花实行预购，国家根据统购任务预购棉农的全部商品棉，国营经济部门与棉农订立预购合同，付给棉农一定比例的定金。[①] 此后，计划经济时期一直实行预购棉花的政策。

1950 年在试行棉花预购时，国营贸易部门还委托供销合作社在烟、麻、甘蔗、茶叶、甜菜、猪鬃等经济作物和出口物资较为集中的产区，向农户广泛开展预购交易。1953 年大规模的工业建设兴起后，粮食和一些主要经济作物的供需缺口拉大，为保障农副产品的购买，1954 年 3 月中财委决定对粮食、棉花、花生、茶叶等农产品进行预购。后来预购范围又扩大到油料、蚕茧、土丝、生猪、果品、蔬菜等农产品。农产品预购的对象以农业生产合作社、常年互助组、临时互助组及供销合作社社员小组为主；同时也向个体的贫农、中农以至富农进行预购。预购定金发放的原则是：组织起来的农民多付，个体农民少付；困难农民多付，不困难农民少付或不付。预购定金占预购总值的比例，因品种而异，一般在 10%～25%。[②]

在 1958 年实现人民公社化之前，接受农副产品预购定金的既有个体农户，也有组织起来的生产合作社，还有一些合作社社员个人。如生猪预购定金主要发放给养猪困难户，同时也向有困难的农业生产合作社和地方国营农场发放；活羊预购定金向有困难的农牧业生产合作社以及有困难的社员和个体农户发放；土糖预购定金则向农业生产合作社的土糖坊、手工业糖厂发放。[③]

商业部门向农户发放的商业信用，成为农户获得借款的新渠道。

五 一些传统借贷渠道的消失

这一时期，农户从正规金融机构借贷的渠道得到加强，但一些传统的

---

① 《国务院关于 1956 年预购棉花的批示》，载中国社会科学院、中央档案馆编《中华人民共和国经济档案资料选编（1953～1957）》（商业卷），中国物价出版社，2000，第 259 页。

② 《当代中国商业》，中国社会科学出版社，1987，第 49～50 页。

③ 《城市服务部关于 1958 年度对生猪、活羊、土糖、干鲜果、干鲜菜等商品进行预购的指示（1958 年 1 月 29 日）》，商业部档案 181-7-190。

借贷渠道也在消失。如民国时期农户重要的借贷渠道——商户借贷渠道、典当借贷渠道等消失了。

农户失去商户借贷渠道，最直接的原因是私营工商业的社会主义改造。20世纪50年代初期，国家在建立单一公有制经济体制过程中，逐渐将私营商铺改造为国有商店或集体所有制商店，这些私营粮店、商店公有化后，经营方式也发生了根本的变化，不再吸收农户储蓄，也不能向农户提供短期借款。虽然国有商业部门的赊销、预购业务部分代替了原有私营商铺向农户放贷的功能，但农户向商户借贷的传统借贷渠道中断了。

民国时期，农户为解燃眉之急，常到当铺典当物品，获得急需的借款。20世纪50年代初期，新中国政府对典当行业进行改造，旧式当铺大多关门停业，农户借贷的这一渠道也中断了。

此外，农户借贷的钱会渠道受到了抑制。虽然不少地方的农户依然利用各类钱会进行借贷活动，但这些钱会多是隐蔽的，在农村借贷体系中，已微不足道。

六　基本结论

从土地改革到人民公社体制建立之前，农户借贷的主渠道出现了新的变化。

一是农户借贷主渠道一度变为正规金融机构。此前，农户借贷的主渠道一直是私人借贷渠道。在国家大力推行信用合作化的运动中，农村信用合作社在全国乡村普遍建立，并轰轰烈烈地开展农户信贷业务，将农村私人借贷现象压了下去，农户从信用合作社获得了急需的借款，一时间，农村信用合作社、国家银行借贷渠道成了农户借贷的主渠道。但这一现象持续的时间较短，大致发生在1956年全国实现信用合作化前后。1958年农村实行人民公社体制后，农村信用合作社、国家银行对农户的贷款减少，特别是减少了生活性贷款，农户借贷再度转向了传统的私人借贷主渠道。

二是国营贸易部门向农户提供商业信用，成为农户借贷的新渠道。国营贸易部门在收购农副产品过程中，向农户赊销商品，向农户发放预购定金，从而使农户获得借贷的新渠道。

三是一些传统借贷渠道消失。由于社会环境的变化，乡村私营商铺或被改造为集体商业企业，或在社会主义改造中关门，农户不再能够从这一渠道赊购商品或借贷。另外，传统的钱会活动也趋于消沉，农户从钱会借贷受到了阻碍。

第七章　人民公社时期农户借贷的渠道

从 1958 年到 1984 年，中国农村实行政社合一的人民公社体制，农户不再是独立的生产单位，不再为生产经营融资。人民公社时期，农村经济的主要信贷资金需求方是集体经济组织，为扩大生产经营而借贷。虽然农户也是信贷资金的需求方之一，但农户几乎全是为了满足生活性需求而借贷。农户的借贷渠道更加单一，大体上看，有三个借贷渠道：一是正规金融机构如国家银行、农村信用合作社，但这些机构主要面对集体经济组织，向农户提供的生活性贷款很少；二是传统的私人借贷渠道，这是绝大多数农户借钱的主渠道；三是集体经济组织，一些农户向生产队借钱、借粮。总的来说，私人渠道是农户主要的借贷渠道。

一　私人借贷渠道

（一）亲友借贷渠道

传统上，中国农户需要借款时，首选的求助对象是亲友。换言之，亲友是农户的第一借贷渠道。人民公社时期，农户第一借贷渠道的重要性更为突出，亲友之间相互借贷比较普遍。

在无锡、保定农村调查调查点之一的无锡市胡埭镇马鞍村，人民公社时期农户借贷不活跃。据当地村民吴文勉记述，从 20 世纪 50 年代土地改革后至 20 世纪 70 年代末改革开放前，由于生产收归集体，生产上的资金不用社员操心，民间借贷活动逐渐减少。马鞍村农户之间仅存在互助性借贷活动，而且一般也只发生在亲朋好友之间，并且不收取利息。借贷者往往以其他方式表示谢意或还个人情。①

（二）高利贷性质的私人借贷渠道

人民公社时期，农村除亲友相互借贷外，还存在地下高利贷性质的私人借贷渠道。这种私人借贷由于一直非法，处于政府的高压打击之下，若隐若现。1964 年前后，金融管理部门组织了全国大规模的反高利贷活动，带有高利贷性质的私人借贷渠道浮出水面。

从调查材料看，农村非亲友借贷发生面相当广泛。据 1963 年 10 月中国人民银行的报告，高利贷活动又在许多地方死灰复燃，有些贫困区或轻灾区，在青黄不接时期，借高利贷的户数占总户数的 4%～10%，有些灾情严重的地区，占到 30% 左右。② 据 1964 年 3 月中共黑龙江省委关于打击农村高利贷活动的报告，绥化、宾县等 5 个县 29 个生产队放高利贷的农户占总农户的比重逐年增加，1960 年占 0.6%，1961 年占 1.1%，1962 年占 3.8%，1963 年达 9.7%。借高利贷的农户占总农户的比重，一般地区为 10% 左右，受灾地区达 20%～30%。③ 在高利贷借贷户中，贫农占大多数。④

农村非亲友借贷的高利贷形式花样繁多，除借粮还粮、借粮还钱、借

---

① 吴文勉、武力：《马鞍村的百年沧桑——中国村庄经济与社会变迁研究》，中国经济出版社，2006，第 184～185 页。

② 《中国人民银行关于整顿信用合作社、打击高利贷的报告（1963 年 10 月 21 日）》，载中国社会科学院、中央档案馆编《中华人民共和国经济档案资料选编（1958～1966）》（金融卷），中国财政经济出版社，2011，第 379 页。

③ 《中共黑龙江省委关于打击农村高利贷活动的报告（1964 年 3 月 7 日）》，中国农业银行党组档案 1964 - 永久 - 3。

④ 国务院财贸办公室财金组：《当前农村高利贷活动的情况值得注意（1963 年 6 月 26日）》，中国人民银行农村金融管理局档案 1963 - 长期 - 6。

钱还钱和借钱还粮外，还有借猪、羊、土布、花绒、食油、花生、红糖等实物以及借布票等，折成钱粮或劳动工分归还的；也有小手工业者将产品借给社员，先收 30% 利息，秋后再收回本金。[1] 据邓子恢在武汉、沙市、广州、汕头、韶关、湛江及汉阳、广宁等的调查，高利贷的活动形式有借钱还钱、借粮还钱、借钱还粮、借粮票还粮食，还有收抵押品的。[2]

提供高利贷的农户主要是地主、富农、投机商和富裕中农。如贵州纳雍、镇宁两县 13 个生产队，41 户放债户中，地主、富农、投机商、富裕中农有 28 户，占 68%；江苏省盐城 5 个公社 5 个生产队 36 户放债户中，地主、富农、投机商、富裕中农为 23 户，占 64%；甘肃张掖地区，放高利贷的地主、富农、投机商及富裕中农占 80%。[3] 据邓子恢的调查，放高利贷的人"有地、富、反、坏，有资本家，有新兴资产阶级，有富裕中农，有人少劳多的中农、贫农，有工人，有转业军人，有退职回乡工人，也有干部、党员"。[4] 在湖南，放高利贷的有四种人：（1）地主、富农分子（约占放债户的 4%）；（2）投机倒把分子和资本主义思想严重的人（主要是富裕中农，约占放债户的 55%）；（3）一部分生活较好的贫下中农，其中包括一些党员、干部（约占放债户的 36%）；（4）一部分"四属户"、手工业者和其他人员（约占放债户的 13%）。[5]

据邓子恢分析，放高利贷者的资金来源，"大体上靠剥削来源的（包括地、富、反、坏、资本家、投机倒把分子），户数占百分之二十三，资金占百分之七十；靠历年积累的，户数占百分之六十二，资金占百分之十五；靠下放转业补助费来源的，户数占百分之十五，资金占百分之十五"。

① 国务院财贸办公室财金组：《当前农村高利贷活动的情况值得注意（1963 年 6 月 26 日）》，中国人民银行农村金融管理局档案 1963 - 长期 - 6。

② 《邓子恢同志关于城乡高利贷活动情况和取缔办法的报告（1964 年 1 月 13 日）》，中国农业银行党组档案 1964 - 永久 - 3。

③ 国务院财贸办公室财金组：《当前农村高利贷活动的情况值得注意（1963 年 6 月 26 日）》，中国人民银行农村金融管理局档案 1963 - 长期 - 6。

④ 《邓子恢同志关于城乡高利贷活动情况和取缔办法的报告（1964 年 1 月 13 日）》，中国农业银行党组档案 1964 - 永久 - 3。

⑤ 中国农业银行湖南省分行：《湖南省当前农村高利贷活动情况（1965 年 1 月）》，中国农业银行信用合作局档案 1965 - 定期 - 3。各项加总为 108%，系原资料数据如此。

"按资本大小和获利多少分，大体上：资本一百元以下的，户数占百分之七十六，获利占百分之二十五；资本一百元至五百元的，户数占百分之二十一，获利占百分之四十八；资本五百元以上的，户数占百分之三，获利占百分之二十七。"① 另据中共辽宁省农业银行党组、人民银行党组调查，辽宁农村高利贷资金来源是："大体上靠剥削收入的占百分之五十七；靠历年积累的占百分之三十一；靠转业补助和抚恤费的占百分之十一"。②

高利贷者收取的利率非常高。高利贷利率比银行贷款利率（月息 6 厘）和信用社利率（一般月息为 7.2 厘）高出 16 倍至 30 多倍。③ 邓子恢的调查是，一般月息是五分、六分（即借款一百元月息五元、六元）、大加一、大加二（即借款一百元，月息十元、二十元），有的高至大加三、大加四，不等。④ 在辽宁，一般的月息五分至十分，有的大加二、大加三，最高的竟达一个月本利平（即借款一百元，月息一百元）。⑤

20 世纪 60 年代，农村高利贷的特色是实物借贷，实物借贷在高利贷中占了很大的比重。

二 钱会借贷渠道

人民公社时期，互助式的钱会活动从没有停止过。

广东城乡（如广州、汕头、韶关、湛江）标会很盛行，除个别带互助性质的以外，绝大部分也属于高利贷性质。标会利率很高，如十元的标会，按投标低者先得，贫困户因需款甚急，往往投标数只为六元七元，但

---

① 《邓子恢同志关于城乡高利贷活动情况和取缔办法的报告（1964 年 1 月 13 日）》，中国农业银行党组档案 1964 - 永久 - 3。

② 中共辽宁省农业银行党组、人民银行党组：《关于取缔城乡高利贷活动的报告（1964 年 3 月 19 日）》，中国农业银行党组档案 1964 - 永久 - 3。

③ 国务院财贸办公室财金组：《当前农村高利贷活动的情况值得注意（1963 年 6 月 26 日）》，中国人民银行农村金融管理局档案 1963 - 长期 - 6。

④ 《邓子恢同志关于城乡高利贷活动情况和取缔办法的报告（1964 年 1 月 13 日）》，中国农业银行党组档案 1964 - 永久 - 3。

⑤ 中共辽宁省农业银行党组、人民银行党组：《关于取缔城乡高利贷活动的报告（1964 年 3 月 19 日）》，中国农业银行党组档案 1964 - 永久 - 3。

下月还款却要十元，实际上借款七元，还利三元或四元。① 广东省新会县
会城镇，新中国成立前劳苦群众多靠标会或借高利贷解决困难。从 1952 年
到 1956 年，街坊里标会组织仍然很多，有公开的，也有秘密的。人民公社
时期，标会依然存在，但利率走高。标会的利率一般是月率 15% ～ 20%。
街道居民特别是家庭妇女参加标会的很多。②

　　在贵州省清镇县甘沟区甘沟大队，1964 年前后有七个公开的标会，参
加的人工农商各界都有，公开聚众，场场有会，摇签用钱，利息很重，月
息五分到十分不等。③

　　据云南省调查，陆良县旧州公社钱会活动活跃。当地将钱会称为赊会。
1964 年底有 19 个钱会，其中钱（赊）会 12 个，米（赊）会 3 个，鸡蛋
（赊）会 4 个，参加农户 214 户，占总农户的 40%。其中参加钱（赊）会
的人占入（赊）会总人数的 72%。每个（赊）会参加人数平均 18 人，最
多的有 30 人，每股（赊）金 1 元、2 元、3 元不等。每月接（赊）会一
次，每次最多可接 120 元，一般可接 90 元左右。（赊）会一般都规定到期
不交（赊）金就要被罚款，大家都得想办法交（赊）金，而且非交不可。
据 12 个赊会的统计，1964 年一年共聚集赊金 7200 多元，相当于该公社同
一时期在信用社存款 210 元的 34 倍。赊会的口号是“互助互利，互相搭
救”。一般是困难户先接（赊），富裕户后接，接了（赊）的人，以后每月
付息一角至二角。困难户马某为了交（赊）钱，1963 ～ 1964 年先后卖掉洋
芋 500 斤、玉米 4 升、荞子 1 升、布票 14.5 尺。贫农叶某先参加一个
（赊）会，接（赊）会后每月要交 7.5 元，因没法交钱，又参加另一个
（赊）会，用接（赊）会来上（赊）金，每月连利要交（赊）金 10.5 元，
上完后，仅利息就要支付 55 元，后来仍无法交，又参加了一个米（赊）

---

① 《邓子恢同志关于城乡高利贷活动情况和取缔办法的报告（1964 年 1 月 13 日）》，中国农
业银行党组档案 1964 - 永久 - 3。

② 《中国人民银行广东省分行关于新会县会城镇建立居民信用部的调查报告（1964 年 3 月
26 日）》，中国农业银行党组档案 1964 - 永久 - 3。

③ 《一个打击隐蔽高利贷剥削的好经验（1965 年 1 月 11 日）》，载《中国农业银行简报》，
中国人民银行农行计划局档案 1965 - 永久 - 6。

会，把接（赊）会的米卖了来交（赊）金。①

北方地区也有钱会活动。如，在辽宁省，一些地方以标会互助为名，行高利贷剥削之实。②

对于钱会活动，邓子恢提出，对民间有习惯的标会或摇会，可不予禁止，但利率不得超过国家规定，超过规定者，其超过部分，应予取消。会款谁用，可由协商决定，不再采用投标办法。③

钱会有历史形成的规则，政府缺乏介入的手段。人民公社时期，各地的钱会总是或明或暗地运作。

三 农村信用合作社借贷渠道

农村信用合作社建立的初衷是为广大农户提供信用服务。在信用合作化高潮的当年，农户从农村信用合作社得到的贷款，超过了从私人渠道得到的贷款。但是，进入人民公社体制后，农村信用合作社愈益官办化，农户信贷业务量的占比波动前行。

人民公社时期，农村信用合作社对农户贷款占其贷款总额的比例表现为先下降、再上升、又下降、再上升的态势。从1956年到1959年，这一比例呈下降趋势，1956年为59.8%，1958年下降到44.9%，1959年进一步下降为30.1%。

1960～1963年有所上升，1960年为43%，1963年达到59.4%。1964～1970年，农户贷款占农村信用社贷款的比例有所提高，1964年为70.2%，1965年为77%，1966～1969年为74.7%～75.8%，1970年为70.2%。

1971～1976年"文革"后半期，农户贷款占农村信用合作社贷款比例

---

① 中国农业银行云南省分行：《旧（赊）会活动的危害》，《农村金融情况》（内部资料），中国农业银行农村信用社局档案1965 - 定期 - 3。

② 《中共辽宁省农业银行党组、人民银行党组关于取缔城乡高利贷活动的报告（1964年3月19日）》，中国农业银行农村信用社局档案1965 - 定期 - 3。

③ 《邓子恢同志关于城乡高利贷活动情况和取缔办法的报告（1964年1月13日）》，中国农业银行党组档案1964 - 永久 - 3。

再次出现下降，1971 年为 64.9%，1972 年降为 56.9%，1974 年又下降到 51.4%，1976 年为 32.7%。"文革"结束到改革开放初期，农户贷款占比仍呈下降趋势，1977 年为 28.7%，1979 年为 22.9%，1980 年降为 19.6%。

1981～1984 年开始回升，1981 年为 26.1%，1982 年上升到 36.4%，1984 年达到了 51.1%（见表 6-9 和图 7-1）。

图 7-1　1958～1984 年农村信用合作社农户贷款占比情况

资料来源：表 6-9。

人民公社时期，农村信用合作社是农户借钱的重要渠道。

据吴文勉记述，农户搞家庭副业有困难时，可以向信用社申请养猪贷款，到卖猪时归还。如果社员挣的工分在核算之后不够全家口粮的价钱，生产队就把他们的口粮转卖到粮站，这些社员如果买粮食时还是没有钱，则可以由生产队担保，向信用社借，然后从年终分红中加以扣除，归还信用社。[①]

四　国家银行渠道

人民公社时期，国家银行对农村的贷款主要集中于支持集体农业的发展。

---

① 吴文勉、武力：《马鞍村的百年沧桑——中国村庄经济与社会变迁研究》，中国经济出版社，2006，第 184～185 页。

1958 年 4 月，中国人民银行在生产红茶的云南、安徽、湖南三省发放了茶叶生产贷款，贷放对象是发展茶叶生产中急需用款的农业合作社，以及中央国营、地方国营茶园和茶叶初制厂。贷款使用范围是：为提高品质在重点红茶产区设立初制厂以及添置初制机械、工具等用款；开辟新茶园、垦复荒芜茶园以及青苗、补株等用款。①

1960 年 2 月，中国人民银行对重点产茶和产咖啡的省、区发放无息贷款。在贷款使用对象上，要求优先用于外销红绿茶、边销茶集中产区，适当安排内销产区。咖啡贷款对象，要求优先用于过去种植咖啡有成绩的地区，适当照顾新种植区。贷款原则上由商业部门从银行贷出，作为预付款预付给人民公社。贷款主要用于改造旧茶园、开辟新茶园、咖啡园的生产所需和帮助公社建立茶叶初制厂的投资。②

1961 年 12 月，对外贸易部、中国人民银行为了支持海南地区发展建设商品基地，生产出口"五料"（油料、香料、饮料、用料、食料），开设了出口商品生产基地特种贷款，贷款对象是经过批准经营"五料"商品生产的社队。贷款主要用于解决生产过程中所需种子、肥料、农药、机耕费以及小型生产工具和设备等。③

1962 年 8 月，中国人民银行开办了长期农业贷款，贷款对象限于农村人民公社生产资金确有困难的生产队。长期农业贷款的使用范围是：商品粮、棉主要产区用于耕畜、大中型农具、农业机械和其他生产性设备的购置，一般农业地区的生产性设备和排灌设备的购置；用于油桐、油茶、桑园、茶园、果园、毛竹的垦复或抚育以及渔区、牧区生产性设备的购置。

---

① 《对外贸易部、农业部关于拨出发展茶叶生产贷款的通知》，载中国社会科学院、中央档案馆编《中华人民共和国经济档案资料选编（1958~1965）》（金融卷），中国财政经济出版社，2011，第 274 页。

② 《商业部、中国人民银行总行关于从资金上促进茶叶、咖啡生产的联合通知》，载中国社会科学院、中央档案馆编《中华人民共和国经济档案资料选编（1958~1965）》（金融卷），中国财政经济出版社，2011，第 276 页。

③ 《对外贸易部、中国人民银行关于办理海南地区出口商品生产基地特种贷款的联合通知》，载中国社会科学院、中央档案馆编《中华人民共和国经济档案资料选编（1958~1965）》（金融卷），中国财政经济出版社，2011，第 290 页。

长期农业贷款的归还期限，一般分为一年、三年、四年、五年等四种，到期归还。①

1963 年 8 月，中国人民银行会同林业部、财政部发放竹子、油茶、油桐长期无息贷款。这项贷款是为了帮助农村人民公社恢复和发展竹子、油茶、油桐等林木的生产，专供在竹子、油茶、油桐的重点产区，扶助社队集体垦复、抚育这三种林木之用。贷款范围限定于竹子、油茶、油桐林面积较大的重点产区，特别是准备按照国家计划建成竹子、油茶、油桐商品生产基地的地区，贷款对象是主要经营这些林木的社队，规定贷款只准用于垦复、抚育、补植用工的部分工资开支和购买工具、种苗、肥料、防治林木病虫害的药械等，不得移作别用。②

1964 年 2 月，中国农业银行总行和水产部开办了对虾资源保护专业贷款。

1964 年 3 月，中国农业银行要求各地在安排 1964 年农业贷款时，必须合理安排、解决中药材生产所需的贷款。③

1964 年 5 月，中国农业银行发放柑橘专项贷款，贷放的对象是柑橘生产比较集中、商品率高的老产区和有发展前途的新产区的生产队、大队，或由公社、大队组织经营的柑橘专业队（场）。这一专项贷款用于恢复改造衰老柑橘园、抚育幼龄柑橘园、培育优良柑橘苗木和建立新柑橘园所需购买的苗木、肥料、农药、施药器械等生产资料。④

1964 年 12 月，中国农业银行、对外贸易部下达了两项出口农副产品

---

① 财政部、农业部、中国人民银行总行：《发放长期农业贷款暂行办法》，载中国社会科学院、中央档案馆编《中华人民共和国经济档案资料选编（1958～1965）》（金融卷），中国财政经济出版社，2011，第 272、273 页。

② 《林业部、财政部、中国人民银行总行关于竹子、油茶、油桐长期无息贷款使用的暂行规定》，载中国社会科学院、中央档案馆编《中华人民共和国经济档案资料选编（1958～1965）》（金融卷），中国财政经济出版社，2011，第 277 页。

③ 《商业部、农业部、中国农业银行关于安排一九六四年中药材贷款问题的联合通知》，载中国社会科学院、中央档案馆编《中华人民共和国经济档案资料选编（1958～1965）》（金融卷），中国财政经济出版社，2011，第 280 页。

④ 《农业部、农业银行、对外贸易部、全国供销合作总社、农垦部关于分配柑橘专项贷款和专用化肥的联合通知》，载中国社会科学院、中央档案馆编《中华人民共和国经济档案资料选编（1958～1965）》（金融卷），中国财政经济出版社，2011，第 281 页。

生产基地专用贷款指标，贷款的对象是国务院财贸办公室或经外贸部同意省人民委员会批准的出口农副土特产品生产基地的人民公社或生产队。贷款直接发放给农村人民公社的基本核算单位——生产队、生产大队或由公社、大队组织经营的专业队。贷款用于恢复和发展传统名牌的出口农副土特产品的生产，支付出口商品生产基地的生产队购买生产土副特产所需的种子、肥料、农药和设备的购置及其修理费用等。[①]

国家银行还开办了农村集体经济农业生产设备贷款。

1964 年 6 月，中国农业银行、中国人民银行设立了水轮泵贷款，向广西、贵州、湖南、福建、四川等 5 个省区增拨生产设备贷款 300 万元，专门用于发放水轮泵贷款。[②] 1964 年 7 月，中国农业银行发放了小型排灌机械贷款。1961 年 11 月，中国人民银行开办了社办小煤窑贷款，提出人民公社在不妨碍农业生产和不破坏煤田的条件下，在开采小煤窑时，如果在充分运用自有资金以后仍有临时困难，可以获得贷款支持。贷款只能用于购买生产工具和生产器材，如购买钢钎、镐、锹等生产工具和炸药、电石等生产器材。贷款期限最长不超过一年。[③]

上述贷款种类，是中国人民银行、中国农业银行农村信贷的主体业务。这些信贷业务与农户借贷无直接关系。

与农户借贷有关的是，除生产贷款外，国家银行发放的少量农户生活贷款。这些贷款类型主要有以下几种。

1958 年 3 月，中国人民银行总行开办了垦荒移民贷款。

1963 年，中国农业银行发放了贫下中农贷款，主要用于帮助贫下中农

---

① 《中国农业银行、对外贸易部关于下达两项出口农副产品生产基地专用贷款指标的通知》，载中国社会科学院、中央档案馆编《中华人民共和国经济档案资料选编（1958~1965）》（金融卷），中国财政经济出版社，2011，第 282 页。

② 《中国农业银行、中国人民银行关于发放水轮泵贷款的通知》，载中国社会科学院、中央档案馆编《中华人民共和国经济档案资料选编（1958~1965）》（金融卷），中国财政经济出版社，2011，第 285 页。

③ 《中国人民银行关于社办小煤窑贷款问题的通知》，载中国社会科学院、中央档案馆编《中华人民共和国经济档案资料选编（1958~1965）》（金融卷），中国财政经济出版社，2011，第 289、290 页。

发展一些适合当地条件的、有原料、有销路和力所能及的家庭副业，如养猪等。[①]

1964 年，中国人民银行在组织力量打击高利贷活动的同时，积极帮助贫下中农困难户解决口粮、治病和缺乏小农具等方面的困难，对困难大的贫下中农发放了必要的贷款，从 1 月至 10 月底全国信用社共发放社员贷款 2.88 亿元，比 1963 年同期增加 1.6 倍。据黑龙江、湖南、江苏、四川等十个省区市的统计，这些贷款有 70% ~ 80% 贷给贫下中农解决生产、生活困难。[②]

1965 年 7 月，中国农业银行为解决约占贫下中农总户数 20% 的困难户的生产困难，设立了支持贫下中农困难户的专项无息贷款。

但是，国家银行对农户的贷款种类少，金额少，对于满足农户生活困难急需的借贷需求十分有限。

五　集体经济组织借贷渠道

人民公社时期，农户还有向集体经济组织借钱、借粮的渠道。

农户如果有一些临时的或急需的借贷，所在的生产队一般会借给社员应急。社员向生产队的借贷，一般不收取利息。各生产队之间，往往也有救急性质的互相借贷，主要是借贷实物，一般也不收取利息。[③]

六　基本结论

从 1958 年到 1984 年，中国农村实行政社合一的人民公社体制，农户成为集体经济中的一分子。农村经济体制的这一重大变革，对农户借贷需求与借贷渠道都产生了极大的影响。

---

① 伍成基主编《中国农业银行史》，经济科学出版社，2000，第 78 页。
② 伍成基主编《中国农业银行史》，经济科学出版社，2000，第 79 页。
③ 吴文勉、武力：《马鞍村的百年沧桑——中国村庄经济与社会变迁研究》，中国经济出版社，2006，第 184 ~ 185 页。

第一，农户借贷几乎全是为了满足生活性借贷需求。国家银行、信用合作社的贷款指导思想是贷生产、不贷消费，农户从国家银行、信用合作社渠道获得的贷款比较有限，满足不了急迫的生活性借贷需求。农户借贷主渠道不是正规金融机构。

第二，亲友、高利贷等私人借贷渠道仍然是农户借贷的主渠道。虽然高利贷利率很高，农户所受的盘剥很重，但农户毕竟有能够缓解燃眉之急的借贷来源。

第三，由于国营商业部门的商业信用面向集体经济组织，农户又失去了从这些部门获得赊销商品、预购定金的机会。

第四，农户加入了集体经济组织，集体经济组织有帮助社员的义务，在力所能及的情况下，生产队等集体组织也借给农户钱、粮。

总的来说，私人渠道是农户主要的借贷渠道。农户借贷的渠道越来越窄了。

第八章　改革开放后农户的借贷渠道

1984 年，中国政府废除了人民公社体制，农户再度成为生产经营的主体，农户的融资活动日益活跃。伴随着农村金融体系的发展，农户融资渠道日趋多样化。农户的借贷网络中主要有六条借贷渠道：一是传统的私人借贷渠道；二是国家银行及农村信用合作社渠道；三是钱会渠道；四是农村合作基金会；五是集体经济组织；六是新兴的中国农业发展银行、村镇银行、小额贷款公司、农村资金互助社等机构。从全国看，私人借贷渠道仍是农户借贷的主渠道。

一　私人借贷渠道

（一）20世纪80年代私人借贷情况

改革开放后，在国家搞活农村经济政策的指引下，农户生产积极性高涨。农村专业户、个体户纷纷涌现。农户的借贷需求也被大大激发出来，但借贷对象仍是首选私人。

在无锡、保定农村调查调查点之一的无锡市胡埭镇马鞍村，1983 年实行家庭联产承包责任制，村民个人收入增加，农户手中普遍有了不少积蓄，一些人开始寻找投资机会，积极利用当地资源优势，发展个体运输，承包建筑工程。农户为满足生产投资或生活需要（如建房、结婚）的借贷活动迅速增加。这些运输户、建筑承包人急切需要资金，但信用社的贷款有限，很少贷给他们。于是他们就以高额利息为诱饵，向私人借款。开始时，利率只要略高于银行存款就能借到。1984 年以后，由于个体户发展迅速，资金需求量越来越大，利率也随之越来越高，有的年利率竟超过20%。至于以生活需要为目的的借贷，像建房、结婚、治病等，则仍然保持了以前不要利息的互助观念，但是这种借贷，一般还是只发生在亲朋好友之间，由于银行利率调高，借贷者自然要在归还本金之外，拿出更多的物质或感情回报给出借人。[①] 马鞍村私人借贷的活跃情况，正是 20 世纪 80年代农村私人借贷渠道借贷状况的反映。

1987 年，中国社会科学院经济研究所进行第三次无锡、保定农村调查时，对农户家庭借贷情况做了问卷调查。从数据库中 1921 个样本户汇总资料看，1987 年有 508 户农户借贷，户均借债 887.95 元（见表 8 - 1）。

表 8 - 1　1987 年无锡、保定农户借贷渠道

地区	指标	合计	银行借入	集体、个体金融组织借入	亲戚朋友等私人借入
无锡	借债额均值（元）	918.83	8	32.33	878.5
	借债额占比（%）	100	0.87	3.52	95.61
	借债户数（户）	185	2	13	170
	借债户占比（%）	100	1.08	7.03	91.89
保定	借债额均值（元）	857.07	237.45	48.12	571.5
	借债额占比（%）	100	27.70	5.61	66.69
	借债户（户）	323	33	19	271
	借债户占比（%）	100	10.22	5.88	83.90
无锡保定	借债额均值（元）	887.95	122.73	40.22	725
	借债额占比（%）	100	13.82	4.53	81.65
	借债户数（户）	508	35	32	441
	借债户占比（%）	100	6.89	6.30	86.81

资料来源：中国社会科学院经济研究所无锡保定农村调查数据库（1930~2010）中 1987 年调查数据汇总资料。

---

① 吴文勉、武力：《马鞍村的百年沧桑——中国村庄经济与社会变迁研究》，中国经济出版社，2006，第 185~186 页。

从农户借贷金额看，1987 年无锡农户户均从银行借入 8 元，从集体和个体金融组织借入 32.33 元，从亲戚朋友借入 866 元，从其他私人借入 12.5 元；保定农户户均从银行借入 237.45 元，从集体和个体金融组织借入 48.12 元，从亲戚朋友借入 430.9 元。调查表中，农户从银行的借款，包括从信用社的借款。由于个体金融组织尚不普遍，且存在一定的非法性，因此，农户从"集体、个体金融组织"借款，可以粗略地被看作从村集体、企业等组织借款。将农户借债渠道分为从银行、信用合作社等正规金融机构借款，从集体经济组织和企业借款和从私人借款三个部分，那么，无锡农户的借债金额来源结构就是：借自正规金融机构占 0.87%，借自集体经济组织和企业占 3.52%，借自私人占 95.61%。保定农户的借债来源结构就是：借自正规金融机构占 27.70%，借自集体经济组织和企业占 5.61%，借自私人占 66.69%。无锡、保定两地农户合起来看，借自正规金融机构占 13.82%，借自集体经济组织和企业占 4.53%，借自私人占 81.65%（见表 8 - 1）。

从借债户的借贷渠道的分布情况看，1987 年无锡农户从银行等正规金融机构借款的有 2 户，从集体、个体金融组织借款有的 13 户，从亲戚朋友等私人借款的有 170 户，从正规金融机构借款占 1.08%，从集体、个体金融组织借款占 7.03%，从亲戚朋友等私人借款占 91.89%。保定农户从银行等正规金融机构借款的有 33 户，从集体、个体金融组织借款的有 19 户，从亲戚朋友等私人借款的有 217 户，从正规金融机构借款占 10.22%，从集体、个体金融组织借款占 5.88%，从亲戚朋友等私人借款占 83.90%。总体上看，无锡、保定农户从银行等正规金融机构借款的有 35 户，从集体、个体金融组织借款的有 32 户，从亲戚朋友等私人借款的有 441 户，从正规金融机构借款占 6.89%，从集体、个体金融组织借款占 6.30%，从亲戚朋友等私人借款占 86.81%（见表 8 - 1）。

因此，1987 年无锡、保定农户借贷的主渠道是私人渠道。

以 1987 年前后其他学者的调查研究资料作参照，也可证明私人借贷是农户借贷的主渠道。如 1987 年四川省遂宁市对 103 户农户的调查，发生借贷的有72户，其中有69户是向亲戚好友借贷，占95.8%。①

（二）20世纪90年代私人借贷情况

1992年以后，随着建立社会主义市场经济体制目标的确立，农村经济改革走向深入，经济建设高潮再次兴起，农户资金需求猛增。

1998年，中国社会科学院经济研究所进行第四次无锡、保定农村调查时，农村改革已推进了20年，农村经济更为活跃，农户借贷规模有明显的扩张。特别是在1998年前后，农村开展第二轮土地承包，农户在生产方面的投入明显增长。

中国社会科学院经济研究所第四次无锡、保定调查资料表明，1997年无锡、保定3137个调查样本中，有383户发生借债，占被调查户的12.2%，借债总金额为5266310元，户均13750.2元（见表1-3）。

无锡11村1127户农户中，有123户向外借款，户均借款3635.23元，其中，从银行或信用社借入683.23元，从集体借入14.46元，从企业借入8.87元，从私人借入2928.66元。四个借债来源渠道占比是：从银行或信用社借入占18.97%，从集体借入占0.40%，从企业借入占0.24%，从私人借入占80.56%（见表8-2）。

表8-2　1997年无锡、保定农户借贷渠道

单位：户，元，%

地区	借债户	项目	借入总额	从银行或信用社借入	从集体借入	从企业借入	从私人手中借入
无锡	123	平均值	3635.23	683.23	14.46	8.87	2928.66
		标准差	26495.49	14178.95	476.68	297.88	18309.36
		占比	100	18.79	0.40	0.24	80.56
保定	260	平均值	1891.65	437.81	1.00	3.98	1448.86
		标准差	28077.14	10210.25	44.61	121.11	21033.83
		占比	100	23.15	0.05	0.21	76.59

---

① 何云丰：《遂宁市一百户民间借贷调查》，《四川金融》1988年第3期。

续表

地区	借债户	项目	借入总额	从银行或信用社借入	从集体借入	从企业借入	从私人手中借入
无锡、保定	383	占比	100	20.28	0.28	0.24	79.2

资料来源：中国社会科学院经济研究所无锡保定农村调查数据库（1930—2010）中1998年调查数据汇总资料。

保定11村2010户农户中，有260户向外借款，户均借款1891.65元，其中，从银行或信用社借入437.81元，从集体借入1.00元，从企业借入3.98元，从私人借入1448.86元。四个借债来源渠道占比是：从银行或信用社借入占23.15%，从集体借入占0.05%，从企业借入占0.21%，从私人借入占76.59%（见表8-2）。

无锡、保定农户借债金额情况总体看，从银行或信用社借入占20.28%，从集体借入占0.28%，从企业借入占0.24%，从私人借入占79.2%（见表8-2）。

1997年，无锡农户在不同借债渠道借债的分布情况如下：从银行或信用社借款的有3户，从集体借款的有2户，从企业借款的有1户，从私人借款的有121户。从银行或信用社借入占2.44%，从集体借入占1.63%，从企业借入占0.81%，从私人借入占98.37%（见表8-3）。

表8-3 1997年无锡、保定农村借债户借债渠道分布情况

单位：户，%

地区	调查户数	借债户		借贷渠道			
				银行、信用社	集体	企业	个人
无锡	1127	户数	123	3	2	1	121
		占比	100	2.44	1.63	0.81	98.37
保定	2010	户数	260	13	1	4	251
		占比	100	5.00	0.38	1.54	96.54
无锡保定	3137	户数	383	16	3	5	372
		占比	100	4.18	0.78	1.31	97.13

资料来源：中国社会科学院经济研究所无锡保定农村调查数据库（1930—2010）中1998年调查数据汇总资料。

1997 年，保定农户在不同借债渠道借债的分布情况是：从银行或信用社借款的有 13 户，从集体借款的有 1 户，从企业借款的有 4 户，从私人借款的有 251 户。从银行或信用社借入占 5.00%，从集体借入占 0.38%，从企业借入占 1.54%，从私人借入占 96.54%（见表 8 - 3）。

无锡、保定两个地区总体来看，农户从银行或信用社借入占 4.18%，从集体借入占 0.78%，从企业借入占 1.31%，从私人借入占 97.13%（见表 8 -3）。

因此，不论是从借贷金额在不同借贷渠道占比的情况看，还是从借债农户在不同借债渠道分布的情况看，1997 年无锡、保定农户借贷的主渠道仍是私人借贷。

不同收入水平的农户，借贷渠道表现出差异性。在无锡地区 1096 个有效样本中，32 户为很富裕户，他们的收入来源主要是工商业经营收入，借款一半来自银行、信用社，一半来自私人。260 户为富裕户，他们的借款中有 31.69% 来自银行、信用社，有 67.25% 来自私人。760 户为一般户，他们的借款中有 99.38% 来自私人。44 户为贫困户，他们的借款中有 99.85% 来自私人。从全部样本看，借款户的借款中有 80.56% 来自私人（见表 8 - 4）。令人瞩目的现象是，家庭收入越低，借贷渠道越是依靠私人。

1997 年保定地区调查的 1970 个有效样本中，62 户为很富裕户，他们的收入来源主要是工商业经营收入，借款全部来自私人。459 户为富裕户，他们的借款中有 8.25% 来自银行或信用社，有 91.01% 来自私人。1352 户为一般户，他们的借款中有 21.91% 来自银行或信用社，有 78.06% 来自私人。97 户为贫困户，他们的借款中有 59.03% 来自银行或信用社，有 40.97% 来自私人。从全部样本看，农户借款中有 17.30% 来自银行或信用社，有 82.34% 来自私人（见表 8 - 5）。与无锡相比，保定地区农村信用社对一般农户及贫困户的扶持较大。

（三）21 世纪以来私人借贷情况

进入 21 世纪后，中国政府加大了农村金融体系建设力度，按理说农户

表 8 - 4　1997 年无锡不同收入水平农户家庭借贷渠道与结构

单位：户、元、%

收入水平	样本数	统计量	借入		借自银行或信用社		借自集体		借自企业		借自个人	
			金额	占比	金额	占比	金额	占比	金额	占比	金额	占比
很富裕	32	平均值	7500	100	3750	50	0	0	0	0	3750	50
		标准差	25778.21	—	21213.2	—	0	—	0	—	15606.04	—
富裕	260	平均值	7821.15	100	2500.00	31.96	61.54	0.79	0	0	5259.62	67.25
		标准差	49866.19	—	28534	—	992.28	—	0	—	31008.45	—
一般	760	平均值	2139.21	100	0	0	0	0	13.16	0.62	2126.05	99.38
		标准差	11287.82	—	0	—	0	—	362.74	—	11284.47	—
贫困	44	平均值	4490.91	100	0	0	6.82	0.15	0	0	4484.09	99.85
		标准差	22588.86	—	0	—	45.23	—	0	—	22588.66	—
有效样本	1096	平均值	3738.05	100	702.55	18.79	14.87	0.40	9.12	0.24	3011.50	80.56
		标准差	26860.76	—	14377.78	—	483.37	—	302.06	—	18560	—

资料来源：中国社会科学院经济研究所无锡保定农村调查数据库（1930~2010）。

表8－5 1997年保定不同收入水平农户家庭借贷渠谱与结构

单位：户，元，%

收入水平	样本数	统计量	借入总额 金额	借入总额 占比	借自银行或信用社 金额	借自银行或信用社 占比	借自集体 金额	借自集体 占比	借自企业 金额	借自企业 占比	借自个人 金额	借自个人 占比
很富裕	62	平均值	427.42	100	0	0	0	0	0	0	427.42	100
		标准差	2589.14	—	0	—	0	—	0	—	2589.14	—
富裕	459	平均值	2799.15	100	230.94	8.25	4.36	0.16	16.34	0.58	2547.52	91.01
		标准差	33277.2	—	2614.84	—	93.35	—	252.18	—	33029.92	—
一般	1352	平均值	975.81	100	213.76	21.91	0	0	0.37	0.04	761.69	78.06
		标准差	7319.79	—	5633.73	—	0	—	13.6	—	4572.58	—
贫困	97	平均值	1484.54	100	876.29	59.03	0	0	0	0	608.25	40.97
		标准差	7521.93	—	6166.54	—	0	—	0	—	2246.56	—
有效样本	1970	平均值	1408.43	100	243.65	17.30	1.02	0.07	4.06	0.29	1159.7	82.34
		标准差	17260.35	—	5024.32	—	45.06	—	122.33	—	16405.98	—

资料来源：中国社会科学院经济研究所无锡保定农村调查数据库（1930~2010）。

表8-6 2010年清苑县2村农户平均融资金额与融资渠道的结构

单位：户，元，%

收入水平	样本数		合计		借自银行、信用社		借自村镇银行		借自私人				
									借自非亲友私人		借自亲友		
	户数	借贷	借贷金额	占比	借贷金额	占比	借贷金额	占比	借贷金额	占比	借贷金额	占比	小计
很富裕	28	5	22000	100	0	0	0	0	0	0	22000	100	100
富裕	48	10	46476.2	100	0	0	0	0	9333.3	20.08	37142.9	79.92	100
一般	110	42	88560.6	100	26666.7	30.11	30000	33.88	8000	9.03	23893.9	26.98	36.01
贫困	12	5	15333.3	100	10000	65.22	0	0	1000	6.52	4333.3	28.26	34.78
有效样本	198	62	172370.1	100	36666.7	21.27	30000	17.40	18333.3	10.64	87370.1	50.69	61.32

注：很富裕家庭人均年收入在10万元和51万元之间，富裕家庭人均年收入在5万元和10万元之间，一般家庭人均年收入在5500元和5万元之间，贫困家庭人均年收入在5500元以下；有效样本数198户，小于调查样本数。

资料来源：中国社会科学院经济研究所无锡保定农村调查数据库（1930～2010）。

应该获得更多的正规金融机构的服务。然而，2011 年，中国社会科学院经济研究所课题组在对清苑县 2 村 201 户农户进行调查，发现农户借贷主渠道仍然是私人。

在清苑县被调查农户的 201 个样本中，有 62 户农户发生借贷，负债总额为 1470500 元，户均 23718 元。其中，农户借自非亲友私人的债务为 69000 元，户均 1112.9 元，占全部负债的 4.7%；借自亲友的债务为 1281500 元，户均 20669.4 元，占全部负债的 87.2%。农户借自非亲友私人最多的 1 户为 12000 元，最少的 1 户为 1000 元；借自亲友最多的 1 户为 100000 元，最少的 1 户为 1000 元。① 这一情况表明，保定农户融资的主要渠道仍是私人，从私人手里借到的债务占到全部负债的 91.8%。

不过，不同收入水平的农户，融资渠道呈现不同的结构（见表 8-6）。很富裕、富裕的农户，借贷全部来自私人渠道，特别是很富裕的家庭，借贷全部来自亲友，富裕家庭向亲友的借贷也几乎占到 80%。一般农户借贷渠道表现出多样化特色，来自私人的借款约占负债额的 36%（其中亲友借款约占 27%）。贫困家庭借贷来源结构不同于前三类家庭，来自私人的借款占负债额的 35% 弱（其中来自亲友的借贷，占 28% 强）。总体而言，私人借款是农户借贷的主渠道，占其借款的 61.32%（其中亲友借款占 50.69%）。

此外，中国人民银行 2007 年在全国 10 省份 263 个县 2004 个村对 20040 户农户借贷情况的调查结果，也说明亲戚朋友是农户获得借款的主渠道。在总样本中，农户第 1 笔借款借自亲朋好友的比例为 65.7%，第 2 笔到第 4 笔借自亲朋好友的比例更是稳步提高，分别为 79.5%、81.1% 和 81.1%（见表 8-7）。

表 8-7　吉林省等 10 省份样本农户中借款农户前 4 笔借款来源分布情况

单位：%

省份	第1笔		第2笔		第3笔		第4笔	
	信用社	亲朋好友	信用社	亲朋好友	信用社	亲朋好友	信用社	亲朋好友
内蒙古	50.3	44.2	14.7	73.6	12.8	76.9	11.8	76.5

---

① 资料来源于中国社会科学院经济研究所无锡保定农村调查数据库（1930～2010）。

续表

省份	第1笔		第2笔		第3笔		第4笔	
	信用社	亲朋好友	信用社	亲朋好友	信用社	亲朋好友	信用社	亲朋好友
吉林	56.3	42.1	19.3	78.4	18.6	80.5	14	86
江苏	27.9	63.9	15.7	66.4	7.9	81.6	5	85
安徽	21.4	72.1	8.5	81.6	5.5	81.8	10.5	78.9
福建	28.6	63.6	12.6	78.3	10.6	77.3	4	80
河南	15.1	81.3	10.4	84.2	10.9	78.2	9.1	77.3
湖南	17.0	78.2	6.4	89.3	4.6	91.7	3.6	89.3
四川	25.9	72.8	17	80.1	16.3	74.4	14.8	74.1
贵州	35.7	63	19.4	78.4	13.8	85.1	14.3	83.7
宁夏	38.7	58.3	21.7	74.8	9.6	87.8	5.8	94.2
总样本	30.1	65.7	13.3	79.5	10.6	81.1	9.4	81.1

资料来源：中国人民银行农户借贷情况问卷调查分析小组编《农户借贷情况问卷调查分析报告》，经济科学出版社，2009，第89页。

　　农户通过非正规金融渠道借贷时，向亲戚朋友等私人借钱常常是首选。中国人民银行2007年对吉林省等10省份农户的调查显示，通过亲戚朋友借贷的比例高达94.60%，通过工商业主借钱的占比为1.44%（见表8-8）。

表8-8　吉林省等10省份样本农户中非正规金融借贷渠道结构

非正规金融形式	笔数	占总笔数的比例（%）
合会	27	0.39
其他金融会	10	0.14
亲戚朋友	6629	94.61
乡村干部	41	0.59
工商业主	101	1.44
国际项目	5	0.07
其他	194	2.77
合计	7007	100.00

资料来源：中国人民银行农户借贷情况问卷调查分析小组编《农户借贷情况问卷调查分析报告》，经济科学出版社，2009年，第135页。

农户通过非正规金融渠道借债，多为满足生活性需要及临时的生产需要。农户从非正规金融渠道借贷，虽然有一定的季节性，如每年三四月份借贷发生率最高，但总体上看，季节集中度并不是很强（见表8-9）。

表8-9 吉林省等10省份样本农户中非正规金融借贷发生时间分布及比重

月份	借入笔数（笔）	各月份占总笔数（%）	平均单笔金额（元）
1	473	6.75	5277.6
2	579	8.27	5009.1
3	912	13.02	4907.1
4	756	10.8	4277.8
5	661	9.44	4610.2
6	574	8.2	4302.5
7	516	7.37	4698.7
8	633	9.04	4790.4
9	650	9.28	4694
10	565	8.07	4966.3
11	315	4.5	6098.5
12	369	5.27	5284.8
合计	7007	100	4826.4

资料来源：中国人民银行农户借贷情况问卷调查分析小组编《农户借贷情况问卷调查分析报告》，经济科学出版社，2009，第142页。

二 正规金融机构渠道

（一）农村信用合作社渠道

从1982年开始，信用社改革启动，以恢复信用社组织上的群众性、管理上的民主性、经营上的灵活性（即"三性"）。经过曲折发展，1996年底农村信用社与中国农业银行基本上脱离行政隶属关系。在深化改革进程中，2004年8月国务院决定把原有的3万多家农村信用社法人机构，逐渐改成农村商业银行、农村合作银行和农村信用社三种不同形式的法人机构。农村信用社的改革与"一农（农村信用合作社）支三农（农村、农民、农业）"同步推进。

改革开放后，农村信用社的业务重点再次从农户层面移开。人民公社体制废除后，农村信用社的集体经济贷款所占比例迅速下降，与此同时，对乡镇企业的贷款比例大幅度增加。乡镇企业成为农村信用社的主要贷款客户，获得的贷款越来越多，占农村信用社信贷总额的比例超过一半，甚至达到 2/3。而农村信用社对农户的贷款却不增反减。1984 年农户贷款占比为51.1%，此后一直下降，到 1993 年只占 28.01%（见表 6 - 9 和图 8 - 1）。

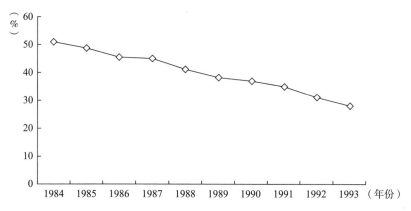

图 8 - 1　1984～1993 年农村信用合作社农户贷款所占比例

资料来源：表 6 - 9。

中国人民银行 2007 年对全国 10 省份农户借贷情况的调查资料表明，在总样本中，农户第 1 笔借款借自农村信用社的比例为 30.1%。但是，农户从信用社获得连续贷款的机会较少，在第 2 笔到第 4 笔借款中，来自农村信用社的比例连续下降，分别为 13.3%、10.6% 和 9.4%（见表 8 - 7）。

（二）中国农业银行渠道

改革开放后，中国农业银行业务的发展趋势则是"离农返工""离农返商""离农回城"。

1979 年中国农业银行恢复建制后，重点支持农村社队发展商品生产，发展工业与商业服务业。

第一，发放农村工业贷款。为推动社队兴办小水电，1979 年 5 月，中国农业银行总行发出《关于加强社队小水电贷款工作的意见》，统筹安排建设小水电站贷款。1979 年 11 月，中国农业银行制定了《农村社队企业贷款试行办法》，支持社队企业发展。1980 年 3 月，为推动农村商办工业和集镇、集体工商业的技术进步，中国农业银行开办了中短期设备贷款。

第二，发放农业生产贷款。1979 年 8 月，中国农业银行总行发出了《关于加强农机专项无息贷款管理的通知》，提出将农机专项无息贷款重点用于进行农业机械化试点的县、社、队，同时兼顾其他购置农机有困难的社队。1980 年 3 月，中国农业银行加大了对社队发放商品生产贷款的力度，发出了《关于增拨扶持社队商品生产贷款指标的通知》。1980 年 5 月，中国农业银行为支持渔业生产，制定了《社队渔贷试行办法》。

第三，发放农村商业贷款。为支持社队发展商业流通企业，1980 年 5 月，中国农业银行颁发了《关于社队企业供销公司贷款的试行意见》和《关于农村集镇集体商业企业、合作店（组）贷款的试行意见》。

1984 年，中国恢复乡镇政府体制，全面推行家庭联产承包责任制，农村经济出现巨大的变化。中国农业银行调整信贷种类与信贷投向。

第一，加大农业生产方面的贷款。家庭联产承包责任制推广后，农村出现了承包户、专业户。中国农业银行给予承包户、专业户信贷支持。1983 年，中国农业银行第四次全国分行行长会议提出，要在资金上积极支持承包户、专业户发展生产。1983 年中国农业银行发出《关于加强畜牧业信贷工作的通知》，向畜牧业生产提供信贷。中国农业银行 1985 年发出《关于放宽政策，加速发展水产的指示》，旨在增加渔业信贷。中国农业银行给予林业建设信贷支持，自 1983 年起，中国农业银行要求各级行积极支持林业建设。为增加农业生产的后劲，中国农业银行开办了农村农田水利建设贷款。为支持农牧渔业的发展，1987 年起中国农业银行推出了"丰收计划"贷款。为了促进粮棉集中产区产业结构的调整，中国农业银行开办了粮棉转产贷款。

第二，举办农业开发性贷款，支持开发利用农业资源。1983 年，中国农业银行试办开发性贷款，贷款主要用于农、林、牧、副、渔资源的开发和培育，支持生产周期较长、分年投资以形成长期稳定生产能力的种植业、养殖业等中小型生产建设项目。贷款对象主要是实行联产承包责任制的专业队、专业组和专业户。开发性贷款利率较低，贷款期限可以长达10年。1988年8月23日，中国农业银行总行发布了《中国农业银行土地治理与开发贷款管理办法》，发放土地治理与开发贷款。

第三，举办乡镇企业贷款。1982年，中国农业银行总行发出了《关于加强社队企业信贷工作的几点意见》，支持社队企业生产符合市场需要且为城市、为农村和为外贸出口服务的产品。1985年12月，中国农业银行总行颁布《中国农业银行乡村工业贷款暂行办法》，办理乡村工业贷款。1987年3月，中国农业银行总行印发了《中国农业银行关于改进信贷服务，加强信贷监督，支持农村工业稳定协调发展的若干规定》，首次提出在信贷支持乡镇企业发展上，要正确处理好长远与近期、速度与效益、需要与可能、支持与管理之间的关系。[1]

第四，办理个体工商户、私营企业贷款。中国农业银行于1988年重新颁发了《中国农业银行个体工商户、私营企业贷款管理试行办法》，支持个体工商户、私营企业的发展。

第五，开办农副产品储备贷款。从1986年开始，中国农业银行增加了国家主要农副产品储备贷款。

第六，发放扶持贫困地区的优惠信贷。从1985年起到1990年，除中国人民银行拨给一部分扶贫低息贷款外，中国农业银行总行每年安排3亿元贷款，重点用于帮助贫困地区改变面貌。1988年7月，中国农业银行总行发出了《关于支持经济实体开展扶贫工作的通知》，要求各地支持经济实体扶贫。

第七，开办"菜篮子"工程贷款。1988年中国农业银行总行发出了《关于发放大中型城市副食品基地贷款的通知》，专项贷款重点用于京、津、沪、各省省会和自治区首府以及计划单列市的副食品基地建设。

---

[1] 伍成基主编《中国农业银行史》，经济科学出版社，2000，第206页。

第八，发放农业生产资料专营贷款。1990 年 6 月，中国农业银行总行下发了《关于加强农业生产资料专营信贷管理的意见》，支持农业生产资料生产。

上述中国农业银行的信贷业务，仅仅有很少的几个涉及农户，对于满足农户借贷需求而言，只是杯水车薪。特别是自中国农业银行商业化改革后，农户很少能从农行得到贷款。

从第三次无锡、保定农村调查资料看，在 1987 年的 198 户农户借贷中，共借贷 2784294 元，其中，借自银行 110175 元，占全部负债的 4.0%。从家庭借贷看，向银行借钱最多的 1 户借了 24000 元，借钱最少的 1 户借了 75 元。①

第四次无锡、保定农村调查资料表明，1997 年保定 11 村 2010 户农户中有 260 户向外借款。从各个借贷渠道的债务情况看，农户借自银行、信用社的债务户均 437.81 元，占全部负债的 23.14%。农户借自银行、信用社最多的 1 户为 400000 元，最少的 1 户为 4000 元。②。

1998 年调查资料还表明，不同收入水平的农户，借贷渠道表现出差异性。在保定市 1970 个样本中，62 户很富裕户没有来自银行的借款，495 户为富裕户借款中有 8.25% 来自银行或信用社，1352 户一般户借款中有 21.91% 来自银行或信用社，97 户贫困户借款中有 59.03% 来自银行或信用社；从全部样本看，农户借款中有 17.30% 来自银行或信用社（见表 8－5）。

中国社会科学院经济研究所课题组对清苑县 201 户农户 2010 年借贷情况的调查数据表明，在 62 户负债农户中，农户借自国家银行、信用社的债务为 90000 元，户均 1451.6 元，占全部负债的 6.1%；借自村镇银行的有 1 户，债务为 30000 元，占全部负债的 2%。农户借自国家银行、信用社最多的 1 户为 30000 元，最少的 1 户为 10000 元。③

---

① 资料来源于中国社会科学院经济研究所无锡保定农村调查数据库（1930～2010）。对于这一农户从银行得到 75 元贷款这一数字有疑问，但因没有原始资料，暂存疑。
② 资料来源于中国社会科学院经济研究所无锡保定农村调查数据库（1930～2010）。
③ 资料来源于中国社会科学院经济研究所无锡保定农村调查数据库（1930～2010）。

（三）中国农业发展银行渠道

为完善我国农村金融服务体系，更好地贯彻落实国家产业政策和区域发展政策，促进农业和农村经济的进一步发展，国务院于 1994 年 4 月 19 日发出《关于组建中国农业发展银行的通知》，批准了中国农业发展银行章程和组建方案。1994 年 11 月 18 日，中国农业发展银行正式挂牌运营，与国家开发银行、中国进出口银行组成了国家政策性银行体系。

中国农业发展银行建立初期，定位于全方位的"支农"银行，但其主要客户群体并非普通农户，对农户的贷款业务也很少。1994 年中国农业发展银行成立时，国家赋予的主要任务是：按照国家的法律、法规和方针、政策，以国家信用为基础，筹集农业政策性信贷资金，承担国家规定的农业政策性金融业务，代理财政性支农资金的拨付，为农业和农村经济发展服务。当时，国家为中国农业发展银行划定的主要业务范围是：办理粮、棉、油、猪肉、食糖等主要农副产品的国家专项储备贷款；办理粮、棉、油等主要农副产品的收购、调销、加工贷款；办理业务范围内开户企事业单位的存款和结算，发行金融债券，办理境外筹资。[①] 1998 年 3 月后，中国农业发展银行成为"专司收购资金封闭管理"的金融机构。

2004 年国务院第 57 次常务会议启动了中国农业发展银行的改革。中国农业发展银行业务范围由原来的以粮食流通为主，逐步向生产、加工和转化等整个粮食产业链条延伸，逐步形成以粮棉油收购贷款业务为主体，以农业产业化经营和农业农村中长期贷款业务为两翼，以中间业务为补充的多方位、宽领域的支农格局。

近年来，中国农业发展银行也开始向养殖户发放贷款。但是，中国农业发展银行的"一体两翼"业务，服务的重点是农村龙头企业，对普通农户的金融服务仍然不到位。

---

① 尚明主编《新中国金融五十年》，中国财政经济出版社，1999，第 149 页。

三　钱会借贷渠道

（一）钱会的兴起

钱会创办的初衷是成为互助式金融组织，但在发展过程中，一些蜕变为高利贷组织。无锡、保定农村调查之地的保定地区，历史上钱会组织较少，改革开放以来也不活跃；无锡地区近代虽有钱会组织，但改革开放后也不活跃。而在浙江省、福建省等地，改革开放后，钱会组织此起彼伏，20 世纪 80 年代以来，浙江、福建还出现了会员上百人、资金上千万元的标会。① 某些地方如浙江乐清，还因非法经营，利率攀升，造成倒会，影响地方的金融秩序与经济发展。此处，笔者引用浙江钱会案例，以点代面，勾画散布于农村的钱会借贷渠道。

据邓英淘等人对 20 世纪 90 年代初期农村民间借贷情况的调查，钱会（也称"合会"）是借贷的重要渠道。合会原是民间的一种互助性资金轮流使用的集储蓄与信贷于一体的团体。一般由发起人（称为"会首"）聚请若干人（称为"会脚"），每隔一定时期举会一次，每次聚集一定的资金，由会员轮流使用。第一次会款由会首使用，以后按一定的规则决定会脚使用资金的次序。以事先固定好次序使用资金的，称为"轮会"；以按摇骰方式决定资金使用次序的，称为"摇会"；以投标竞争决定资金使用次序的，称为"标会"。通常每会十多人参加，每隔一个月或半年举会一次。所收会款从千元至万元，甚至几十万元。安排在头几期的会员一般为资金需求者，这些人付出的会款比收到的款多。据浙江乐清县的情况调查，参加合会后几期收款的多为城镇居民，他们为了获取利息或为筹资盖房而入会，而头几会的会员则多为个体生产经营者。②

刘民权等 2002 年 8 月在浙江省台州市三门县下道村调研钱会发展情况时，发现 200 家农户中，有 171 户在 2001 年至少参加了一个互助会，参与

---

① 刘民权主编《中国农村金融市场研究》，中国人民大学出版社，2006，第 236 页。
② 邓英淘、刘建进、张一民：《中国农村的民间借贷》，《战略与管理》1993 年第 11 期。

率达 85.5%，最多的一户同时参加了 6 个不同的互助会，平均每个入会家庭参加了 2.29 个互助会，200 户农户平均参加了 1.96 个互助会。当地运行最长的互助会有 17 期，历时 8 年。最短的 10 期，历时 4.5 年。规模最大的互助会每期筹集资金达 10 万元，最小的只有 5000 元。2 万元规模的会在当地最为普遍，其次是 1 万元和 3 万元的会。171 家入会农户投入互助会的金额约 1115600 元，当年共有 62 家农户得到互助会资金 1117500 元，这可被看作 62 家农户得到的贷款。①

据冯兴元的调查，2004 年前后，宁波地区 M 县城关镇 Q 村（原为一集镇的所在地），存在着至少 40~50 个名目繁多的合会。②

宁波地区 M 县与邻近的台州及温州，以及福建和广东的许多地方一样，合会历史悠久。M 县的合会也称摇会、标会、帮会、兜会、互助会等。发起者旧时称为"会首"，现在称作"会头"。一般来说，会头均为当地享有好名声的人，或者家庭经济条件较好的人。参加者称为"会脚"。在正常情况下，合会的会首和成员彼此之间一般相识，存在着密切的人缘、地缘和血缘纽带。也有通过亲友邻里介绍入会的情况。信任是建立合会的基础。解放初，有些小商店也发起或加入，以解决临时资金困难。改革开放后，随着民营经济活动增多，钱会日益盛行。20 世纪 80 年代末，M 县的标会发展势头强劲，1991 年达到高峰。1991 年 5 月，该县城关镇 212 户居民问卷调查结果显示，参加标会的有 178 户，占 84%；共有会脚 374 脚，户均 176 脚，平均每脚会金 53.5 元，每月每户需支付会金 94.16 元。那时 M 县"标会"的会金急剧膨胀。一个会大多二三十脚，多的达三四十脚以上。一脚会金已由 20 元、50 元，上升到 100 元、300 元，甚至上千元。城关有一个体驾驶员组织的会，有 20 脚，每脚会金 5000 元，会头共计筹集会金 10 万元，且当月入会，当月开标，每脚就得支付会金 10000 元。一个村有一个村民组织的会，会金竟达 24 万元。有的会主一年会金累

① 刘民权主编《中国农村金融市场研究》，中国人民大学出版社，2006，第 284 页。
② 何广文、冯兴元、郭沛等：《中国农村金融发展与制度变迁》，中国财政经济出版社，2005，第 287 页。

计发生额可达上百万元。M 县 1991 年"标会"的会息越来越高，已从过去的 1 分半、2 分，上升到 1991 年的 2 分半、3 分，甚至 5 分以上。会金投向总体上是由城市流向农村。有用于生产性投资的，如打造渔船及作为乡镇企业及个体企业的流动资金等；有用于生活消费的，如建私房、子女结婚等；也有相当大的部分是用来以会养会，而且这部分资金所占的比重与日俱增；还有不少会金被用来赌博。① 1991 年最终出现了倒会风波。

民间钱会在农户借贷渠道中占有一席之地。据 2007 年中国人民银行对吉林等 10 省份农户借贷情况的调查，在农户非正规金融借贷渠道中，从合会借钱的有 27 笔，占总笔数的 0.39%；通过其他金融会借钱的有 10 笔，占总笔数的 0.14%，二者合计占借款总笔数 0.53%（见表 8-8）。

（二）钱会组织形式——定息合会

在定息合会中，当期收到会钱的成员需要支付一笔事先约定的固定利息。表 8-10 为 M 县某镇一个定息合会的基本情况。该会 2004 年 3 月 10 日起会，休会日期为 2006 年 9 月 10 日。其具体名称为"帮会"。该会会头为一家私人企业的老板娘，该家庭在当地享有较好的名声，属于信得过的家庭。会脚都是同镇的邻里、亲友或者同单位员工。多数会员将通过合会的融资用于生产和经营，少数会员将之用于消费，也有的会员纯粹希望通过合会赚取利息。

（三）钱会组织形式——标会

标会就是用投标方式决定得会顺序，首期会款一般由会头所得，以后各期由会脚投标决定得会者。投标标的是成员想从其他参与投标成员那里得到的资金数额，数额最小（相当于付出的利息最高）的可以得会。已经得会的成员在未来每期缴纳等量数额的资金即可。表 8-11 是刘民权等调查的某一标会会单情况。

---

① 何广文、冯兴元、郭沛等：《中国农村金融发展与制度变迁》，中国财政经济出版社，2005，第 297 页。

表 8 - 10　浙江省宁波 M 县定息合会 "帮会" 组织运作基本情况

期次	姓名	年龄（岁）	与会首关系	收会日期	本金收入（元）	利息收入（元）	本息收入合计（元）	收会期后下一期每期固定付息（元）	支付利息合计（元）	年净收益率（%）	用途
0 会头	国叶（会首）	41	本人	2004.3.10	30000	0	30000	0			购买生产原料
1	阿琴	36	邻里	2004.5.10	30000	0	30000	150	2100	-2.8	偿还养殖借款
2	能娟	37	邻里	2004.7.10	30000	150	30150	150	1950	-2.4	偿还养殖借款
3	亚萍	43	邻里	2004.9.10	30000	300	30300	150	1800	-2.0	盖房、孩子上学
4	美绒	36	邻里	2004.11.10	30000	450	30450	150	1650	-1.6	孩子上学
5	叶娟	28	邻里	2005.1.10	30000	600	30600	150	1500	-1.2	美容店添设备
6	昊聪	35	邻里	2005.3.10	30000	750	30750	150	1350	-0.8	投资海塘
7	姣玲	32	邻里	2005.5.10	30000	900	30900	150	1200	-0.4	偿还购工程借款
8	建峰	27	丈夫表弟	2005.7.10	30000	1050	31050	150	1050	0	结婚
9	江芬	34	邻里	2005.9.10	30000	1200	31200	150	900	0.4	开店
10	金莲	39	邻里	2005.11.10	30000	1350	31350	150	750	0.8	偿还买运输工具款
11	云仙	45	邻里	2006.1.10	30000	1500	31500	150	600	1.2	做买卖
12	姣玲	32	邻里	2006.3.10	30000	1650	31650	150	450	1.6	偿还购工程借款
13	昊洁	22	邻里	2006.5.10	30000	1800	31800	150	300	2.0	赚利息
14	冬莲	43	邻里	2006.7.10	30000	1950	31950	150	150	2.4	做买卖
15	亚娟	36	邻里	2006.9.10	30000	2100	32100	0	0	2.8	做买卖

资料来源：何广文、冯兴元、郭沛等《中国农村金融发展与制度变迁》，中国财政经济出版社，2005，第 291 页。

表 8-11　某标会会单

时间	期数	最低标额	得会金额	应会总金额
1999.6	会头	3000	30000	30000
1999.12	1	1800	19200	30000
2000.6	2	1600	18800	28800
2000.12	3	1900	22300	27400
2001.6	4	1800	22800	26300
2001.12	5	1700	23500	25100
2002.6	6	1700	24800	23800
2002.12	7	1600	25800	22500
2003.6	8	1400	26800	21100
2003.12	9	1100	28100	18700
2004.6	10	1100	30000	16800

资料来源：刘民权主编《中国农村金融市场研究》，中国人民大学出版社，2006，第238页。

表 8-11 所示是某标会结束后的记录。会头收到会款后，一期须支付 3000 元，其余会员应得款和应支付款由投标决定。如第一轮会员 A 标的最低，表明他只要其他 9 名会员每人付他 1800 元，会头付给 3000 元，会员 A 得会后不再参与投标。第二轮会员 B 只要其他 8 名会员每人付给他 1600 元，会头和 A 每人付他 3000 元。直到倒数第二轮。最后一轮标数是倒数第二轮标数。会头应会总额为 3000×10 = 30000 元。其他会员应会总金额是：3000×剩余参加投标会员数 + 支付给已得标会员的总金额（元）。

再以冯兴元调查的另一标会情况说明其运作流程。这一标会名为"互助会"，成立于 2000 年 9 月 25 日，结束于 2002 年 5 月 25 日，共 21 人参会。"互助会"会首和会员起会和入会目的均为生产性融资。会首和会员之间为亲友熟人关系。每期标会开标，由出利最高者中标。会员融资金额及利息支出如表 8-12 所示。

表 8-12　浙江省宁波 M 县某互助会运作基本情况

期次	姓名	年龄（岁）	与会首关系	本金收入（元）	利息收入（元）	本息合计（元）	中标利息（元）	合计利息支出（元）	年简单净收益率（％）	用途
0（会头）	尤冬根（会首）	56	本人	20000						做买卖

续表

期次	姓名	年龄（岁）	与会首关系	本金收入（元）	利息收入（元）	本息合计（元）	中标利息（元）	合计利息支出（元）	年简单净收益率（%）	用途
1	明春	38	外甥女	20000	0	20000	155	2945	-8.84	偿还购运输船借款
2	校绒	42	朋友	20000	155	20155	162	2916	-8.28	做买卖
3	银彩	40	熟人	20000	317	20317	165	2805	-7.46	做买卖
4	明春	38	外甥女	20000	482	20482	158	2528	-6.14	偿还购运输船借款
5	春亚	38	熟人	20000	640	20640	168	2520	-5.64	照相馆买设备
6	爱飞	46	熟人	20000	808	20808	172	2450	-4.93	做买卖
7	娟芬	47	弟妹	20000	983	20983	175	2236	-3.76	办工厂
8	明春	38	外甥女	20000	1155	21155	178	2136	-2.94	偿还购运输船借款
9	慧珍	44	熟人	20000	1333	21333	172	1892	-1.68	做买卖
10	兴奎	39	熟人	20000	1505	21505	168	1680	-0.53	工厂进货
11	明春	38	外甥女	20000	1673	21673	170	1530	0.43	偿还购运输船借款
12	伟娟	40	弟妹	20000	1843	21843	172	1376	1.4	工厂进货
13	校绒	42	朋友	20000	2015	22015	178	1246	2.31	做买卖
14	明春	38	外甥女	20000	2193	22193	165	990	3.61	偿还购运输船借款
15	利妹	42	熟人	20000	2358	22358	162	810	4.64	做买卖
16	冬莲	43	熟人	20000	2520	22520	140	560	5.88	做买卖
17	文素	51	朋友	20000	2660	22660	118	354	6.92	做买卖
18	芬	52	朋友	20000	2778	22778	50	100	8.03	做买卖
19	薛剑	32	女儿	20000	2828	22828	0	0	8.48	还购置出租车借款

续表

期次	姓名	年龄（岁）	与会首关系	本金收入（元）	利息收入（元）	本息合计（元）	中标利息（元）	合计利息支出（元）	年简单净收益率（%）	用途
20	明春	38	外甥女	20000	2828	22828	0	0	8.48	偿还购运输船借款

资料来源：何广文、冯兴元、郭沛等《中国农村金融发展与制度变迁》，中国财政经济出版社，2005，第294页。

（四）钱会的组织形式——摇会

摇会首期会款一般由会头所得。此后各会以抽签方式决定摇骰子次序，再依次摇骰子，点数多者得会，如最高点数相同，先掷到最高点者得会。先得到会款者，一般需付出一定的利息，利息归未来得会者所有。如会员因故需要变动顺序，可缴纳一定款项与他人交换，称为"买会"。据刘民权的调查，某一摇会运作顺序如表8-13所示。

表8-13　某摇会会单

会期	得会日期（古历）	得会金额（元）	得会者签名
会头	2000年12月16日	30000	
第一期	2001年6月16日	30000	
第二期	2001年12月16日	31500	
第三期	2002年6月16日	33000	
第四期	2002年12月16日	34500	
第五期	2003年6月16日	36000	
第六期	2003年12月16日	37500	
第七期	2004年6月16日	39000	
第八期	2004年12月16日	40500	
第九期	2005年6月16日	42000	
第十期	2005年12月16日	43500	

资料来源：刘民权主编《中国农村金融市场研究》，中国人民大学出版社，2006，第237页。

这一摇会会约如下。（1）本会以摇会形式应会，每次以抓阄方式决定摇会顺序。得会办法：摇到点数最高的会员得会，如最高点数相同，最先摇得最高点数者得会。（2）本会每年应会两期。定于2000年古历（即阴历——引者注）12月16日收齐会头款，以后摇会日期定于古历6月16日和12月16日，如遇闰月，按前个月应会。（3）本会会头每期应会款项为3000元，没有得会会员每期应会款额3000元，会员得会后每期应会款为4500元。（4）卖会基数为1500元。（5）本会摇会日下午一点半在会头家摇会，未得会会员超过规定时间未参加摇会的，取消此次摇会资格。逾期不交会款者，每晚交一天罚款200元。（6）会员未经会头同意，不得任意顶会或退会，如有违规现象一切由会头负责。[1]

（五）钱会组织形式——座会

据刘民权等人在浙江台州的调查，当地流行一种座会。资金分配顺序由会头和会员在组建会时商定，一般不会变动。如果有成员因特殊情况需要调整，则需要买会。先得会款的成员需要支付一定的利息，一般不超过一分（月利率1%）。表8-14为该座会会单。

表8-14　浙江台州某座会会单

次序	姓名	应会金额	得会金额	得会时间	得会者签名
会头	A	2000	20000	2000.3.8	
1	B	2900	22000	2000.9.18	
2	C	2700	22000	2001.3.18	
3	D	2500	22000	2001.9.18	
4	E	2300	22000	2002.3.18	
5	F	2100	22000	2002.9.18	
6	G	1900	22000	2003.3.18	
7	H	1700	22000	2003.9.18	
8	I	1500	22000	2004.3.18	
9	J	1300	22000	2004.9.18	
10	K	1100	22000	2005.3.18	

资料来源：刘民权主编《中国农村金融市场研究》，中国人民大学出版社，2006，第240页。

---

[1]　刘民权主编《中国农村金融市场研究》，中国人民大学出版社，2006，第237页。

这一座会会约为：（1）本会连会头共 11 期，每年古历 3 月 18 与 9 月 18 日各一期，闰月以第一个月为准；（2）会头负责收齐会款，于得会日交给得会者；（3）会友应按时交款，每迟一天罚款 200 元，交不出会金者以家产作抵。

（六）金融诈骗性质的"抬会"

1985 年下半年，浙江省乐清县少数大的钱会会主发起了"抬会"，以超高利率挑逗某些人的发财欲，很快蔓延起来。

"抬会"的主要方式是：会员一次交给会主会金 3.08 万元，从第二个月开始，会主每月付给会员 9000 元，连续付 10 个月，计 9 万元。从第 11 个月开始，会员每个月再返还会主 1500 元，连续付 90 个月，计 13.5 万元。它诱人的地方在于第一阶段，会员们从第一个月交付会金 3.08 万元，就可以等待着以后 10 个月 9 万元的收入；至于第二阶段漫长的 90 个月如何渡过，人们就不多加思考了。在这种超高利率诱惑下，人们东奔西跑，为筹集第一个月的会金而忙碌。于是会连会、会套会，通过会来筹集资金，社会各阶层人们都被卷入"抬会"。乐清县会主发展到 1346 个，收入会款累计达 7 亿多元，全县有 1/4 的人参加了"抬会"，有的地方入会的高达 90% 以上。社会上的大量资金在会与会间流转，脱离了生产和流通，不少人停止了生产和经营，把资金投入"抬会"以图赚钱。

"抬会"是中国农村特殊形式的"虚拟资本"和金融投机形式，资金价格被无限地哄抬上去，"抬会"本身又可以买卖，这就注定了它必然崩溃的命运。1985 年底"抬会"达到高峰，波及温州市及邻近 11 个县。个别大会主拐现金潜逃，"抬会链"断裂而"倒会"。"抬会"的崩溃造成社会政治经济混乱，给参会者造成严重的损失。[①]

四　农村合作基金会借贷渠道

20 世纪 80～90 年代，农村合作基金会也是农户借贷的渠道之一。

[①]　以上乐清"抬会"资料参见《当代中国的信用合作》，当代中国出版社、湖南电子音像出版社，1999，第 445 页。

农村合作基金会兴起于 1984 年。20 世纪 80 年代初期，随着农村家庭联产承包责任制的推行，人民公社体制的废除，产生了如何处理与运营农村基层组织集体财物的问题。一些地方为管理与经营乡村集体资产，成立了合作基金会。

成立之初，农村合作基金会是由乡村集体经济组织和农户按照自愿互利、有偿使用的原则建立起来的社区互助金融组织。资金来源以集体资金为主，并吸收农户以资金入股。农村合作基金会储户存款时间长，贷款利率比信用社低，贷款对象主要是村内或乡内的农户，额度较小。1992 年末，全国乡镇一级建立的农村合作基金会已达 1.74 万个，村一级建立的农村合作基金会达 11.25 万个，分别占乡镇总数的 36.7% 和村总数的 15.4%，共筹集资金 164.9 亿元。①

1992 年后，农村合作基金会出现变异。不少地方的农村合作基金会在发展中，吸收的个人股金迅速增长，在分红时个人股金比集体股金多。1994 年开始，农村合作基金会尝试绕过政府的金融监管政策，以代管金的名义吸收短期存款，然后向乡镇企业提供大额贷款。农村合作基金会存款及贷款的利率均高于农村信用社。这不仅改变了合作基金会的性质，也增加了潜在的金融风险。1997 年，在农村合作基金会发展到最高峰时，为应对亚洲金融危机，有关部门清理整顿、关闭合并了农村合作基金会。②

无锡、保定农村调查调查点无锡市胡埭镇也兴办过类似农村合作基金会的金融组织。20 世纪 80 年代初期，苏南乡镇企业兴起时，社会"集资"风行一时，不但企业搞、供销社搞，连政府机构也参与其中。胡埭镇经营管理办公室成立了"胡埭镇农经公司"，以 15% 的年利率吸收社会闲散资金，再以 20% 的年利率借给企业。运营过程中，经营好的企业还能按时还本付息，而经营不好的企业不仅不能按时还本付息，甚至本金也归还不了，更有甚者，一些企业在借贷时就没有偿还的能力。在这股"集资"风

---

① 李扬等：《中国金融改革开放 30 年研究》，经济管理出版社，2008，第 137 ~ 138 页。
② 李扬等：《中国金融改革开放 30 年研究》，经济管理出版社，2008，第 138 页。

潮中，马鞍村部分村民参与了镇有关机构的"集资"，村里的企业也有向这些集资机构借钱的，但都按时还本付息了。[①]

五　集体组织借贷渠道

人民公社时期，农户有向村集体、村企业借钱、借粮的习惯。改革开放后，仍有一些农户从集体组织借款。

从第三次无锡、保定农村调查资料看，1987 年 508 户负债中，借自集体和个体金融组织（主要是信用社）22330 元，占全部负债的 0.8%。从单个家庭借贷看，借自集体、个体金融组织最多的 1 户为 3500 元，最少的 1 户为 60 元。[②]

1998 年第四次无锡、保定农村调查资料显示，1997 年保定 11 村 260 户有借款农户中，借自集体的有 1 户，债务为 8000 元，占全部负债的 0.05%；借自企业的债务为 20000 元，户均 2000 元，占全部负债的 0.21%。农户借自企业最多的 1 户为 5000 元，最少的 1 户为 500 元。[③]

六　新型农村金融机构的借贷渠道

进入 21 世纪以来，政府调整农村地区的金融准入政策，允许多渠道、多形式组建新型农村金融机构。这为农户融资提供了新的渠道。

2005 年 12 月，中国银行业监督管理委员会批准，中国第一批民间小额贷款公司于山西成立。2006 年底，银监会调整放宽了农村地区银行业金融机构准入政策，选择四川、内蒙古等 6 省（区）进行村镇银行、贷款公司、农村资金互助社等 3 类新型农村金融机构首批试点。

2007 年 1 月，银监会发布新的监管政策，允许在农村地区设立村镇

---

① 吴文勉、武力：《马鞍村的百年沧桑——中国村庄经济与社会变迁研究》，中国经济出版社，2006，第 185～186 页。
② 资料来源于中国社会科学院经济研究所无锡保定农村调查数据库（1930～2010）。
③ 资料来源于中国社会科学院经济研究所无锡保定农村调查数据库（1930～2010）。

银行、贷款公司以及资金互助会三种新型农村金融机构，不少地区迅速启动这三种机构的试点工作。截至 2008 年底，全国已有 105 家新型农村金融机构获准开业。其中，村镇银行 89 家，贷款公司 6 家，农村资金互助社 10 家。此外，另有 5 家机构获准筹建。在已开业的 105 家机构中，有 77 家设立在中西部地区金融机构网点覆盖低、竞争不充分的乡镇和行政村，并通过直接设立营业机构或延伸提供金融服务等手段，有效改善了试点地区的金融服务状况，增加了中西部地区农村的金融供给。已开业的 105 家机构共吸纳资本金 40.4 亿元，吸收存款 42.8 亿元，贷款余额 27.9 亿元，累计贷款 39.7 亿元，其中 96.8% 的贷款投向农村小企业和农户。[1]

另外，在农村信用合作社改革过程中，脱胎于信用社的农村商业银行、农村合作银行也建立起来。截至 2007 年末，全国共组建了农村商业银行 17 家，农村合作银行 113 家，组建以县（市）为单位的统一法人信用合作社 1824 家。

2011 年，中国社会科学院经济研究所课题组对无锡、保定地区 401 户农户进行调查时，已有农户从村镇银行获得了贷款。

七　基本结论

改革开放以来，农户借贷渠道有所增加。一些借贷渠道是传统借贷渠道的恢复和扩张，如各类钱会；一些渠道是金融体系建设中新出现的，如中国农业发展银行、村镇银行、小额贷款公司、农村资金互助社等渠道；还有一些渠道是地方政府创设的，如农村合作基金会；另外的渠道则是人民公社时期借贷渠道的延续，如国家银行及农村信用社渠道、集体经济组织渠道。

在农户借贷网络中，借贷的主渠道仍然是传统的私人借贷渠道。农户借贷的首选渠道也是私人借贷渠道。国家银行、农村信用社等正规金融机

---

[1]　李扬等：《新中国金融 60 年》，中国财政经济出版社，2009，第 154 页。

构对农户的信贷服务十分有限。

农户借贷主渠道几乎没有变化。这一现象令人深思。因为，中国农村金融体系建设已卓有成效，但为什么不能成为农户借贷的主要渠道？其中的原因极其复杂。不过，笔者认为，应该从信用担保角度进行剖析。

本篇小结
农户借贷渠道变迁的特征及其原因

一 私人借贷一直是农户借贷的主渠道

通过前文分析可知，20 世纪 30 年代以来，农户借贷的主渠道很少发生变化。以保定地区农户为例，"无锡、保定农村调查"中抽样调查的 11 村农户，融资的主渠道几乎没有变化，向私人借钱是农户借贷的主要来源。

首先，从农户各借贷来源所占的比例来看，绝大多数农户是从私人渠道借钱的。由于 1930 年、1957 年河北统计局《1930～1957 年保定农村经济调查综合资料》汇总表中没有不同借款渠道农户借款户数的统计，笔者仅将 1987～2010 年的相关数据进行比较。1987 年保定农户有 52 户向国家银行、信用社借钱，占全部借贷户的 16.1%；有 271 户向私人借钱，占全部负债户的 83.9%。1997 年有 13 户向国家银行、信用社等正规金融机构借钱，占全部负债户的 5.0%，有 251 户向私人借钱，占全部负债户的 96.2%。2010 年有 5 户向国家银行、信用社、村镇银行借钱，占全部负债户的 8.1%；而有 57 户向私人借钱，占全部负债户的 91.9%（见表 8-15）。

表 8 - 15 1930～2010 年无锡、保定农村调查资料中保定农户借贷渠道情况

观察年份	调查样本户（户）	其中借贷户（户）	借贷户占比（%）	借自银行、信用社等正规金融机构		借自个人		借自其他方面	
				借贷户（户）	占比（%）	借贷户（户）	占比（%）	借贷户（户）	占比（%）
1930	2119	423	20.0	—	—	—	—	—	—
1957	3178	796	25.0	—	—	—	—	—	—
1987	2000	323	16.2	52	16.1	271	83.9	0	0
1997	2010	260	12.9	13	5.0	251	96.5	4	1.5
2010	200	62	31.0	5	8.1	57	91.9	0	0

注：因为有的农户同时在几种渠道融资，各渠道占比加总不一定为 100%。

资料来源：河北省统计局《1930～1957 年保定农村经济调查综合资料》（油印本），1958 年 10 月，中国社会科学院经济研究所图书馆藏书；中国社会科学院经济研究所无锡保定农村调查数据库（1930～2010）。

其次，从农户不同渠道借款金额所占比例看，除 1957 年外，来自私人借款的金额所占比重一直排在第一位。1930 年保定农户从钱庄、银行等的借款占全部负债的 26.72%，地主等农户借自私人的债务占全部负债的 73.28%。1957 年农户借自私人的债务所占比例大幅降到 3.98%，而借自国家银行、信用社等的债务却显著提升到 96.02%。1987 年、1997 年、2010 年的调查数据再度表明私人仍是农户最主要的借钱渠道。1987 年，农户在国家银行、信用社等的借款占全部负债的 33.32%，向私人借的钱占全部负债的 66.68%。1997 年，农户借自国家银行、信用社等的钱占全部负债的 23.41%，借自私人的钱占到全部负债的 76.15%。2010 年，农户在国家银行、信用社、村镇银行等的融资占全部负债的 8.16%，而从私人渠道得到的借款占全部负债的 91.84%（见表 8 - 16）。

表 8 - 16 1930～2010 年保定农户借贷渠道的结构

单位：元，%

观察年份	合计		借自钱庄、银行、信用社等		借自个人	
	金额	百分比	金额	占比	金额	占比
1930	70829.41	100	18929.06	26.72	51900.35	73.28

续表

观察 年份	合计		借自钱庄、银行、信用社等		借自个人	
	金额	百分比	金额	占比	金额	占比
1957	22934.39	100	22022.22	96.02	912.17	3.98
1987	276833.61	100	92239.11	33.32	184594.50	66.68
1997	3802210	100	890000	23.41	2912210	76.59
2010	1470500	100	120000	8.16	1350500	91.84

注：1930 年、1957 年合计数及农户借自钱庄、银行、信用社、私人所占比例有误，笔者重新做了计算。

资料来源：河北省统计局《1930～1957 年保定农村经济调查综合资料》（油印本），1958 年10 月，中国社会科学院经济研究所图书馆藏书；中国社会科学院经济研究所无锡保定农村调查数据库（1930～2010）。

二　农户借贷的主渠道只在信用合作化高潮中出现短暂的变化

农村信用合作化高潮时，农户借贷的主渠道出现了巨大的变化，国家银行、信用合作社正规金融机构一度成为借钱的主要来源，而向私人借贷所占的比例迅速下降。但是，国家银行、信用合作社等正规金融占据农户借贷主渠道只是昙花一现，持续的时间并不长。随着农村信用合作社官办化程度的加深，农户向其借款日益艰难，私人借贷的主渠道地位很快再度回归。

三　正规金融机构农户贷款存在的问题

在农村金融体制建设中，为了打击农村高利贷，政府大力推动信用合作，国家银行也开办农户借贷业务，但这些正规金融机构没有成为农户借贷的主渠道。除了说明农村私人借贷具有顽强的生命力之外，还更能说明正规金融机构没有将业务重心放在农户身上，正规金融机构在开展农村信贷方面存在缺陷。

（一）国家银行在农户贷款方面的问题

第一，国家银行的信贷供给与农村的信贷需求经常不匹配。

国民经济恢复时期，国家银行农业贷款强调专款专用，规定主要用于提高农业生产，而且要求从上而下规定详细的计划，结果造成农贷中的强迫命令现象。在投放农业贷款时，又过于强调以贷款促进农民组织起来，有些地方曾经发生了过多地贷给互助合作组织，而忽视了对单干农民贷款。① 贫困农户希望获得生活性贷款，但国家银行难以满足要求。

"一五"时期，国家银行仍过分强调集体贷款集体使用，忽视对贫农社员的单独扶植，在一般群众贷款方面，部分地区对贫农中的少数困难户扶持不足。另外，个别地区采取自上而下划分贷款项目，造成贷款计划与群众需要脱节，资金大量积压。② 国民经济调整时期，农贷的投放也存在脱节问题。如1963年，有些地区有分配贷款过分集中和平均分配的不合理现象，以致有些贷款被浪费掉了，有的生产上需要贷款却又不能得到解决。③

20世纪60年代，基层银行反映最多的是农贷专款专用问题。如1965年，中国农业银行陕西分行称，专项贷款项目太多，不能相互挪用，结果有些项目需要的贷款多，银行发放的快，资金仍紧张；有些项目需要的贷款少，银行发放的慢，资金有积压，银行发放专项贷款很被动。④

第二，国家银行农村信贷强调生产性信贷业务，忽视农民生活性信贷需求。

国民经济恢复时期，国家银行农贷中就存在"忽视对贫困农民一般生

① 中国人民银行总行：《三年来农贷发放情况》，载中国社会科学院、中央档案馆编《中华人民共和国经济档案资料选编（1949～1952）》（金融卷），中国物资出版社，1996，第639页。

② 《中国人民银行总行关于目前农业生产贷款情况及今后意见的报告》，载中国社会科学院、中央档案馆编《中华人民共和国经济档案资料选编（1953～1957）》（金融卷），中国物价出版社，2000，第427页。

③ 《中国农业银行关于一九六三年农业贷款工作总结报告》，载中国社会科学院、中央档案馆编《中华人民共和国经济档案资料选编（1958～1965）》（金融卷），中国财政经济出版社，2011，第304页。

④ 《中国农业银行陕西省分行关于蚕、茶专项贷款使用情况及效果的报告》，载中国社会科学院、中央档案馆编《中华人民共和国经济档案资料选编（1958～1965）》（金融卷），中国财政经济出版社，2011，第318页。

产生活困难的扶助"的问题。① "一五"时期，这一倾向没有多少变化，不少区县的国家银行提出"只贷生产，不贷生活"，在对农业生产合作社信贷业务中，忽视了对贫农社员入社困难和生活困难的单独扶植，不少贫农因缴不起股金或因生活困难向农业生产合作社借支而受到歧视。② 人民公社时期，国家银行信贷更是主要面向集体经济，农户很难获得国家银行的生活性贷款。改革开放后，国家银行忽视农户生活性信贷的问题仍无改观，常使农户求贷无门。

第三，国家银行农业贷款使用效率比较低。

国民经济恢复时期，国家银行曾大力向农民贷放新式步犁、农药、农械和水车，质量差，价格高，不适合使用，造成有部分机械闲置未用。农民贷款兴修的农田水利工程，效益很小甚至不能使用。③ "一五"时期，有的省份把农贷指标下放到县，但在贷款使用上管理松懈。④ 一些高级合作社修俱乐部、办公室，购置大量的文娱用品等，贷款被大量用于非生产性方面。⑤ 20 世纪 60 年代，国民经济调整时期，国家加大农贷的投入，但农贷使用仍然存在问题。如，1963 年农业贷款中部分贷款管理得不好，有5% ～10% 的贷款使用不当，有的被用于非生产开支，有的被挥霍浪费掉。⑥

---

① 中国人民银行总行：《三年来农贷发放情况》，载中国社会科学院、中央档案馆编《中华人民共和国经济档案资料选编（1949～1952）》（金融卷），中国物资出版社，1996，第639 页。

② 《中国人民银行总行关于目前农业生产贷款情况及今后意见的报告》，载中国社会科学院、中央档案馆编《中华人民共和国经济档案资料选编（1953～1957）》（金融卷），中国物价出版社，2000，第428 页。

③ 《中央人民政府政务院关于清理农业贷款中若干问题的指示》，载中国社会科学院、中央档案馆编《中华人民共和国经济档案资料选编（1953～1957）》（金融卷），中国物价出版社，2000，第399 页。

④ 《中国人民银行总行关于目前农业生产贷款情况及今后意见的报告》，载中国社会科学院、中央档案馆编《中华人民共和国经济档案资料选编（1953～1957）》（金融卷），中国物价出版社，2000，第429 页。

⑤ 《中国人民银行总行1956 年农贷工作总结和1957 年农贷工作意见》，载中国社会科学院、中央档案馆编《中华人民共和国经济档案资料选编（1953～1957）》（金融卷），中国物价出版社，2000，第432 页。

⑥ 《中国农业银行关于一九六三年农业贷款工作总结报告》，载中国社会科学院、中央档案馆编《中华人民共和国经济档案资料选编（1958～1965）》（金融卷），中国财政经济出版社，2011，第304 页。

1965年，有地方反映，有些生产队用贷款在自由市场上购买了一些不适用的、价格很高的耕牛和化肥，有的化肥使用不当，未发挥应有的作用。[①]

第四，农业贷款不能及时回收，出现不少呆账、坏账。

人民公社时期，一些地方乡村干部认为国家银行农业贷款相当于国家救助，不愿意偿还贷款。由于农业贷款不能正常回收，形成了农贷的拖欠。20世纪60年代初期，国家决定清理农村贷款、赊销款、预付款和预购定金等"四项欠款"时，共豁免了1961年前的"四项欠款"91亿元，其中，豁免国家银行的农业贷款54亿元、信用合作社的贷款10亿元。[②]在农户信贷方面，也存在呆坏账的问题。这种豁免，是对信贷运行原则的严重破坏。直到改革开放后，农村信贷仍有拖欠赖账、不讲信用的情况发生，严重损坏了农村的信用环境，降低了国家银行农村信贷的积极性。

（二）农村信用合作社在农户贷款方面的问题

第一，农村信用合作社官办化。

信用合作社本来是群众性的资金互助组织。但在信用合作化过程中，一律按行政区划设置机构，不少地方搭架子、铺摊子、增人员，脱离实际，脱离群众，"民办"在一定程度上变成"官办"。[③] 1958年人民公社化兴起后，农业社并社打乱了信用社的民主管理。在"大跃进"和"文化大革命"时期，政府两次把信用社下放给公社管理，造成信用社组织体系的破坏。出现问题后，政府不是从恢复农村信用社的合作经济性质出发，而是把信用社收归银行领导，每收回一次，就使信用社向银行靠拢一步，结果越靠越近，越远离合作经济组织，越像国家银行，到1977年已经基本失去合作性质，被确定为既是集体金融组织又是国家银行在农村的基层机

---

① 《中国农业银行一九六四年农业贷款、预购定金的收回情况和使用情况的汇报》，载中国社会科学院、中央档案馆编《中华人民共和国经济档案资料选编（1958~1965）》（金融卷），中国财政经济出版社，2011，第306页。

② 参见《当代中国的金融事业》，中国社会科学出版社，1989，第132页；周万钧主编《合作经济概论》，中国商业出版社，1987，第16~18页；张晓山、苑鹏《合作经济理论与中国农民合作社的实践》，首都经济贸易大学出版社，2010，第5、6页。

③ 《当代中国的信用合作》，当代中国出版社、湖南电子音像出版社，1999，第111页。

构。信用社由"民办"变为"官办"。①

与"官办"银行无异的农村信用社，早已不再优先为农户提供信贷服务。而且，"官办"的农村信用社对前来借款农户的要求越来越高，信用担保条件相对较差的农户更难借到钱。

第二，农村信用合作社成为农村金融资源流失的通道。

从农村信用社的存贷款业务看，信用社对促进农村经济的发展提供了重要的金融支持。但是，1953～1984年，农村信用社的存贷款业务除1953年贷款大于存款外，其余年份都是存款大于贷款（见表8－17），农村信用社的存差上存到国家银行，使得农村信用社成为农村资金流失的主渠道之一。

表 8 - 17　1953～1984 年农村信用社存贷款情况

单位：亿元，%

年份	农村信用社存款	农村信用社贷款	存贷差	存贷差占存款比例
1953	0.1	0.2	-0.1	
1954	1.6	1.2	0.4	25.0
1955	6.1	3.0	3.1	50.8
1956	10.8	10.2	0.6	5.6
1957	20.7	9.5	11.2	54.1
1958	40.3	24.7	15.6	38.7
1959	45.0	22.9	22.1	49.1
1960	43.1	22.3	20.8	48.3
1961	47.1	17.6	29.5	62.6
1962	28.2	15.6	12.6	44.7
1963	31.4	13.8	17.6	56.1
1964	42.8	14.1	28.7	67.1
1965	48.0	13.5	34.5	71.9
1966	60.9	15.2	45.7	75.0

---

① 《当代中国的信用合作》，当代中国出版社、湖南电子音像出版社，1999，第 280～281 页。

年份	农村信用社存款	农村信用社贷款	存贷差	存贷差占存款比例
1967	73.2	14.6	58.6	80.1
1968	75.7	16.5	59.2	78.2
1969	73.3	17.8	55.5	75.7
1970	76.4	18.8	57.6	75.4
1971	90.3	19.4	70.9	78.5
1972	90.9	21.1	69.8	76.8
1973	104.8	20.8	84.0	80.2
1974	121.2	22.0	99.2	81.8
1975	135.1	26.7	108.4	80.2
1976	141.2	35.8	105.4	74.6
1977	151.3	39.7	111.6	73.8
1978	166.0	45.1	120.9	72.8
1979	215.9	47.5	168.4	78.0
1980	272.3	81.6	190.7	70.0
1981	319.6	96.4	223.2	69.8
1982	389.9	121.2	268.7	68.9
1983	487.4	163.7	323.7	66.4
1984	624.9	354.5	270.4	43.3

资料来源：中国人民银行调查统计司《中国金融统计（1952~1987）》，中国金融出版社，1988，第26~28页，第118~121页。

　　农村信用社本来应该将农村金融资源留在农村，支持农村经济的发展。但是，农村信用社却成为农村金融资源流失的"抽水机"。在这种情况下，农村信用社对农户的信贷投放只会减少。

　　第三，农村信用合作社经营亏损严重。

　　农村信用社经营的农村金融业务成本高，收益小，常陷入亏损之中。

　　存贷款利率调整，会造成信用社经营亏损，如1956年贷款月利率由1954年的15‰降到5.5‰，信用社发生亏损，国家银行给予补贴支持。农村信用社的贷款因各种原因成为坏账，影响其经营能力，如1965年国家豁免"四项欠款"，信用社豁免贷款7亿元，从信用社公积金中冲销了 1 亿元。①

由于信用社业务发展缓慢，加上执行与国家银行一样的低利政策，信用社政策性与经营性亏损一直在不断增加。国家银行对信用社的亏损不得不采取"包下来"的办法，给予亏损补贴。农村信用社经营亏损，进一步束缚了自我发展能力，也束缚了向农户提供信贷的能力。

四　农户选择借贷渠道与信用担保密切相关

本篇论证了 20 世纪 30 年代以来农户借贷渠道的演变，揭示了农户借贷的主渠道一直是私人借贷渠道，国家银行、农村信用社等正规金融机构没有成为农户借贷的主要渠道。导致这一现象的原因可能是多方面的，笔者以为，其中最重要的原因是：农户选择借贷渠道与自身的信用担保条件密切相关。

农户的借贷需求主要是生活性借贷需求，其特征是需求很急、金额较少，农户需要在极短的时间里获得钱物。因为出借钱物伴随着损失的风险性，出借者必须考虑对方的信用担保问题。急切借贷的农户又往往是信用担保不足者。在相对封闭的传统村社，农户的人际网络、社会关系、少量财产等，是他能够提供的信用担保。

农户的这些信用担保还需要评估，而评估信用担保是要付出时间与成本的。在这种情况下，私人借贷体系比正规金融机构更具优势。农户的私人借贷渠道多是乡村亲戚朋友、十里八村的熟人，他们对借贷者的信用担保情况较为了解，征信成本几乎没有，很容易接受农户的信用担保。而正规金融机构对前来借贷的农户则相对陌生，需要付出征信的成本，而且不一定会接受农户的信用担保。私人借贷渠道借贷效率很高，农户能够很快拿到所需的钱物。正规金融机构需要办理程序，耗时费力。

因此，农户在借贷渠道的选择上，首先会选择能够在短时间内接受自己信用担保的私人借贷体系，而且常常能够得到满足。正规金融机构面对

---

① 《当代中国的信用合作》，当代中国出版社、湖南电子音像出版社，1999，第 148 页。

借贷农户的借款金额小、借贷成本高、信用担保不足状况，可能或拖延时日，或不予办理。在这种情况下，自然不是农户的首选。

在农村信贷史上，为响应国家号召，国家银行、农村信用合作社曾向部分农户，如20世纪80年代初期的"专业户""重点户"等，贷放了政策款项，结果形成了沉重的呆坏账历史包袱。信贷制度日益严格规范后，国家银行、农村信用合作社农户信贷业务的拓展，日益受到农村担保信用制度的制约。农户能够提供的合格信用担保品有限，信用担保体系建设落后，给农户向正规金融机构融资造成了严重障碍，将农户的借贷主渠道"锁定"在了私人借贷渠道。笔者将在下篇讨论这一问题。

农村信用担保制度的变迁及其影响

中篇讨论了农户借贷渠道的历史变迁。笔者认为，20世纪30年代以来，农户从私人网络借贷的借贷主渠道几乎没有变化。笔者以为，农户借贷主渠道长期没有发生质的变化，其因在于农村信用担保制度建设的滞后，农户的借贷主渠道被迫"锁定"在私人借贷渠道。

本篇中笔者探讨中国农村信用担保制度的变迁及其对农户借贷的影响。

从广义信用担保制度视角看，农村一切借贷交易背后，都有各种信用担保方式作债权保障，信用担保制度是农村借贷交易的基础。

中国民间借贷信用担保传统历史悠久，源远流长。先秦时期，中国传统的信用担保制度就已经产生，"人的担保制度"与"物的担保制度"双轨并行了2000余年。

20世纪50年代后，中国信用担保制度发生了巨变。土地改革消灭了地主阶级，消灭了乡绅阶层，也消灭了传统信用担保制度中的乡绅保人，农村出现了信用担保保证人的断层。农村土地等生产资料的公有化，使得土地、宅基地、房屋等财产失去作为抵押物的所有权基础，导致物的担保制度运作中担保抵押物的匮乏。

改革开放以来，虽然国家制定相关法律，推进信用担保制度的建设，但在农村土地集体所有制的法律制度下，农户对土地、宅基地、房屋等大宗财产的物权虽有所获，但在用于抵押借款方面还有许多限制。改革开放改变了乡村封闭、落后的状态，农民可以自由外出谋生，乡村信誉机制不复存在，而适应时代的社会信用体系没有建立起来，导致"社会资本"抵押借款的价值一再下降。由此造成农村信用担保制度缺失，信用担保体系残缺。

农村信用担保制度建设的滞后，成了农户向正规金融机构借贷的"死穴"，致使许多农户无法进入正规金融机构获得贷款。

第九章　传统的信用担保制度

中国传统信用担保制度产生极早。从广义信用担保制度来看，由国家法律构建的正式制度与由风俗习惯构建的非正式制度，是传统信用担保制度的两个有机组成部分，由于正式制度发展不足，传统信用担保制度中非正式制度色彩更浓一些。传统信用担保制度的产权基础是生产资料的私有制，运行环境是比较封闭的乡村熟人社会，乡绅保人、信誉机制是维护信用担保制度运作的关键。

一　传统信用担保制度形成与发展

中国传统的信用担保制度产生极早，"人的担保制度"与"物的担保制度"在先秦时期都已产生，其后历经 2000 余年，双轨并存。①

（一）人的担保制度

"保证"担保，在传统信用担保制度中就是保证人制度，即人的担保。保证是最主要也是最重要的人的担保，在传统的人的担保制度中，保证就是其全部内容。② 人的担保制度的形成，体现为"中人""保人"的出现

---

① 高学强：《试论中国古代契约中的担保制度》，《大连理工大学学报》（社会科学版）2009年第 4 期。
② 朱凡：《人的担保基本制度研究》，中国检察出版社，2006，第 7 页。

并制度化，"中人"起中介、中保的作用。①

从中国历史文献看，保证人制度是从中介人、见证人发展来的。最早在买卖、借贷交易中，中介人、见证人更多的是扮演介绍者、见证人角色。"中人"并不是单纯的介绍人、证人，具有多方面的功能，虽非保证人，但负有某种"保证"之责。② 在中国历史文献资料中，最早在契约中出现第三方的史料是西周铭文，表明契约签订时已有第三方参与了，以居中身份参加契约签订。③ 据张传玺的研究，西周至春秋时期已有借贷契约，叫作傅别，抵押、典当契约叫作质剂，立契约时，一般都有中人、保人在旁。春秋战国时期，由于商品货币经济的发展，已有职业中介人出现。④

"中人"在先秦已比较普遍，但先秦契约中只有中介人而无保证人，中介人并非保证人。⑤

到了汉代，在中人制度中诞生出了保证人制度。在契约史料中，中介人和保证人的职能出现了明显的差别。汉代契约中的中人除了"知券约""约者""时旁人""旁人"等人外，出现了"任者""任人"。"任者"就是"保人"。汉代保证人制度已很完善，在发生纠纷时，保证人既起证人作用，又要承担担保责任，具有双重身份特征。⑥

魏晋南北朝时，担保人一般称为"任者"，"任者"既是保证人又是见知人。⑦ 隋唐五代时期，由保人或类似于保人的"口承人"提供担保，他们在借贷人不能履行契约的情况下，负有代为履行契约或承担违约责任的义务。⑧

---

① 李祝环：《中国传统民事契约中的中人现象》，《法学研究》1997年第6期。
② 梁治平：《清代习惯法：社会与国家》，中国政法大学出版社，1996，第121～122页。
③ 李祝环：《中国传统民事契约中的中人现象》，《法学研究》1997年第6期。
④ 张传玺：《契约史买地券研究》，中华书局，2008，第13页、78页。
⑤ 高学强：《试论中国古代契约中的担保制度》，《大连理工大学学报》（社会科学版）2009年第4期。
⑥ 高学强：《试论中国古代契约中的担保制度》，《大连理工大学学报》（社会科学版）2009年第4期。
⑦ 高学强：《试论中国古代契约中的担保制度》，《大连理工大学学报》（社会科学版）2009年第4期。
⑧ 岳纯之：《论隋唐五代借贷契约及其法律控制》，《中国社会经济史研究》2004年第3期。

唐代之后，保人制度已基本定型化和制度化。唐代保证人制度体现在以下方面：一是保证人要在书面契约上签名，并注明自己的身份和年龄；二是保证人可以是一人，也可以是多人，应平均承担债务；三是保证人对债务清偿承担连带责任，即保证人负有督促债务人承担债务清偿之责；四是严格限制保证人身份，品质良好、身份清楚者一般才能作保人。唐以后保证人制度变化不大，仅在保人名称等方面稍有差异。① 宋代对保人的资格予以严格规定，强调担保人的担保能力，要求担保人必须具有与其担保责任相当的财产，以便契约得不到履行时追究担保人的偿还责任，确保能够"保人代偿"。②

到明清时期，保证制度已相当完备。明清时期，高利贷在社会经济中比较盛行，借款人想得到借款，常常需要担保人提供担保。据刘秋根和王福鑫的研究，保人不但要牵线搭桥，促合借贷交易，而且在延期、偿还、催讨等场合，保人还要负责传达双方的要求，在许多情况下保人还代偿债务，京城及各级城市中还产生了此类中保之人。③

民国时期，中国传统的人的担保制度定型。民国时期，保人是乡村借贷得以进行的制度因素。保人一方面可能起到中人的某些作用，但其最主要作用是向债权人保证债务人偿付债务，有时中人、保人合二为一，称为"中保人"，既有中人的作用，又兼具保人的功能。据李金铮研究，乡村能够承担保证人职责的，主要有四类人：一是经济地位较高者，如地主、富农、商人等；二是一般农民，但较少；三是社会关系广泛，所谓有人缘、有面子、有威信，能言善辩者；四是以中保人为职业者。④

民国时期，各地已在商事习惯中形成了比较完备的保证人制度。国民政府司法行政部编印的《民商事习惯调查报告录》，记载了全国各地中人

---

① 高学强：《试论中国古代契约中的担保制度》，《大连理工大学学报》（社会科学版）2009年第4期。

② 杨卉青、崔勇：《宋代借贷契约及其法律调控》，《河北大学学报》（哲学社会科学版）2007年第4期。

③ 刘秋根、王福鑫：《明代高利贷资本活动形式》，《史学月刊》1997年第5期。

④ 李金铮：《民国乡村借贷关系研究——以长江中下游地区为中心》，人民出版社，2003，第136、137页。

和保人的习惯，福州"无保不成票"，正是保人制度比较健全的反映。如，石楼县"不动产抵质兼须觅担保""金钱借贷既有不动产抵质，更须觅人担保。如到期本利不付债权人，或照约管业，或向担保人请履行"。①

从《民商事习惯调查报告录》中可知，保人最低的责任是担保债务人不逃亡，是"留住保证制"，在此职责上，一些地方的保人承担进一步的责任，即如果债务人逃亡，而保证人不能找回，保人代偿债务，演化为"支付保证制"。保人又分作负代偿义务保人与不负代偿义务保人，代偿债务保人又分为代偿全部债务保人及代偿部分债务保人。保人的责任是：债务人财产减少的告知义务与催促债务人履行义务，作证的义务，代偿义务，品行担保。② 这种保人制度一直影响到 20 世纪 50 年代初期。

（二）物的担保制度

现代担保制度中的"抵押""质押"担保等物的担保制度，在传统信用担保制度中很早就产生了。动产占有质押称作"当"，不动产占有质押称为"典"，动产与不动产非占有抵押称为"指质""指产"。③

"抵押权"就是债务人以不动产作为担保，向债权人取得借贷，如果逾期不还，债权人享有对抵押物的处分权。抵押权人不占有抵押物。从中国历史文献看，抵押制度的产生时间不晚于南朝时期。史载，梁朝临川王萧宏"出悬钱立券，每以田宅邸舍悬上文券，期讫，便驱券主，夺其宅"。这表明，萧宏放高利贷时，要求借贷人以自己的田宅、邸舍等不动产作抵押，到期无力偿还时，他就把这些抵押品收归己有。④ 这则史料说明，南朝时期就已经产生了抵押担保。

唐代称为"指产""指当""按指""抬押"等。唐代借贷多为消费借

---

① 《民商事习惯调查报告录》（一），司法行政部印行，中华民国十九年五月，第 294 页。
② 潘宇、李新田：《民国间民事习惯调查中所见的中人与保人研究》，《法制与社会发展》2000 年第 6 期。
③ 陈本寒主编《担保法通论》，武汉大学出版社，1998，第 44 页。
④ 高学强：《试论中国古代契约中的担保制度》，《大连理工大学学报》（社会科学版）2009 年第 4 期。

贷，借贷时多以家产作抵押。如"郑海石举银钱契"中，郑海石的抵押物为郑家"家资杂物"等。① 在另一则唐代抵押借贷契约中，张善熹向左憧熹借钱 20 文，债务人以家产作抵押担保。②

直到宋代，鉴于保证的担保性较弱，借贷者开始大力推行质押、抵押等物的担保。③ 南宋时期，抵押担保称作"抵当"。借贷人以自己的产业作担保，其产业所有权、占有权均不改变，但在无法偿还借款时，债主有权处置作保的产业。民间借贷抵押的多是田宅等不动产。④

抵押担保发展的同时，质押担保也逐渐扩展。以物作质是动产典当，在南北朝时已十分普遍，一束苎、一张皮褥、活的黄牛或贵金属等均可作为质押物。⑤ 隋唐五代时期，出现质押制度，称为"收质""质典""典质"等。⑥ 宋朝时，抵押称为"抵当"。⑦ 宋代借贷活动十分活跃，质权借贷担保盛行。宋代的"质当"担保要求必须转移质当物的占有权，收押物货放款收息的铺户也称"质舍""解库""解典铺""库户"。⑧

明代抵押借贷更为普遍，抵押称作"抵借"。明代质押借贷制度比较严格，一般都订立当契，设立质权。契约订立后，物主交付质物并取得质金。质权人有义务妥善保管质物，质借人不按期偿还债款，质权人有权变卖质物。⑨

清代以物作质极为活跃，质押称为"质当"，质押契约以典当契约的

① 岳纯之：《论隋唐五代借贷契约及其法律控制》，《中国社会经济史研究》2004 年第 3 期。
② 高学强：《试论中国古代契约中的担保制度》，《大连理工大学学报》（社会科学版）2009 年第 4 期。
③ 高仁宝：《古代担保制度的特点》，《人民法院报》2001 年 12 月 10 日，第 B02 版。
④ 杨鹏亮、杨卉青：《宋代契约担保法律制度研究》，《中国社会科学院研究生院学报》2010 年第 7 期。
⑤ 高学强：《试论中国古代契约中的担保制度》，《大连理工大学学报》（社会科学版）2009 年第 4 期。
⑥ 岳纯之：《论隋唐五代借贷契约及其法律控制》，《中国社会经济史研究》2004 年第 3 期。
⑦ 高仁宝：《古代担保制度的特点》，《人民法院报》2001 年 12 月 10 日，第 B02 版。
⑧ 杨鹏亮、杨卉青：《宋代契约担保法律制度研究》，《中国社会科学院研究生院学报》2010 年第 7 期。
⑨ 高学强：《试论中国古代契约中的担保制度》，《大连理工大学学报》（社会科学版）2009 年第 4 期。

形式出现。① 国民时期，抵押、质押物权更为丰富，在连年动荡的社会环境中，不论是私人还是正规金融机构，常要求债务人提供抵押、质押担保。

在司法部印行的《民商事习惯调查报告录》中，记载了各地抵押、质押贷款担保的习俗。如，保定县"指地借贷""指定自己所有之地亩，凭中人介说使用债款若干，商明利息几分，何日归还，即以该地亩为担保之凭证，订立契约"。② 中牟、巩县"指地借钱""巩县一带关于借贷向以十个月为期满，议明每月利息若干，先将十个月利息在借款内扣算，书立字据，指明某地作抵，至期满如数清偿，两无异说。否则，债权者得收其秫租，或将其地收归自种"。③ 高平县"凡人民乏钱使用，央中说合，指某某房屋或地契作质，向人揭钱，当立借约，言明一季或一年为期，大半系二三分行息，若到期不能还钱，债权者则同中经管其质产"。④ 浙江永嘉县，"有不立契约向人借贷银钱以房屋原有之契据作抵者，其房屋即为借款之抵押品，当须备立借票"。⑤"柞水习惯，借款有以物作抵者，如押田地房屋，或押牲畜器具"。⑥ 可见，民间借贷抵押、质押担保极为盛行。

不动产抵押担保中还产生了中国特有的典权制度，把担保、买卖、借贷和用益巧妙地结合在一起，对传统社会资金融通起了重要作用。⑦

这种物的担保习俗，也一直持续到 20 世纪 50 年代，甚至直至今天。

除以物作质外，传统信用担保制度中还存在"人质"制度，即债务人以人身作质，向债权人担保偿还债务。"人质"担保制度一直延续到中华人民共和国成立。

（三）"社会资本"信用担保

亲朋好友之间的借贷一般多为口头借约，表面看来，不需要保人，且

---

① 高学强：《试论中国古代契约中的担保制度》，《大连理工大学学报》（社会科学版）2009年第 4 期。
② 《民商事习惯调查报告录》（一），司法行政部印行，中华民国十九年五月，第 30 页。
③ 《民商事习惯调查报告录》（一），司法行政部印行，中华民国十九年五月，第 222 页。
④ 《民商事习惯调查报告录》（一），司法行政部印行，中华民国十九年五月，第 279 页。
⑤ 《民商事习惯调查报告录》（一），司法行政部印行，中华民国十九年五月，第 472～473 页。
⑥ 《民商事习惯调查报告录》（一），司法行政部印行，中华民国十九年五月，第 651 页。
⑦ 高仁宝：《古代担保制度的特点》，《人民法院报》2001 年 12 月 10 日，第 B02 版。

不需要提供担保物。但是，如果以广义信用担保概念视之，亲朋好友之间无担保的举债，实际上是债务人以自己的"社会资本"作了"隐性担保"。

这一现象同样存在于非亲朋好友之间的私人借贷之中。这种私人借贷，比较明显的担保形式有两种：一是签订契约，由保证人作保；二是债务人或第三人向债权人提供质押品、抵押物担保。此外，还广泛存在仅凭双方口头信用而没有担保物的借贷。此类无明显担保的借贷，实际上也是债务人以自己的"社会资本"作隐性担保。

二　传统信用担保制度的非正式制度特色

中国民间借贷担保制度形成很早，但是，虽然历代法律都制定了涉及债务担保的条文，然而并没有产生专有的担保法律制度，直到1911年清政府完成《大清民律草案》时，才正式确定了担保法律制度，可是尚未实施，迅即随着清王朝的覆灭而终结。1930年，国民政府制定了中国第一部民法，在"物权编"确立了担保法律制度。总体而言，由法规条文构建的正式信用担保制度先天不足，而由风俗习惯构建的非正式信用担保制度特色却十分鲜明。[①]

第一，风俗习惯确立了比较完备的保证人责任制度。习俗规定保证人的主要责任有四：一是债务人财产减少时负有告知债权人的义务，二是催促债务人履约的义务，三是在发生争讼时作为证人的义务及作证的义务，四是担负相应的连带偿还债务的责任。

对于负有完全代偿责任的保证人，如清苑县称"代保代还"担保人，天津县称"担保承还人"，祁县称"垫还保人"，无棣、澄城等县称"人

---

① 1930年出版的、由国民政府司法行政部组织编印的全国《民商事习惯调查报告录》，是非正式信用担保制度的集中反映。郑永福、李道永、潘宇、李新田等人对民国时期的借贷习惯做了研究，所用的基本资料就是《民商事习惯调查报告录》。见郑永福、李道永《清末民初民间借贷中的民事习惯》，《江西财经大学学报》2012年第1期；潘宇、李新田《民国间民事习惯调查中所见的中人与保人研究》，《法制与社会发展》2000年第12期。

钱两保"保人等，他们在债务人不能偿还借款时，负有完全代为偿还责任。① 新泰县保人代为还债俗称"野猪还愿"，即"甲为债权人，乙为债务人，丙为保证人，往往甲以乙资产逊于丙，当时要求丙立借约，转令乙居保证地位。届期乙不能履行债务，即以偿还之责由丙任之。"② 反映了负有完全代偿责任保证人的责任。对于不负有代偿债务的保证人，天津县称为"寻常保人"，和林县称为"普通担保人"，等等。③ 还有部分地区担保人承担部分代偿责任，如祁县规定"还钱一半"。④

保证人是保证信用制度运行的关键。李金铮认为，保证人主要有地主、富家、商人、一般农民、社会关系广泛者、职业保人⑤，除了亲戚朋友外，农村私人借贷的保证人一般是地主、富农、商人等乡绅阶层。如无锡地区，穷人欲借期限长、数额多的借款，一定得找社会上的头面人物作保。⑥

第二，风俗习惯明确了抵押、质押物的种类，担保运作规则，使抵押、质押更具操作性。不动产抵押担保物主要是土地、房屋，如中牟、巩县、郏县"指地借钱"，沂阳县"赘地借钱"，沂水等县"指地作保"，开封县"指房借钱"，榆林县"指业揭借银钱"⑦，等等。

保定各县以地作抵借款的习俗，是以土地作抵押借款的典型案例。借钱人"指定自己所有之地亩，凭中人介说使用债款若干，商明利息几分，何日归还，即以该地亩为担保之凭证，订立契约"。⑧ 开封县以房屋作抵押

---

① 《民商事习惯调查报告录》，司法行政部印行，中华民国十九年五月，第 751 页、第 733 页、第 830 页、第 1243 页、第 1082 页等相关内容。

② 《民商事习惯调查报告录》，司法行政部印行，中华民国十九年五月，第 798 页。

③ 《民商事习惯调查报告录》，司法行政部印行，中华民国十九年五月，第 751 页、第 734 页、第 830 页、第 1243 页、第 1082 页等记载。

④ 《民商事习惯调查报告录》，司法行政部印行，中华民国十九年五月，第 830 页。

⑤ 《上园村志》，浙江人民出版社，1999，第 221 页。转引自李金铮《民国乡村借贷关系研究——以长江中下游地区为中心》，人民出版社，2003，第 137 页。

⑥ 吴文勉、武力：《马鞍村的百年沧桑——中国村庄经济与社会变迁研究》，中国经济出版社，2006，第 179 页。

⑦ 《民商事习惯调查报告录》，司法行政部印行，中华民国十九年五月，第 222 页、第 566 页、第 638 页、第 796 页、第 778 页、第 639 页等记载。

⑧ 《民商事习惯调查报告录》，司法行政部印行，中华民国十九年五月，第 30 页。

借款的习俗，是以房屋作抵押借款的一个案例。"如甲借乙银千两，甲即以所管市房写一借约，注明以某处房作保，借到乙某银一千两，月利若干，或向该市房按月取租作息，或由他处按月付息，如过若干年限本息不交，即愿将该房移转等语，并将该房文约一并交付"。①

民间习俗中，粮食、牲畜、生产工具也可充作为抵押物。如，甘肃省以羸马牛羊作担保而为短期借贷；乡宁县"以牲畜作抵，期满未还，听债权人牵牲抵债"；汉中所属 24 县"借贷指定现种青苗，或麦，或稻，以为抵押"。②

三　信用担保制度在借贷中的作用

从有文献可考的历史看，信用担保在借贷中不可或缺。

从现存的契约文献看，历史上私人之间的借贷多要求担保。据张域的研究，高昌时期有 85％的契约要求提供担保，唐代有 90.2％的契约要求担保，宋元时期有 90％的契约要求担保，明代契约 100％要求担保，清代有 87.5％的契约要求担保，民国时期契约全部要求提供担保。③

民国时期，农户借款时提供的信用主要有个人信用、保证信用与抵押信用。个人信用即以个人的"社会资本"作担保，保证信用即以保证人作担保，抵押信用即以抵押物作担保。农户私人借贷，以抵押信用为主，其次为保证信用，再次为个人信用。④

从农户能够借到的债务与其所提供的信用担保方式相关性看，农户以个人的"社会资本"作担保得到的个人信用借款，一般都是金额很小，期

---

① 《民商事习惯调查报告录》，司法行政部印行，中华民国十九年五月，第 778 页。
② 《民商事习惯调查报告录》，司法行政部印行，中华民国十九年五月，第 1245 页、第 289 页、第 563 页等记载。
③ 张域根据张传玺《中国历代契约会编考释》（北京大学出版社，1995）所做的分类统计。见张域《担保法律制度与习俗的文化解读——以中国史上的"人的担保"为中心》，博士学位论文，吉林大学，2007，第 38 页。
④ 李金铮：《民国乡村借贷关系研究——以长江中下游地区为中心》，人民出版社，2003，第 115 页。

限很短；由保人作担保的保证信用借款，一般比个人信用借款金额大，期限长；农户能够提供土地、房屋等抵押物的抵押担保借款，又较保证信用借款金额更大，期限更长。新式金融机构如银行、合作社、合作金库等更倾向于发放担保贷款与抵押贷款。[①]

四　传统信用担保制度的主要特征

其一，中国传统信用担保制度建立与运行的产权基础是私有制，土地、房屋、粮食、牲畜、农具等抵押担保品为农户私人所有，由农户自主支配。也就是说，作为次一级的制度安排，传统信用担保制度建立在私有制这一根本性制度安排之上。传统信用担保制度中，物的担保制度的核心是私有土地。将土地作为担保品，农户实现了跨期调剂与资金融通。[②]

其二，中国传统的信用担保制度中，人的担保制度与物的担保制度都比较发达。不过，总体而言，人的担保占有重要地位，人们更倾向于选择以人作保。[③]

其三，在比较封闭的乡村社会，存在自我实施的信誉机制，使得农户的"社会资本"能够用于信用担保。

其四，以非正式制度安排为特色的传统信用担保制度，存在一个"自发秩序"，"保人"及"中人"起着关键作用，"集体惩罚"发挥着强大的威慑力，这些因素维护着信用担保制度的有序运行。

其五，非正式信用担保制度已形成一整套较为完备的运作流程，便于

---

① 赵宗煦：《江苏省农业金融与地权异动之关系》，载萧铮主编《民国二十年代中国大陆土地问题资料》，台北成文出版社、（美国）中文资料中心，1977，第46272～46273、46195页；孙兆乾：《江西农业金融与地权异动之关系》，载萧铮主编《民国二十年代中国大陆土地问题资料》，台北成文出版社、（美国）中文资料中心，1977，第45301页。转引自李金铮《民国乡村借贷关系研究——以长江中下游地区为中心》，人民出版社，2003，第353页。

② 龙登高、任志强、赵亮：《近世中国农地产权的多重权能》，《中国经济史研究》2010年第4期。

③ 张域：《担保法律制度与习俗的文化解读——以中国史上的"人的担保"为中心》，博士学位论文，吉林大学，2007，第38页。

"自发秩序"参与者操作，节约了交易成本。

五　基本结论

中国有悠久的信用担保传统与信用担保制度。

中国传统信用担保制度起源于两种信用担保形式，一是物的信用担保，二是人的信用担保，而人的信用担保历史更为悠久，且人的担保方式比物的担保方式使用得更为广泛。

中国信用担保制度的特征是非正式制度的色彩更浓，风俗习惯、"集体惩罚"维持着"自发秩序"的运行。

信用担保制度是私人借贷的基础，私人借贷在信用担保制度之上才能有效运行。

第十章　信用担保制度的当代巨变

中国传统信用担保制度运行两千余年后，在中华人民共和国时代遇到了新情况。20 世纪 50 年代后，农村信用担保制度发生了巨大的变迁。这种巨变源于产权制度的颠覆性变革。土地改革之后，随着农业社会主义改造，个体农户走向集体经济，私人土地变为集体财产。农村土地集体化的产权改革，使得以私有产权为基础的物的担保制度没有生存的土壤。紧随农村生产资料所有制变革的，是农村社会翻天覆地的变化。20 世纪 50 年代的土地改革，消灭了地主阶级，消灭了乡村士绅阶层，摧毁了农村传统信用担保制度中的保证人阶层，彻底改变了农村信用担保制度中人的担保制度。计划经济时期，正式信用担保制度基本中止，由风俗习惯构建的非正式信用担保制度也悄然步入民间借贷的角落，不为公众所知。

一　信用担保制度产权基础的变革

当代农村重大产权变革是土地改革。

1949 年 9 月颁布的具有"临时宪法"性质的《中国人民政治协商会议共同纲领》，确定了建立农民土地所有权的经济纲领。1950 年 6 月颁布的《中华人民共和国土地改革法》，确定了"实行农民的土地所有制"的政策。1952 年底，大陆地区基本完成了土地改革，实现了"耕者有其田"的农民土地私有制度。[①]

而建立以公有制为主体的社会主义经济体制是中国共产党的奋斗目标。1952 年底，中共中央提出了"过渡时期总路线"，1956 年底建立了由全民所有制和集体所有制组成的公有制经济制度，生产资料所有制实现了根本性变革。作为农户主要财产的土地，作为社会重要生产资料的土地，其产权制度也发生了根本性变革。

在国家推进农业集体化进程中，土地所有权逐渐从农民手中转移到集体组织。1952 年在全国初级农业合作社热潮中，农民以土地、农具等私有生产资料入股，虽然所有权仍属农民，但经营权转移到了初级社。1954 年《中华人民共和国宪法》第八条规定"保护农民的土地所有权和其他生产资料所有权"，但第七条设定了在农村发展"劳动群众集体所有制"的目标，为农村土地公有化做了铺垫。1955 年下半年，初级农业合作社升级为高级合作社，农民土地私有制进一步转变为合作社集体所有制，农民私有的牲畜、大型农具以及土地附属物如塘、井等水利设施也转变为合作社集体所有。1958 年农村人民公社体制建立后，农村土地等生产资料归公社集体所有，后来虽然调整为"三级所有，队为基础"，但农民失去了土地所有权。

此后几次修正的《中华人民共和国宪法》坚持了农村土地等生产资料集体所有制度。1975 年的《中华人民共和国宪法》和 1978 年的《中华人民共和国宪法》，都强调两种生产资料所有制："社会主义全民所有制和社会主义劳动群众集体所有制。"土地作为重要的生产资料，属于全民所有和社会主义劳动群众集体所有，是题中应有之义。1982 年的《中华人民共和国宪法》第十条规定"农村和城市郊区的土地，除由法律规定属于国家所有的以外，属于集体所有；宅基地和自留地、自留山，也属于集体所有。"

除所有权外，土地产权还包括经营权等其他权利。改革开放后，在坚

---

① 吴承明、董志凯主编《中华人民共和国经济史》（第一卷），中国财政经济出版社，2001，第 244 页。

持宪法确定的农村土地等生产资料集体所有制的原则上，国家法律逐渐将土地的使用权、经营权等权利还给农民。1983 年起全国推行家庭联产承包责任制，农村土地仍归集体所有，而农户取得了使用权、经营权。1988 年《中华人民共和国宪法修正案》规定了"土地的使用权可以依照法律的规定转让"。[①] 2002 年 2 月颁布的《中华人民共和国农村土地承包法》，仍然强调农村土地集体所有制性质，但提出"保护承包方的土地承包经营权"，"保护承包方依法、自愿、有偿地进行土地承包经营权流转"。

在宪法确定的农村土地集体所有制的法律框架下，其他专门法律确定了农民对于土地的系列权利。1995 年 6 月颁布的《中华人民共和国担保法》、2007 年 3 月颁布的《中华人民共和国物权法》规定：土地所有权，耕地、宅基地、自留地、自留山等集体所有的土地使用权不得抵押；而依法承包并经发包方同意抵押的荒山、荒沟、荒丘、荒滩等荒地的土地使用权可以抵押。《中华人民共和国物权法》确定了"土地承包经营权人依法对其承包经营的耕地、林地、草地等享有占有、使用和收益的权利"，规定"通过招标、拍卖、公开协商等方式承包荒地等农村土地""承包经营权可以转让、入股、抵押或者以其他方式流转""宅基地使用权人依法对集体所有的土地享有占有和使用的权利"。

依照相关法律，农户经营的土地、宅基地及居住的房屋，都没有完整的私有产权。

二 物的担保制度受到严重削弱

国民经济恢复时期，农户拥有土地等生产资料的所有权，信用担保制度中物的担保基本没有变化。一些分了土地的农户以土地、房屋作抵押，为解决生产、生活急需，向私人借贷。

[①] 上述内容参见周志刚《中国农村土地制度的宪法变迁》，《国土资源导刊》2014 年第 1 期；韩晶《建国以来中国农村土地制度变迁的轨迹与改革思路》，《中共四川省委党校学报》2002 年第 2 期；张悦《基于意识形态的中国农村土地制度变迁》，博士学位论文，辽宁大学，2010。

从 20 世纪 50 年代中期开始，生产资料公有制的建立，对以私人产权为基础的抵押、质押信用担保方式造成致命性的破坏。随着农业集体化的推进，农户土地、牲畜等私有财产逐步公有化，农户失去了主要的私有财产——耕地，房屋也因宅基地属于集体而没有完整的产权。不论是正式信用担保制度，还是非正式信用担保制度，抵押、质押信用担保方式都基本上失去了存在的物质条件，在农村借贷中的作用受到严重削弱。

不过，在农户看来，虽然宅基地所有权属于集体，但房屋则是自己的，自己有权处置房产。在农村集体经济时期，农户买卖房屋的现象也时常出现。因此，农户的房屋仍然具有一定价值，仍具有一定的债权担保功能。农户在借贷中，以自己的房屋作抵押，这一现象也较普遍。

三　人的担保制度发生巨变

除上述物的信用担保制度发生重大变迁外，人的信用担保制度也发生了深刻变化。

土地改革消灭了农村地主阶级，同时也消灭了拥有政治、经济、社会等权力的乡绅阶层。乡绅阶层曾是农村借贷市场信用担保保证人的主体，乡绅阶层的消亡，意味着传统的人的信用担保制度关键组成部分消亡。传统的人的信用担保制度出现了巨大的残缺。

农村集体化时期，平均主义盛行，农户集体贫穷，农村几乎没有富户，一直没有形成可以代替乡绅阶层充当信用保证人角色的人群。乡村社会的精英群体是乡村干部，因此，一些地方村干部开始充当信用担保保证人角色。[①]

改革开放后，虽然建立了信用担保机构，但它没有担当起传统信用担保制度中的"保人"职能，由此造成人的担保制度的残缺。

---

① 许多地区村干部在乡村社会管理中具有重要地位，他们不仅是村务管理者，还是邻里纠纷的调停人、村民合约的证明人、村民债务的担保人。在笔者参与 1998 年中国社会科学院第四次无锡、保定农村经济调查和 2011 年中国社会科学院国情调研"无锡保定农户收支调查"时，多位受访人谈到村干部常作担保人。

四 社会资本抵押价值的下降

从广义信用担保制度视角来看，国民经济恢复时期、过渡时期及计划经济时期，非正式信用担保制度中的"社会资本"抵押、保人"保证"方式并未中断。

从中华人民共和国成立到改革开放初期，农村人口流动较少。特别是集体化时期，国家实行城乡分割的二元户籍管理体制，农民被束缚在村落之中，极少有外迁流动的机会，乡村社会比较封闭。这一社会环境使得乡村信誉机制得以维持，农户的"社会资本"具备了价值，农户可以以其"社会资本"作抵押取得借款。因此，长期以来，农户私人之间的借贷基本上不需要抵押物、质押品。国家银行、农村信用社等正规金融机构很少向农户贷款，而贷放的少量农户贷款也全都是信用贷款，不需要农户提供保证或抵押物，农户以"社会资本"向正规金融机构作了抵押。有时，为保障债权，私人之间的借贷需要保人，由于保证人作保，乡村社会的信誉机制保障了"社会资本"的价值。

改革开放后，农户"社会资本"的抵押价值却在下降。20 世纪 80 年代推行的改革开放政策，逐渐打破了城乡二元经济结构，打破了农村的封闭状态，越来越多的农民外出经商、打工，甚至举家外迁，谋生之处越来越多。虽然乡村仍存崇尚诚信的文化传统，但封闭的社会环境一经打破，传统的信誉机制不再能够发挥有效的作用，欠债不还的代价正在变小，农户"社会资本"抵押价值相应下降。由于社会信用体系建设滞后，失信者及有过不法行为者难以受到持续的惩戒，正规金融机构不愿接受风险较大的农户个人信用，农户能够获得的以"社会资本"作抵押的信用借款越来越少。

五 基本结论

中国传统信用担保制度的产权制度基础是私有制。农村生产资料所有制转化为集体所有制后，农户曾经拥有的土地等私有财产转变为公有财产。私有产权的变革，铲除了传统信用担保制度得以存在的土壤，物的信用担保制度很难存续了。

中国传统信用担保制度的另一块根基是乡村士绅群体及宗族力量，这是人的担保制度的基础。在土地改革中，摧毁了乡绅阶层。在乡村社会重建中，摧毁了宗族势力。但与此同时，新社会却没能及时重建可以代替他们的社会力量。由于能够胜任人的担保的群体有限，传统的人的信用担保制度出现残缺。

此外，"社会资本"能够充当信用担保物，有比较苛刻的社会环境。传统乡村社会这一几乎封闭的熟人社会，保证了借贷人的信息与信用比较透明。个人需要依赖乡村、宗族才能生存的外在压力，保证了失信将被重惩的"集体惩罚"的威慑力。一旦乡村封闭环境被打破，而比较完备的现代社会信用体系没有形成，失信者逍遥社会，个人的"社会资本"就会贬得一文不值。在这种情况下，私人出贷者、金融机构不再信任农户的"社会资本"，也就不再愿意提供无显性担保要求的信用贷款，反而强烈要求借贷人提供充足的显性信用担保。这将使农村借贷人更为窘迫。

第十一章　改革开放后农村信用担保制度的重建

改革开放后，中国经济呈现多元化的发展势头。农村实行家庭联产承包责任制后，土地所有权仍然属于集体，但农户拥有了使用权、经营权、收益权。虽然农户拥有的土地产权是不完整的，但土地使用权、经营权、收益权等产权逐渐具备了较高的经济价值，在一定程度上能够充任抵押物，这为农村信用担保制度建设开辟了新天地。非正式信用担保制度随着农村经济的繁荣、农户借贷的增多，又焕发出新的活力。

国家正式信用担保制度建设也逐渐加强。中国正式信用担保制度的历史基础相当薄弱。1949 年中华人民共和国成立后，废除了国民政府制定的《民法》，但新政权没有制定新的担保法律，直到 20 世纪 80 年代后，国家才开始建立信用担保法律制度。1981 年全国人大制定了《中华人民共和国经济合同法》，规定了保证等担保方式。1986 年全国人大制定了《中华人民共和国民法通则》，增加了抵押担保的内容。1995 年 6 月《中华人民共和国担保法》颁布，2007 年 3 月《中华人民共和国物权法》颁布，至此，形成了以《民法通则》的规定为核心，以《担保法》的规定为主干，以《物权法》《海商法》《合同法》等法规为补充的担保法律体系。①

各地积极探索重建农户信用担保制度。农户贷款主要的信用担保方式

---

① 陈本寒主编《担保法通论》，武汉大学出版社，1998，第 45~48 页。

是抵押担保、保证担保、质押担保。但农村可用作抵押担保的物品比较缺乏。农户使用的耕地、林地、宅基地、自留地、自留山、水面等资产，因法律限制，不能用作抵押担保物。农户希望能够以保证担保方式贷款，但难觅合格的担保人。这些都成为农村信用担保体系建设的短板。

一　抵押担保

抵押担保是指以农户拥有的资产作抵押，以获取金融机构的贷款。农户的资产类型可以分为固定资产、流动资产和财产权利三类。如果不考虑完全的产权，将农户拥有固定资产部分关键产权，近似地视作农户已拥有该固定资产的产权，那么，农户的固定资产有房屋，承包的耕地、林地、水面、四荒地（荒山、荒沟、荒丘、荒滩），机器设备，大型农用工具，交通工具等。农户的流动资产包括债券、股票、依法可转让的股份、银行存款单等金融资产，以及家用电器、在产品、产成品等非金融流动资产，其中，农户最普遍的流动资产是银行存款单、家用电器。农户的财产权利主要包括农产品订单、应收账款、经营权、收益权、商标权、仓单、提单等，其中最主要的是农产品订单、应收账款，以及具有一定规模的特色种植园、养殖场等。

依据相关法律，农户没有耕地、林地、宅基地、自留地、自留山、水面等资产的所有权，这些资产不能抵押。但农户拥有土地承包经营权、林地经营权、养殖水面经营权、居民房屋权等用益物权，这为探索农户抵押担保提供了政策空间。因此，一些地方在农户土地承包经营权、林地经营权、养殖水面经营权、居民房屋权抵押方面做了尝试。

（一）土地承包经营权抵押担保

《担保法》《物权法》《农村土地承包法》规定，除以公开竞争或以协议方式发包的"四荒"土地承包经营权可以抵押外，以普遍的家庭承包方式取得的土地承包经营权可以流转，不能抵押。法律允许农户土地承包经营权流转，实际上为土地承包经营权抵押留下了政策余地。土地承包经营权代表了所承包土地的未来收益权，本身具有经济价值。允许农户土地承包经营权流转，便于所承包土地收益权的变现。所以，农户的土地承包经营权具备了成为贷款有效抵押物的条件。因此，一些地方创新农户贷款担保，接受土地承包经营权作抵押。

以土地经营权抵押贷款的通常做法如下。行政村（镇）成立"农户土地协会"，农户将所拥有的部分土地承包经营权入股到协会，成为协会会员。当会员农户需要贷款时，可以选择加入协会的几户农户及一户协会常务会员户作贷款担保人，与协会和担保人签订土地承包经营权抵押转让协议，农户随后可向农村信用社提出贷款申请，协会则与农村信用社签订总的担保协议。信用社审查后，如果符合条件，就向农户发放贷款。①

各地在尝试土地经营权抵押贷款方面，建立与逐渐完善了相关制度。如湖北省天门市出台了《农村土地流转经营权抵押贷款试行办法》和《土地流转抵押贷款操作流程》，制定了从贷款对象、抵押品认定、贷款方式、操作流程到风险规避等的具体实施方案。②

土地承包经营权抵押贷款对缓解农户融资难问题起到了比较好的作用。如，广西壮族自治区90家农村信用合作金融机构中有14家开展了土地承包经营权抵（质）押贷款业务，到2010年6月30日，共发放贷款88笔，货款余额约1.68亿元，约占全区各银行土地承包经营权抵（质）押贷款的50%。其中，7家县（市）级农村信用合作金融机构发放的土地承包经营权担保贷款方式为抵押贷款，有32笔，贷款余额约7376万元。总体看，广西各地土地承包经营权贷款担保方式不统一，有的采用抵押担保方式，有的采用质押担保方式；担保价值的认定标准也不一致，部分金融机构以所承租土地租金的一定比例来确定贷款额度；无抵押登记机构，无法对已抵押的土地承包经营权进行公示。③

---

① 王益君、文瑞盈、李建军：《国内农村信贷抵押担保创新综述及启示》，《西部金融》2009年第9期。
② 张静：《农村金融市场担保方式创新——基于湖北的实践》，《中国金融》2010年第2期。
③ 罗军、程记平等：《农村土地承包经营权抵质押贷款：想说爱你不容易》，《中国农村金融》2013年第1期。

（二）林地、水面经营权抵押担保

21 世纪以来，各地大力推进集体林权制度改革，农户获得了林地经营权。金融机构纷纷试水农户林权抵押贷款业务。林权抵押贷款，就是农户以林地使用权与林木所有权作为贷款抵押物或反担保抵押物，从金融机构获得贷款。林权抵押贷款风生水起，云南、浙江、江西、福建、四川、重庆、湖南等多省市都在试点，形成了多种模式。

模式之一是农户自我担保，直接以自己的林权作抵押，获得贷款。第一种方式是：拥有林权证的农户，将森林资源资产评估书和与金融机构签订的借款合同，以及相关资料送林权登记管理中心；林权登记管理中心审核无误后，向农户核发林木他项权证；金融机构收到他项权证等有关资料后，依照合同发放贷款。这一方式主要针对有大额资金需求的林业大户和林业法人。第二种方式是，"信用 + 林权抵押"。农村信用社在创建信用村、信用户的基础上，通过林权抵押提高授信额度，"集中评定、一次登记、随用随贷、余额控制、周转使用"，解决农户小额生产经营资金的需求。① 此外，农户也可以用林权证直接向农村金融机构作抵押，获得贷款。

模式之二是，农户将林权抵押给第三方，由第三方提供担保，获得金融机构的贷款。如浙江省丽水市建立了森林资源资产收储中心担保贷款模式。农户向金融机构借款，由森林资源资产收储中心为农户提供保证担保，农户要将其林权抵押给森林资源资产收储中心作为反担保，林权通过森林资产评估机构评估、林权登记部门登记。如果贷款发生逾期，金融机构可直接从森林资源资产收储中心账户扣收本息，森林资源资产收储中心则将抵押的林权挂牌交易后流转出去。②

除土地承包经营权、林权抵押融资外，一些地方还探索水面经营权抵押贷款。如湖北省洪湖市、江苏省高淳县，制定了水域经营权抵押贷款办

---

① 周坚飚：《莽莽林海百鸟鸣春——浙江丽水农行林权担保贷款的创新之路》，《金融经济》2010 年第 12 期。

② 周坚飚：《莽莽林海百鸟鸣春——浙江丽水农行林权担保贷款的创新之路》，《金融经济》2010 年第 12 期。

法，对有效权证抵押权、水域经营权价值、抵押物担保比例、贷款期限、贷款利率、贷款程序等方面做了规范。

（三）其他抵押担保

农户的流动资产资源比较丰富，具有流通性强、变现性强等优势，但也存在难于有效管理的难题。现实中，农户动产抵押主要有农机具抵押、建筑机械抵押、存货抵押和农业订单质押等。如，在湖南永州，金融机构选择农户购买的大型农机具作贷款抵押物，在当地的农机部门和工商部门办理抵押登记。

农村居民房屋权等财产权利也是农户一项重要的抵押品。重庆市作为全国城乡统筹试验区，于 2010 年底出台了《关于加快推进农村金融服务改革创新的意见》，首次以省级政府文件形式，制定了土地承包经营权、林权、农村居民房屋权"三权"的抵押、登记、转让和处置等办法，为"三权"抵押贷款操作奠定了制度基础。截至 2011 年 12 月末，重庆四家主要涉农银行（重庆市农村商业银行、中国农业银行、中国农业发展银行、中国邮政储蓄银行）的农村居民房屋权抵押贷款达 18.94 亿元。[①]

浙江义乌市则在盘活农户宅基地方面做了尝试。2015 年 3 月，义乌被列为全国农村土地制度改革试点地区，同年 4 月，义乌市提出了所有权、资格权、使用权"三权分置"的农村宅基地制度改革设计方案。2016 年 4 月 26 日，义乌市政府印发《关于推进农村宅基地制度改革试点工作的若干意见》，提出在落实宅基地所有权和保障集体经济组织成员资格权的前提下，允许宅基地使用权通过合法方式有条件转让，从宅基地的取得与置换、明晰产权、抵押担保、入市转让、有偿使用、自愿退出及民主管理等七方面进行了制度创新。2017 年 6 月 12 日，义乌建立了全国首个农村宅基地基准地价体系，并正式公布《义乌市宅基地基准地价》，为农户利用

[①] 肖轶、魏朝富、尹珂：《农户农村"三权"抵押贷款需求意愿及影响因素分析——基于重庆市 22 个县（区）1141 户农户的调查数据》，《中国农村经济》2012 年第 9 期。陈悦、严伟涛认为重庆市 2011 年底农村居民房屋抵押贷款达 24.7 亿元。见陈悦、严伟涛《"三权"抵押的实际操作与相关机理：重庆个案》，《改革》2012 年第 12 期。

宅基地进行信用担保创造了条件。2018 年初，义乌当地 24 家金融机构累计发放农民住房抵押贷款 6763 笔，贷款金额 32.23 亿元，贷款余额 30.30 亿元，占全国试点地区总量的 1/3 以上。义乌全市共有宅基地 20 余万宗，如果按平均每宗贷款 50 万元推算，理论上可盘活农户资产 1000 亿元，为农户信用担保开辟了一条新路。①

二　保证担保

（一）自然人担保

在私人借贷传统中，农户有找保人作保的习俗，保人一般是自然人。现在，金融机构对农户发放保证贷款时，一般也要求提供保证人。

农户在寻找自然人作担保时，一般会循着亲戚朋友作担保人—乡村干部作担保人—国家公职人员作担保人—社会有势力人物作担保人的"圈层差序"。亲戚朋友是农户经常寻求的请求其提供担保帮助的人群，他们与借款人比较熟悉，担保的成效比较显著。乡村干部与借款人也比较熟悉，在社会生活中对借款人行为有一定的制约，他们作保的贷款违约率也比较低。如内蒙古阿荣旗 1989 年调查结果显示，当地民间借贷大部分通过保人进行，保人一般都是村组里有信誉的人或村组干部。借款人需要借款时去找保人，保人找贷款户借钱并留下借款额和借款利息合计金额的借据，借款人再给保人留下同额借据。很多借款人不知钱是从谁的手里借的，贷款人也不知把钱借给了谁。借款到期后，借款人和贷款人都跟保人结账。如果借款人到期后没钱还账，便失去了信誉，很难再借到钱，甚至再贷无门。②

国家公职人员有一定的社会地位，对借款农户也有一定的影响力，信用担保的效力也有保证，但公职人员如果与农户非亲非故，并不愿意作担

---

① 陈晓文、傅柏琳：《义乌土地改革助力乡村振兴》，《义乌商报》2018 年 1 月 15 日，http://www.ywnews.cn/html/2018－01/15/content_1_1.htm。

② 内蒙古呼盟人民银行调研室、阿荣旗支行：《对内蒙古自治区阿荣旗民间借贷的调查》，《农村金融研究》1989 年第 2 期。

保人，除非政府号召、动员，否则他们是不会替人作担保的。如2004年江西省武宁县推行"农民贷款，干部担保"活动，全县1716名干部中有1182人为2655户农户提供了担保。① 也有一些村庄，如江苏宜兴路庄村，村干部用自己的个人信用为农民们作担保。②

（二）农户联保

由于现实中自然人信用担保严重不足，从1994年起，一些地方开始推广农户联保制度。

中国人民银行制定的《农村信用合作社农户联保贷款管理指导意见》《农村信用社农户联保贷款问题指引》，正式确立了农户联保贷款政策。与自然人担保相比，只要农户加入联保小组，就可以找到担保人。农村信用合作社也通过农户联保的信用担保方式，控制信贷风险，提高经营效益。

农村信用合作社等金融机构发放农户小额贷款，多采用农户联保机制，实行"个人申请、自愿结组、多户联保、周转使用、责任连带、分期还款"，以农户联保信誉替代物质抵押担保。③ 如湖南永州农户的联保方式，是借款人在同村寻找5～10个有一定经济实力的农户，相互之间提供担保，相互之间对贷款承担连带担保责任，实际上是多个自然人的相互担保。④

近年来，为了强化农户联保的作用，一些地方创新出农户联保与农民专业合作社担保相结合的模式。例如，湖南双峰县农业银行建立了"农户联保＋农村科技合作社担保"的模式，扩大了农户小额贷款。其运作方式为：农户成为农村科技合作社社员；其他社员联保并承担连带还款责任；合作社必须在贷款银行开立一个保证金专户，专户资金是社员股金及核心

---

① 黄丽华：《对武宁县农民贷款干部担保情况的调查与思考》，《金融与经济》2005年第6期。
② 黄萍萍：《路庄村为让村民快致富，"村官"当起担保人》，《宜兴日报》2008年9月11日，第2版。
③ 孔荣、彭艳玲、任彦军：《农户联户担保参与决策过程及其影响因素研究——基于陕西、甘肃两省789户农户调查》，《农业经济问题》2011年第10期。
④ 欧永生：《农户贷款担保方式创新途径——以湖南永州农行为例》，《金融经济》2010年第2期。

社员按行业风险缴纳的风险保证金，用于社员贷款担保。专业合作社除负有农户贷款前初审责任外，还承担贷后管理和催收义务。如借款社员不能按时还本付息，银行在贷款到期3个月后，可直接从合作社的保证金账户扣收，合作社必须在15日内补足保证金账户余额。为控制风险，合作社要全面掌握社员的资信状况，并为每位社员办理农业保险。这一模式运行效果很好，农户既解决了融资难题，农行又没有发生一笔不良贷款。①

（三）农民专业合作社担保

2008年末，中国农业银行总行出台了"三农"担保管理办法，各级农业银行分行开始办理农民专业合作社担保农户贷款业务。

从湖北省看，黄石、十堰、荆门、黄冈和随州5市的农业银行分行开展了农民专业合作社担保贷款业务，向1099户社员农户发放了9838万元短期流动资金贷款。由于农民专业合作社担保也存在许多问题，金融机构将农民专业合作社担保与其他担保方式结合起来，创新出混合担保模式。一种是"专业合作社 + 多户联保 + 农户"模式，以社员农户的多户联保为主，专业合作社起辅助担保作用，发放的贷款占农民专业合作社担保贷款总额的85%。另一种是"专业合作社法人代表 + 多户联保 + 农户"模式，以社员农户的多户联保为主，专业合作社法人代表起辅助作用。② 农行随州分行引导农户成立贷款互助担保合作社，2010年底达到17个，入社社员1333人，农行以"互助担保合作社 + 农户"的担保模式，发放农户贷款5855万元，无逾期、不良贷款。③

（四）龙头企业担保

龙头企业在农业产业链条中居于重要地位，龙头企业大多实行"企

---

① 李志扬、周宗团：《"农户联保 + 农村科技合作社担保"模式——发展小额农户贷款的经验与启示》，《金融经济》2010年第4期。
② 农行湖北分行三农信贷管理部课题组：《关于农民专业合作社担保农户贷款的调研报告》，《湖北农村金融研究》2011年第10期。
③ 农行湖北分行农户金融部课题组：《创新担保模式，有效做大农户贷款》，《湖北农村金融研究》2011年第2期。

业＋基地＋农户"的发展模式，将自己的基地发包给当地农户经营，与农户签订农产品收购合同，保证农产品的销售。农户在贷款时，由龙头企业承担担保责任。

采用"龙头企业＋农户"信用担保模式，农户与企业都存在风险。分散的小农户没有与企业讨价还价的能力，企业一旦违约，农户便无力偿还贷款。而企业又难以控制为数众多的农户，当农户违约时，企业若为农户担保，便会蒙受损失。河北邯郸市金融机构探索出一套比较有效的解决方式，以避免双方的风险。

其一是"信用证"方式。其运作过程是：首先，农户自发推出具有法律效力的代表作为"农户代理"；其次，企业和"农户代理"双方都以各自的信誉在银行开户，企业先通过银行向"农户代理"开具"信用证"，收到符合要求的货物后，向"农户代理"支付货款，再由"农户代理"发放至农户手中。

其二是"龙头企业＋信用社＋农户"的"三方协议"模式。在这一模式中，三方先签订协议。按照协议，信用社负责考察养殖户的信用情况，并把合格农户的贷款以预付款的形式放到公司为每一个养殖户设立的账户上；公司负责给养殖户提供优质种源、饲料、药物和服务技术；养殖户只拥有贷款查询卡，并需按月偿还信用社贷款利息，在接受种源、饲料、配药时，不必向公司缴纳现金。在每一批产品被公司收购以后，公司将货款、饲料、药物的款项从收购价款中扣除；信用社贷款也从收购价款中代为清偿。最后公司将扣除贷款后的余额部分交给养殖户。农村信用社的介入很好地解决了"龙头企业＋农户"这一模式不稳定的问题。[①]

（五）担保机构担保

成立担保机构，对农户进行信用担保，是解决农户担保品缺乏问题的另一条出路。

---

① 中国人民银行邯郸市中心支行课题组：《创新农村信贷产品担保方式研究》，《华北金融》2010 年第 5 期。

各地已建立的信用担保机构有三类。一是事业法人，如省市中小企业信用担保中心，由地方政府出资，企业化管理和市场化运作，并采取会员制方式。二是企业法人，如省市中小企业信用担保公司，在地方政府出资的同时还吸收其他资金，按照《中华人民共和国公司法》运作。三是社团法人，如省市中小企业信用担保协会等。① 这些担保机构主要为中小企业信用担保服务，对农户信用担保则做得太少。

一些地方针对农村土地流转问题，成立了担保公司，支持土地流转。如四川省成都市各县（区）都成立了针对土地流转的担保公司。2008 年 3 月，成都市设立了由 16 家区（市）县农业投资公司和成都市小城镇投资有限公司、现代农业物流业发展投资公司以及农发投公司共同参股的全国首家农村产权流转担保股份有限公司。此外，部分经济基础较好的区县还成立了区县一级的服务于农村产权制度改革的担保公司。如温江组建了注册资金为 1 亿元的农村投资担保公司。双流县出台了《农村产权担保贷款管理暂行办法》，县政府出资成立了农村产权流转政策性担保公司。②

三　质押担保

（一）动产质押担保

相对于抵押担保、保证担保，农户质押担保发展更为缓慢。质押物一般是易变现、易保值、易保管的有价证券。但农户缺少此类质押物。如安徽省淮北市涉农金融机构质押担保的质押物一般为存单和国库券，担保额度为面值的 80% ~ 90%，担保贷款业务较少，到 2010 年 8 月质押担保贷款仅占涉农贷款的 0.64%。③ 农户以股权为质押取得贷款的情况更不多见。

① 方晓霞：《中小企业信用担保：制度缺陷与发展对策》，《当代财经》2004 年第 9 期。
② 王越子、杨雪：《抵押物残缺、担保机制与金融支持土地流转：成都案例》，《农村金融》2010 年第 2 期。
③ 郑成清、闫真峰：《淮北市农村金融抵押担保贷款情况的调查与分析》，《金融纵横》2011 年第 2 期。

（二）土地承包经营权质押担保

土地承包经营权除用于抵押担保外，一些地方还尝试用于质押担保。如，广西壮族自治区 90 家农村信用合作机构中有 7 家县（市）级合作社机构将土地承包经营权用于质押，贷款 56 笔，贷款余额约 9410 万元。[①]

四 基本结论

改革开放后，一方面是农户重新回归生产经营主体地位，另一方面是金融机构市场化改革与经营管理制度的改革，使农户的借贷需求与正规金融机构信贷供给业务不匹配，从而使发展与完善信用担保制度成为当务之急。

现代信用担保制度的特征是物的担保制度与人的担保制度"双轨并行"。中国信用担保制度建设在接续传统信用担保制度的情况下，尝试根据现实产权制度的特点，进行深度创新。农村实行了家庭联产承包责任制，但土地所有权仍然属于集体，农户拥有的只是使用权、经营权、收益权。由于农户没有完全的土地产权，要盘活农户手头的土地资产，将其用于信用担保，就需要在农户已取得的土地承包权、经营权、收益权等产权上进行探索，一些地方做出有益的尝试。

在重建自然人信用担保制度上，各地也在探索除自然人担保之外的其他法人担保方式，如尝试推行农户联保、龙头企业担保、专业合作社担保、专业担保公司担保等担保途径，也取得了一些成效。

但在探索农户"社会资本"担保方面，由于全社会信用体系建设滞后，进展不大。

总体上看，国家正式信用担保制度建设逐渐加强，非正式信用担保制度也在焕发新的活力。

---

① 罗军、程记平、张媛：《农村土地承包经营权抵质押贷款：想说爱你不容易》，《中国农村金融》2013 年第 1 期。

第十二章 信用担保缺乏对农户借贷的束缚

改革开放以来，农户信用担保制度建设虽然有所发展，但仍存在不少问题。从农户方面看，信用体系建设滞后，担保物缺乏，担保人难以寻觅，这导致农户在向正规金融机构提供信用担保时遇到"瓶颈"。农户面临着信用担保约束，引致了在正规金融机构融资的困难。从正规金融机构方面看，在管理体制与经营机制改革进程中，为降低信贷风险，中国农业银行、农村信用社、农村商业银行等正规金融机构不愿意发放信用贷款，而是不断地扩大抵押、担保贷款，要求农户提供信用担保，不少农户被挡在门外。显然，目前的信用担保制度已对农户融资造成严重束缚。

一 正规金融机构强调信用担保

农业本身属于弱势产业，生产效益普遍低于其他产业，生产经营又具有较高的风险，农业贷款自然也风险较大。与工商企业客户不同，正规金融机构的农业客户又有很多缺点：申请贷款的农户数量众多，但需要的贷款额度又比较小；需要贷款的农户居住在分散的乡村，正规金融机构办理贷款需要投入更多的人力；农户借贷多以短期的、季节性的、周转性的、应急性贷款为主；农户借贷需求多是生活性借贷，而农户如何使用贷款难以监控；农户需要低利率的贷款；不同收入水平和不同类型农户借贷需求存在差异性；农村信用环境比较差；等等。因此，对于正规金融机构而言，办理农户贷款业务的成本高，风险大，收益低，所以极不情愿开办农户贷款，特别是不愿发放信用贷款。①

为了降低信贷风险，正规金融机构倾向于尽量减少信用贷款，尽量扩大担保贷款，要求农户提供担保，或提供抵押资产。如，张兵、张宁对江苏省41个乡（镇）、80个村1202户农户2010~2011年借贷情况的调查发现，农户在正规金融机构的借贷，28.87%为抵押贷款，61.86%为担保贷款，无抵押、担保的信用贷款不到10%。②

王丽萍、霍学喜和邓武红对陕西省248家农户2001~2005年5年的跟踪调查说明，农户从正规金融机构贷款都需要一定的抵押或担保，其中，信用担保占绝大多数，为85.06%，抵押担保占15.03%。有52.63%的农户认为自己不能从银行、农信社得到贷款的原因是不能提供抵押资产，有5.26%的农户认为得不到正规金融机构贷款的原因是自己不能提供担保。③

史清华、卓建伟2002~2004年对河南、湖北、吉林、江苏、山西等省农户进行调查，发现农户在选择贷款难的原因时，一选"手续繁杂"，二选"利率高"，三选"缺乏担保"，四选"贷到的额度太小"，五选"缺乏和银行内部人员的交往"。对于自己从正规金融机构贷款的障碍因素，2002年有18.1%的农户认为缺少担保，有9.52%的农户认为缺少抵押物；2003年有36.23%的农户认为缺少担保，有22.56%的农户认为缺少抵押物；2004年有21.24%的农户认为缺少担保，有7.98%的农户认为缺少抵押物。三年平均数据看，有26.44%的农户认为缺少担保，有13.35%的农户认为缺少抵押物。④

---

① 王静、王蕊娟、霍学喜：《论农民专业合作组织对农户融资的信用担保》，《西北农林科技大学学报》（社会科学版）2010年第6期。

② 张兵、张宁：《农村非正规金融是否提高了农户的信贷可获性？——基于江苏1202户农户的调查》，《中国农村经济》2012年第10期。

③ 王丽萍、霍学喜、邓武红：《西部地区农户资金借贷实证分析——以陕西省248户调查为例》，《中国农业大学学报》（社会科学版）2006年第3期。

④ 史清华、卓建伟：《农村居民的储蓄与借贷行为——基于晋鄂豫苏吉5省3年的调查》，《学习与实践》2007年第6期。

国务院发展研究中心农村经济研究部 2004 年对全国 29 个省份 1962 户农户、133 个村庄的调查数据表明，实际获得信用社贷款的农户占申请过贷款农户的 74.2%。在申请贷款被拒绝的农户中，38% 的农户认为是缺乏抵押或担保而没有获得贷款。被调查农户中有 154 笔借款需要抵押，最主要的抵押物是房屋，占到 40.9%。66.5% 的信用社借款需要担保，而通常只有关系比较好的人才会答应作为担保人，其中亲戚朋友占到 50%。①

北京大学中国经济研究中心宏观组 2006 年对农户借贷方式的调查数据显示，农户从农信社获得的借款中，亲戚朋友担保是最主要的担保方式，占到 41.28%，企业担保占 1.34%，财产房屋抵押占 24.83%。②

中国人民银行 2007 年在全国 10 省（区）、263 个县、2004 个村对 20040 户农户借贷情况的调查表明，无论是申请贷款的农户，还是提供服务的金融机构，抵押担保是贷款发放的重要决定因素。全部样本中，有 15.3% 的农户认为抵押担保是在农村信用社获得贷款的决定性因素；作为供给方的信用社，除小额信用贷款外，其他形式的贷款都强调提供抵押担保（联保贷款中，抵押担保比例超过 20%），而缺乏抵押担保是农户贷款难的重要原因。③

孔荣等人在 2007 年、2008 年对甘肃省灵台县、河南省新安县、陕西省千阳县和周至县 1600 户农户进行调查，发现正规金融机构对农户的信任程度取决于其抵押资产价值的高低，43.82% 的被调查农户曾经被农村信用社和银行拒绝贷款。在询问被正规金融机构拒绝的原因时，51.20% 的被调查农户认为因为自己没有抵押资产，34.49% 的农户认为因为自己不被正规

---

① 韩俊、罗丹、程郁：《农村金融现状调查》，《农村金融研究》2007 年第 9 期。
② 北京大学中国经济研究中心宏观组：《2006 年农村家庭借贷情况调查研究》，《金融研究》2007 年第 11 期。
③ 汪小亚：《掌握需求特点 改善农户金融服务——基于 2 万户样本"农户借贷情况问卷调查"的分析》，《中国金融》2009 年第 20 期；中国人民银行农户借贷情况问卷调查分析小组编《农户借贷情况问卷调查分析报告》，经济科学出版社，2009，第 28 页。

金融机构所信任。这表明，农户申请正规金融机构贷款面临较高的门槛。[1]

王静、王蕊娟和霍学喜对陕西省洛川县农户借贷情况的调查，也说明缺乏抵押担保是阻碍农户从正规金融机构获得贷款的最主要原因。被调查的 103 户农户中，有 47% 的农户表示他们缺少正规金融机构认可的抵押品，找不到合格的担保人，正规金融机构不会向他们提供贷款；有 51.3% 的农户认为阻碍他们从正规金融机构获取贷款的最主要原因是"需要抵押担保"。[2]

再据秦红松的研究，重庆正规金融机构对农户贷款时，几乎都要求提供担保。2010~2012 年，重庆的商业银行中，只有中国农业银行重庆分行贷放了少量的信用贷款，贷款额度仅占贷款余额的 0.02%~0.03%，重庆银行、三峡银行已不贷放信用贷款（见表 12 – 1，表 12 – 2）。

表 12 – 1　重庆市正规金融机构农户担保贷款（2010~2012 年）

单位：亿元

年份	银行	信用贷款	自然人、法人非法人组织担保	农户联保	土地房屋等不动产担保	动产抵押	权利质押	总额
2010	农行重庆分行	0.1	73	6.2	191	26	18	314.3
2011		0.1	84	6.7	226	31	22	369.8
2012		0.1	94	5.2	264	36	25	424.3
2010	重庆银行	0	11.2	0	25.2	0.8	1	38.2
2011		0	13.9	0	29.6	0.8	1	45.3
2012		0	21.0	0	39.5	0.3	1.9	62.7
2010	三峡银行	0	3.8	0	0.3	0	0	4.1
2011		0	11.3	0	0.6	0	0	11.9
2012		0	13.8	0	0.7	0.5	0	15.0

资料来源：秦红松《农户贷款担保困境及破解机制研究》，中国金融出版社，2017，第 120~121 页。

---

[1] 孔荣、Calum G. Turvey、霍学喜：《信任、内疚与农户借贷选择的实证分析——基于甘肃、河南、陕西三省的问卷调查》，《中国农村经济》2009 年第 11 期

[2] 王静、王蕊娟、霍学：《论农民专业合作组织对农户融资的信用担保》，《西北农林科技大学学报》（社会科学版）2010 年第 6 期。

表 12-2 重庆市正规金融机构农户担保贷款结构 （2010~2012）

单位：%

年份	银行	信誉担保	自然人、法人非法人组织担保	农户联保	土地房屋等不动产担保	动产抵押	权利质押
2010	农行重庆分行	0.03	23.23	1.97	60.77	8.27	5.73
2011		0.03	22.71	1.81	61.11	8.38	5.95
2012		0.02	22.15	1.23	62.22	8.49	5.89
2010	重庆银行	0	29.32	0	65.97	2.09	2.62
2011		0	30.68	0	65.34	1.77	2.21
2012		0	33.49	0	63.00	0.48	3.03
2010	三峡银行	0	92.68	0	7.32	0	0
2011		0	94.96	0	5.04	0	0
2012		0	92.00	0	4.67	3.33	0

资料来源：据秦红松《农户贷款担保困境及破解机制研究》（中国金融出版社，2017）第120~121页资料计算。

种种情况说明，有没有抵押品，能不能提供担保，成为农户能否获得正规金融机构贷款的关键所在。

二 农户缺乏可供抵押的资产

现实情况是，农户普遍缺少合格的抵押担保资产。

《中华人民共和国担保法》第三十四条规定，可以抵押的财产有：抵押人所有的房屋和其他地上定着物；抵押人所有的机器、交通运输工具和其他财产；抵押人依法有权处分的国有的土地使用权、房屋和其他地上定着物；抵押人依法有权处分的国有的机器、交通运输工具和其他财产；抵押人依法承包并经发包方同意抵押的荒山、荒沟、荒丘、荒滩等荒地的土地使用权；依法可以抵押的其他财产。《担保法》《物权法》《农村土地承包法》又规定：耕地、宅基地、自留地、自留山等集体所有的土地使用权不得抵押；但通过招标、拍卖、公开协商等方式承包的农村土地，经依法登记取得土地承包经营权证或者林权证等证书的，其土地承包经营权可以依法采取转让、出租、入股、抵押或者其他方式流转。

由于现行法律的限制，农户缺少可供抵押资产。农户的耕地、宅基地、自留地、自留山等资产不能抵押。虽然不少地方在探索土地承包经营权、林地经营权、水面经营权、农户房屋权等用益物权抵押，但实际违反了相关法律。《担保法》《物权法》《农村土地承包经营权流转管理办法》规定，普遍的家庭承包方式取得的土地承包经营权可以流转。但以土地承包经营权、林地经营权、水面经营权流转，实际存在着潜在的风险。[①]

普通农户的主要资产为房屋，但是由于农村土地为集体土地，农户的房屋没有土地使用证，不符合有关部门抵押登记要求，不能办理抵押。以农户房屋权作抵押，也存在着潜在的风险。况且，多数农户的住房资产价值较低，抵押的价值不大。据秦红松对重庆农户的调查，房屋价值在 2 万元以下的占 43.42%，在 2 万元到 5 万元的占 21.94%（见表 12 - 3）。

表 12 - 3　重庆农户房屋价值状况

价值	户数（户）	占比（%）
2 万元以下	188	43.42
2 万~5 万元	95	21.94
5 万~10 万元	76	17.55
10 万~20 万元	33	7.62
20 万元及以上	41	9.47

资料来源：秦红松《农户贷款担保困境及破解机制研究》，中国金融出版社，2017，第129 页。

农户的运输工具、农机具等生产设备，虽然可以作为抵押资产，但由于这些专业设备处置困难，抵押率一般在 30% 左右，最多不超过评估价值的 60%。而且，由于这类资产评估登记手续复杂，多数农户也不愿意用作贷款的抵押品。据对黑龙江省农户的调查，分别有 20% 和 70% 的农户反映无抵押物和资产不符合抵押条件。[②] 又据秦红松对重庆农户的调查，农户

① 张静：《农村金融市场担保方式创新——基于湖北的实践》，《中国金融》2010 年第 2 期。
② 姜丽莉、毛爱群：《当前农户贷款抵押担保存在的问题与建议》，《黑龙江金融》2010 年第 5 期。

的交通运输工具评估值平均最高的在 10 万元左右，生产机械评估价值则在 5000 元以下（见表 12 - 4）。

表 12 - 4　重庆市农户交通运输工具及大型农具的价值状况（2012 年）

名称	户数（户）	购买			使用			平均现值（元）	平均使用年限（年）
		价格（元）	户数（户）	占比（%）	年限（年）	户数（户）	占比（%）		
轿车	38	30 万元及以上	1	2.63	6 年及以上	1	2.63	96053	2.74
		15 万 ~ 30 万元	6	15.79	4 ~ 5 年	8	21.05		
		8 万 ~ 15 万元	19	50.00	2 ~ 3 年	23	60.53		
		8 万元以下	12	31.58	1 年以下	6	15.79		
货车	24	30 万元及以上	3	12.50	6 年及以上	5	20.83	91847	3.84
		15 万 ~ 30 万元	4	16.67	4 ~ 5 年	4	16.67		
		8 万 ~ 15 万元	3	12.50	2 ~ 3 年	11	45.83		
		8 万元以下	14	58.33	1 年以下	4	16.67		
拖拉机	5	5 万元及以上	2	40	6 年及以上	1	20	25590	4
		3 万 ~ 5 万元	0	0	4 ~ 5 年	0	0		
		1 万 ~ 3 万元	1	20	2 ~ 3 年	2	40		
		1 万元以下	2	40	1 年以下	2	40		
收割机	2	5 万元及以上	0	0	6 年及以上	0	20	2851	2
		3 万 ~ 5 万元	0	0	4 ~ 5 年	0	0		
		1 万 ~ 3 万元	0	0	2 ~ 3 年	1	50		
		1 万元以下	2	100	1 年以下	1	50		
粉碎机	7	2 万元及以上	0	0	6 年及以上	2	28.57	1567.51	4.71
		1 万 ~ 2 万元	0	0	4 ~ 5 年	2	28.57		
		5000 ~ 1 万元	2	28.57	2 ~ 3 年	2	28.58		
		5000 元以下	5	71.43	1 年以下	1	14.29		
摩托车	153	2 万元及以上	2	1.31	6 年及以上	20	13.07	5301	3.23
		1 万 ~ 2 万元	8	5.23	4 ~ 5 年	35	22.88		
		5000 ~ 1 万元	101	66.01	2 ~ 3 年	77	50.33		
		5000 元以下	42	27.45	1 年以下	21	13.73		

　　资料来源：秦红松《农户贷款担保困境及破解机制研究》，中国金融出版社，2017，第 125 ~ 126 页。

农户家里的耐用消费品评估价值则更低。据秦红松的调查，重庆农户2012年电冰箱现值平均为1392.7元，彩色电视机平均现值为1776.5元，洗衣机平均现值为1301.5元，空调平均现值为1951.2元，抵押价值很低。[①]

农户的金融资产也很少。金融资产在5万元以下的农户占比达67.44%，其中定期存款和活期存款在5万元以下的农户占比分别达到81.98%和78.75%（见表12-5）。

表12-5　重庆市农户2012年拥有的金融资产状况

资产类别	价值（元）	户数（户）	占比（%）
金融资产	2万元以下	165	38.11
	2万～5万元	127	29.33
	5万～10万元	79	18.24
	10万元及以上	62	14.32
定期存款	3万元以下	248	57.27
	3万～5万元	107	24.71
	5万～10万元	30	6.93
	10万元及以上	48	11.09
活期存款	3万元以下	240	55.43
	3万～5万元	101	23.33
	5万～10万元	62	14.32
	10万元及以上	30	6.93

资料来源：秦红松《农户贷款担保困境及破解机制研究》，中国金融出版社，2017，第127页。

三　担保品评估、管理与处置存在障碍

从金融机构方面看，即使农户提供了抵押担保品，在具体操作中还面临着担保品评估、管理与处置的障碍。由于中介服务缺失，抵押担保品评估手续复杂，抵押贷款登记、保险费用偏高，金融机构对抵押品的管理力

[①]　秦红松：《农户贷款担保困境及破解机制研究》，中国金融出版社，2017，第128页。

不从心。最重要的是，由于农村的产权交易市场发展滞后，出现了抵押担保品处理和回购的困难。这些因素导致农村金融机构在开展抵押担保贷款业务时也顾虑重重，较为谨慎。

四 农户难于寻找担保人

《担保法》规定，具有代为清偿债务能力的法人、其他组织或者公民，可以作保证人；国家机关不得为保证人（经国务院批准为使用外国政府或者国际经济组织贷款进行转贷的除外），学校、幼儿园、医院等以公益为目的的事业单位、社会团体不得为保证人，企业法人的分支机构、职能部门不得为保证人。

农户可寻找的保证人范围非常有限。农户所寻找的自然人担保人，几乎全是熟悉的亲朋好友。由于保证人在债务人不履行债务时，要按照约定履行债务或者承担责任，所以，亲朋好友等自然人本身也不愿意作担保。随着担保人风险意识增强，多数公职人员不会碍于亲戚、朋友关系而盲目提供担保。据福建省对农户担保情况的调查，只有 10% 农户能找到农户担保、6% 的农户能找到公务员及行政事业单位人员担保。[①]

农户还可寻找的担保人是联保组织。理论上讲，农户加入联保组织，就可以让联保组织为自己担保。但不少地方成立真正符合联保贷款担保条件的担保小组比较困难，农户往往难以寻找到这种既有实力成员间又相互信任的联保组织。[②] 而且担保往往流于形式，部分联保小组成员只愿承担自己借款的责任。农户联保小组成员又都需要贷款，结果造成联保小组成员同时互保，将农户联保演变为放大的信用贷款，加大了信贷风险，导致金融机构的不满。[③]

---

① 谢锦华、张兰花、朱少洪：《农户贷款担保现状分析——基于福建省的调查》，《中共福建省委党校学报》2012 年第 3 期。
② 刘宗礼、葛冰、杨玫：《农户小额信贷的运作与管理研究》，《西部金融》2012 年第 8 期。
③ 成清、闫真峰：《淮北市农村金融抵押担保贷款情况的调查与分析》，《金融纵横》2011 年第 2 期。

另外，农户也可以选择担保机构为自己担保。但目前的担保机构多以涉农的中小企业、农业龙头企业、专业合作社和种养大户为服务对象，忽视普通农户的担保需求。① 而且，由于担保机构作担保时，农户需要支付费用，这加重了融资负担，农户并不愿意选择。

不少学者的调查显示，抵押问题已成为许多地区农户借贷的"瓶颈"。

因此，一方面，农户缺乏抵押担保资产，缺乏担保人；另一方面，金融机构畏惧抵押资产的评估、管理与处置，信用担保体系建设的滞后，严重阻碍了农户融资。

五 基本结论

改革开放以来，农户在正规金融机构借贷难的问题十分突出，其症结是农户的信用担保不能满足正规金融机构的要求。农户信用担保遇到了"瓶颈"。

为了降低农户信贷的风险，正规金融机构不愿发放信用贷款，从而减少了信用贷款规模，而扩大了担保贷款规模，要求农户提供担保，或提供抵押资产。

农户经济的现实状况是，农户普遍缺少合格的抵押担保资产。农户可以寻求担保的保证人范围非常有限。农户联保方式因成员同时互保，放大信贷风险，金融机构不愿意接受。担保机构服务对象主要是中小企业、农业龙头企业、专业合作社和种养大户，忽视普通农户，而且因担保费用问题，农户也不愿意前去寻求担保。

同时，因为相关制度不健全，农村金融机构开展农户抵押担保贷款业务也顾虑重重，较为谨慎。

信用体系建设滞后，信用担保制度已对农户借贷造成了束缚。

---

① 谢锦华、张兰花、朱少洪：《农户贷款担保现状分析——基于福建省的调查》，《中共福建省委党校学报》2012年第3期。

本篇小结
信用担保与农户借贷的相生相克

本篇希望通过讨论中国传统信用担保制度的产生、特征与变迁，分析信用担保制度与农户借贷的关系。笔者以为，信用担保与农户借贷相生相克。

首先，信用担保是在借贷活动中产生的，是为借贷活动提供的制度保障。

借贷活动是在不改变资金或实物所有权的前提下，资金或实物拥有者以一定的条件暂时出让资金或实物的使用权，借者要根据承诺按期归还资金或实物。资金或实物拥有者为授信者，借入资金或实物者为受信者。由于借贷活动使资金或实物所有权与使用权相分离，信贷风险也随之产生。受信者可能因为各种情况，不能按约归还授信者的资金或实物，从而给授信者带来损失。如果没有一个制度能够缓解这种风险，愿意出借资金或实物的人将越来越少，处于燃眉之急的借贷者将坐以待毙。

因此，信用担保制度应运而生。信用担保的目的，就是提供保障借贷关系安全的制度机制，保障借贷活动顺利进行，增进社会的总体福利。

考察中国信用担保史及借贷史，可以看到，信用担保制度为借贷活动而生。

其次，信用担保制度与信贷活动又是相克的，信用担保制度制约着信贷活动。

　　有效的信用担保制度，能够保障债权债务关系顺畅。比如，能够克服信贷活动中借贷双方的信息不对称，减少逆向选择和道德风险的发生；能够增加借贷者的违约成本；在借贷者违约时，能够为出借人弥补全部或部分损失。这种有效的信用担保制度有助于扩大借贷活动的总体规模，促进社会生产。

　　而效率低下、不健全的信用担保制度，则会阻碍信贷活动，减少全社会的福利。当现行社会的信用担保制度不能有效防范借贷风险，授信者会减少或不再授信，信贷活动将萎缩。反过来，信贷活动减少，对信用担保的需求也会减少，而这不利于信用担保制度发展与完善。

　　最后，中国的信用担保制度源远流长，总体上与农户小农经济借贷活动相适应。20世纪50年代后，信用担保制度出现了巨大的转折。农村社会经济制度发生天翻地覆的巨变后，传统信用担保制度不再能够适应社会现实，而新的、有效的信用担保制度又没有及时建立起来，造成农户信用担保的困境。农户的信用担保条件达不到正规金融机构要求的信用担保水平，所以，农户在正规金融机构难以获得贷款。当前，农村信用担保与农户借贷处于相克的境地，而不是相生的良性循环中。

结　语
必须优先发展农村信用担保体系

一　农户借贷需求、渠道与信用担保的制约

总结三篇的主要内容，笔者认为，以下几点需要特别加以关注。

第一，中国农户借贷需求变迁所反映出的借贷需求特征。

从 1930 年以来，由于所处的社会经济环境不同，以及自身经济处境不同，各阶层农户借贷需求有所不同，但总体而言，中国农户以生活性借贷需求为主的借贷需求结构几乎没有改变。当然，80 多年来农户非生产性借贷需求占比在逐渐下降，生产性借贷占比在逐渐提高，但二者在农户借贷需求中主次地位没有变化。

第二，中国农户借贷渠道变迁所反映出的借贷主渠道几乎没变的事实。

20 世纪 30 年代以来，中国农户借贷的主渠道一直是私人借贷渠道，尽管国家银行、农村信用社等正规金融机构的建设成就十分卓著，但它们没有成为农户借贷的主要渠道。

第三，农户首选私人渠道借贷的根本原因是什么。

从表面上看，中国农户在借贷渠道上存在路径依赖。农户借贷长期首选私人借贷，似乎是一个路径依赖问题。费孝通先生调查苏南吴江县开弦

弓村后发现，农户生活的社会环境呈现"圈层差序"特征，农户需要少量的钱物时向亲戚朋友借用，需要大笔款项时求助于乡村中的互助会，仍不能满足借贷需求时救助于村庄外界的信贷代理人、高利贷系统，以及政府建立的信贷合作社。[①] 刘锡良等人提出，根据借贷交易双方关系的远近，中国农户的融资次序依次为：个人通过兼业实现自我融资或保险—亲属间相互捐赠或互助—熟人间的民间借贷—社区合作金融—中小金融机构贷款—大商业银行贷款。[②] 张杰等的观点与其相似，认为中国农户具有强烈的"内源融资"偏好，首先考虑的是自我和亲友之间的相互融资和保险。[③]

然而，需要特别注意的是，农户并不是天然喜欢从私人渠道借贷，实际上，他们并不希望从私人渠道借贷。因为，虽然通过私人渠道借钱有不少便利，但农户要轻则背负人情债，重则陷入高利贷泥潭。当代农户内心特别渴望能够顺利地从银行或信用社等正规金融组织借钱。中国人民银行2007年的农户借贷调查发现，部分农户表示，亲友间无息借款实际上要负担"人情债"，如果能从正规金融机构获得贷款，他们不愿意选择民间借贷。[④] 不少调查也表明，农户在扩大种养业需要大额融资时，将农村信用社作为首选的意愿融资渠道。如，中国人民银行2007年农户借贷情况调查表明，有24.6%的样本农户首选依靠亲友，有接近50%的农户首选依靠农村信用社。陈鹏、刘锡良等人利用中国人民银行2007年的数据，也得出以种养殖业为主体的农户更加倾向于选择农村信用社、国有商业银行等正规金融机构进行融资。[⑤]

因此，农户私人渠道借贷的路径依赖只是"果"，不是"因"。

不少学者从农户生活的社会环境特征，去分析中国农户首选私人渠道

① 费孝通：《江村经济——中国农民的生活》，江苏人民出版社，1986，第187～197页。
② 刘锡良等：《中国转型期农村金融体系研究》，中国金融出版社，2006，第104～105页。
③ 张杰等：《中国农村金融制度：结构、变迁与政策》，中国人民大学出版社，2003。
④ 中国人民银行农户借贷情况问卷调查分析小组编《农户借贷情况问卷调查分析报告》，经济科学出版社，2009，第23页。
⑤ 中国人民银行农户借贷情况问卷调查分析小组编《农户借贷情况问卷调查分析报告》，经济科学出版社，2009，第53页；陈鹏、刘锡良：《中国农户融资选择意愿研究——来自10省2万家农户借贷调查的证据》，《金融研究》2011年第7期。

借贷的原因。周天芸等人认为，农村普遍存在熟人借贷和友情借贷的信用基础是费孝通指出的"圈层差序"社会环境。[1] 也有一些学者从农户融资成本优势、信用担保的便利等方面予以解释，认为与正规金融机构相比，亲友及熟人的私人借贷具有成本低廉、很少或不用提供担保物的优势。特别是，农户的社会网络是一种"社会资本"[2]，能够为农户提供隐形担保，让农户获取潜在的"人情收益"[3]，有助于农村居民家庭获得借贷资金[4]。另外，私人借贷成本低、无担保等因素也是农户选择私人借贷渠道的重要原因。据中国人民银行研究人员分析，方便、及时、不需要抵押担保是农户选择民间借贷的重要原因。[5]

笔者以为，农户选择借贷渠道与信用担保密切相关，信用担保制度与自身信用担保条件，决定了农户借贷渠道的选择。

改革开放以来，为降低信贷风险，农村信用社、农村商业银行等正规金融机构不愿发放信用贷款，不断扩大抵押、担保贷款，要求农户提供信用担保，将不少农户挡在门外。从农户自身看，他们也意识到，不能提供信用担保是难以获得正规金融机构借款的重要原因。可以说，由于信用担保约束，农户向正规金融机构融资时遇到困难。

二　农村信用担保体系建设严重滞后

早在先秦时期，中国传统的信用担保制度就已产生。传统信用担保制度的产权基础是生产资料私有制，运行环境是比较封闭的乡村熟人社

---

① 周天芸、周彤：《中国农村人际圈层与抵押替代的实证分析》，《中国农村观察》2012 年第 1 期。

② 马光荣、杨恩艳：《社会网络、非正规金融与创业》，《经济研究》2011 年第 3 期。

③ 高帆：《血缘债、关系债、人情债盛行——民间借贷偏好隐含约》，《中国国情国力》2002 年第 5 期。

④ 胡枫、陈玉宇：《社会网络与农户借贷行为——来自中国家庭动态跟踪调查（CFPS）的证据》，《金融研究》2012 年第 12 期。

⑤ 中国人民银行农户借贷情况问卷调查分析小组编《农户借贷情况问卷调查分析报告》，经济科学出版社，2009，第 23 页。

会，乡绅保人、信誉机制是维护信用担保制度运作的关键。由国家法律构建的正式制度与由风俗习惯构建的非正式制度，是传统信用担保制度的两个有机组成部分，由于正式制度发展不足，传统信用担保制度中非正式制度色彩更浓一些。20世纪50年代，传统的信用担保制度发生了重大变革。

20世纪50年代中期，随着农业集体化的推进，农户土地、牲畜等私有财产逐步集体化，农户失去了主要的私有财产——耕地，房屋也因宅基地属于集体而没有完整的产权。不论是正式信用担保制度，还是非正式信用担保制度，抵押、质押信用担保方式都失去了存在的物质条件，"物的担保制度"基本终结。

20世纪50年代初期，土地改革消灭了地主阶级，消灭了拥有政治、经济、社会等权力的乡村士绅阶层。乡绅阶层曾是农村借贷市场信用担保保证人的主体，其消亡也是传统信用担保制度中保证人阶层的消亡，"人的信用担保制度"残缺不全。

在封闭的传统社会，"社会资本"可用于担保。"社会资本"就是家庭的社会关系、社会网络，因其关乎个人的生存与发展，故有重要价值，具备了类似抵押品的功能。集体化时期，由于国家实行城乡分割的二元户籍管理体制，农民被束缚在村落之中，极少有外迁机会，乡村社会较为封闭，使得乡村信誉机制得以维持运行，农户可以以其"社会资本"作抵押取得借款。但"社会资本"抵押机制在改革开放后出现了危机。

20世纪80年代以来，随着正规金融机构对信用担保的重视，农村信用担保体系建设已迈出新的步伐。但是，当前农村信用担保体系建设仍严重滞后于现实需要。

其一，农户"社会资本"的抵押价值正在下降。改革开放逐渐破除城乡二元经济结构，打破了农村的封闭状态，越来越多的农民外出经商、务工，甚至举家外迁，谋生之处越来越多。虽然乡村仍存崇尚诚信的文化传统，但封闭的社会环境一经打破，传统的信誉机制就不再能够发挥有效的作用，欠债不还的代价正在变小，农户"社会资本"抵押价值相应下降。正规金融机构不愿接受风险较大的农户个人信用，农户能够获得的以"社会资本"作抵押的信用借款越来越少。

其二，保证人群体有限，农户难于寻找保证人。《担保法》规定，具有代为清偿债务能力的法人、其他组织或者公民，可以作保证人，而农户可以寻找的保证人多为亲朋好友、乡村干部。除寻找自然人作保证外，农户可选择联保组织作担保，但现实情况是农村还普遍缺少既有实力成员间又相互信任的联保组织。正规金融机构认为，联保小组成员同时互保，则失去了担保的意义，不愿认可。专业信用担保机构很少为农户担保，农户则因需要向其支付担保费用，并不愿意请其担保。

其三，农户能够抵押、质押的资产仍然缺乏。普通农户拥有的最大资产是土地、房屋，但依据《担保法》《物权法》《农村土地承包法》等法律的规定，耕地、宅基地、自留地、自留山等集体所有的土地不得抵押，只有通过招标、拍卖、公开协商等方式承包的农村土地，经依法登记取得土地承包经营权证或者林权证等证书的，土地承包经营权才能抵押。农户可供抵押的财产非常有限。目前，虽然不少地方在探索土地承包经营权、林地经营权、水面经营权、农户房屋权等用益物权抵押，因与有关法律规定相冲突，有潜在的风险。

三　优先发展农村信用担保体系乃是当务之急

借贷活动的基础是信用担保制度。一切借贷都需要信用担保的支持，或为显性，或为隐性，或以物作保，或以人作保，或以"社会资本"作保。担保机制能够有效地解决信贷市场信息不对称的困境，能够维护市场交易安全，促进资金和商品的流通。由于当今农村信用担保体系发展的滞后，造成农户的融资困难。因此，破除农户融资难的困境，必须优先发展与完善农村信用担保体系。

推进农村信用担保体系建设，应在以下方面加大力度。

第一，拓展农户可以运用的担保物种类。农户最大的财产是承包的土地与宅基地、房屋，应扩大农户的产权范围。一是适时增强农户土地承包经营权的抵押功能。一些地方虽然冲破了《物权法》《担保法》"耕地使用权不得抵押"的规定，试行土地承包经营权抵押。但是，在权利抵押和权利质押的二元担保体系下，土地承包经营权之收益权抵押，违背了大陆法系"债权不得单独抵押只能质押"的国内外立法惯例。另外，农户土地承包经营权之收益权质押，与土地承包经营权抵押一样，无法消除政府对农民失地风险的担心。有学者建议，可以采取土地承包经营权质押和抵押"分步走"的方式，在禁止土地承包经营权抵押的法规解禁前，先放开土地承包经营权之收益权质押，在立法时机成熟时，再放开土地承包经营权抵押。笔者认为，土地承包经营权质押和抵押"分步走"的思路，不失为可取之策。另一思路是由产权交易中心介入土地承包经营权质押。二是积极推进农村宅基地用于抵押、担保。2015 年 11 月 2 日，中共中央办公厅、国务院办公厅颁发的《深化农村改革综合性实施方案》提出，要稳妥开展农村承包土地的经营权和农民住房财产权抵押贷款试点，创新和完善林权抵押贷款机制，为拓展农户抵押、担保物种类提供了政策依据。

第二，拓展农村信用担保人群体。在农户缺乏抵押、担保品的情况下，应大力发展人的担保制度。一是大力促进与规范农户联保；二是鼓励乡村干部、企业家等社会精英为农户作保；三是鼓励农民专业合作社、农业龙头企业等法人为农户提供担保。

第三，完善农户征信制度，增强农户的"社会资本"。面对乡村社会日益开放，传统信用担保维护机制丧失的现实，应加强农村征信制度建设，以健全、有效的社会信用体系代替传统封闭的乡村信息体系，增加农户的"社会资本"，增加农户的非物质抵押品。

第四，完善与信用担保制度相关的配套制度。目前，由于中介服务缺失，抵押担保品评估手续复杂，抵押贷款登记、保险费用偏高，金融机构对抵押品的管理力不从心。即使农户提供了抵押担保品，金融机构在具体操作中还面临担保品评估、管理与处置的障碍。这也制约了农村金融机构对农户的信贷业务。因此，应该尽快健全信用担保中介服务制度，完善信用担保品评估、管理与处置制度。

第五，完善面向农户的多元担保体系。农村虽已建立政策性担保机构、商业性担保机构和互助性担保机构，基本形成了多元化的信用担保体系，但它们的业务重点多不在农户，应支持它们为农户信用担保服务。

第六，探讨建立适应农村信用担保的风险分散机制。信用担保行业是高风险行业，农村信用担保风险更大。因此，要保证农村信用担保体系正常运转，必须能够将担保风险分散开来。可以仿照保险业分散风险的办法，建立分级分担信用担保风险的机制。

总之，信用担保制度是支撑农村借贷市场有效运行的基础制度。信用担保制度有效运作的时候，就是农户融资不再难的时候。信用担保制度建设应该优先。

附　录
农户借贷问题的文献综述

本书研究的主要内容是中国农村借贷、农村金融体系、信用担保制度的发展与变迁等问题。这些方面的文献浩如烟海，笔者按中国农村金融市场的特征、中国农户借贷需求与信贷供给、中国农村金融体系的发展方向、近代以来农户借贷问题等四个方面，做了粗略的梳理，概述了学术界的主要观点。

一　中国农村金融市场的特征

（一）中国农村金融市场的二元结构特征

不少西方学者注意到发展中国家农村金融市场的"二元结构"（Financial Dualism）问题，指出大部分发展中国家在正式的、有组织的信贷组织之外，还存在一个非正式的信贷市场。他们提出了农村金融市场二元结构存在原因的两种假说：一是以麦金农、肖等为代表的金融抑制假说，认为农村二元金融市场产生于政策性因素，是政府的利率高限和其他管制导致利率自由的非正式金融的出现[①]；二是以霍夫、斯蒂格利茨为代表的新结

[①] McKinnon, Ronald, *Money and Capital in Economic Development* (Washington, D. C.: The Brookings Institution, 1996); Fry, Maxwell J., "Models of Financial Repressed Developing Economics," *World Development*, 1982, 10 (9): 731 – 750. 转引自周天芸《中国农村二元金融结构研究》，中山大学出版社，2004，第21～22页。

构主义学派，认为农村二元金融市场产生于结构性、制度性因素，即信息不对称，筛选、监督和合约实施成本的差异，导致农村信贷市场形成分割。①

国内一些学者借鉴西方学者的理论研究中国农村金融市场问题，认为中国农村金融市场表现为明显的二元结构。

胡必亮等人认为，中国农村金融市场可分为正规市场和非正规市场。正规的农村金融市场包括正规的金融机构（如国家农业银行、地区性银行、商业银行等）及其服务对象；非正规农村金融、民间金融市场服务的供给方主要是那些国家未正式批准的金融机构、个体放贷者。正规金融机构的服务规范，其经营行为受国家控制，利率较低；非正规借贷者一般不受国家有关法规的制约，利率根据市场供求关系决定。当资金需求者能够很方便地从正规金融机构获得贷款时，非正规借贷行为会受到抑制，否则，市场的大部分份额会留给非正规放贷者。②

何广文认为，从现代发展经济学意义上讲，正规金融组织和非正规金融组织并存，即规范的、官方管制的官方金融体系与非规范的、自发的非官方金融体系并存，这是农村金融市场二元结构的体现。这种二元结构来源于官方的管制、农村金融市场发育的幼稚、资金等金融商品供求上的失衡、农村经济发展的区域性失衡和农村金融机构布局上的区域性失衡。③

周天芸指出，二元金融结构就是官方金融与民间金融的并存，非正式金融形式不但广泛存在于农村金融市场，而且参与农村经济的程度相当高；正式金融存在着明显扶持农业的政策倾向，基于商业性考虑的放贷不足，而非正式金融主要基于商业性考虑。中国农村二元金融结构的运行特征表现为：农村资金净流量呈现"内循环，外输出"；市场形态低级，分

---

① Holf, Karla, Joseph E. Stiglitz, "Imperfect Information and Rural Credit Markets," *The World Bank Economic Review*, 1990, 4 (3): 235 - 250. 转引自周天芸《中国农村二元金融结构研究》，中山大学出版社，2004，第 23~24 页。

② 胡必亮、刘强、李晖：《农村金融与村庄发展——基本理论、国际经验与实证分析》，商务印书馆，2006，第 12 页。

③ 何广文：《中国农村金融供求特征及均衡供求的路径选择》，《中国农村经济》2001 年第 10 期。

割程度高；缺乏竞争主体和竞争机制；非正式金融的经营具有相对优势。①

王国华、李克强也提出，我国农村金融体系的格局是合作性金融、商业性金融、政策性金融共存，并呈现明显的二元化结构，即由中国农业银行、中国农业发展银行、农村信用合作社组成的主导型制度与由农村合作基金会、高利贷、地下钱庄等组成的民间（或体制外）金融并存。②

（二）中国农村存在金融抑制

美国经济学家爱德华·肖（E. S. Shaw，1973）和罗纳德·麦金农深入研究了发展中国家金融发展与经济增长之间的相互关系，他们认为，发展中国家金融制度安排的主要特征可以被概括为金融抑制（Financial Repression），金融抑制现象具体体现为货币化程度低、现代的金融机构与落后的金融机构并存的二元金融结构、不完全的金融市场、政府对金融的严格管制等。

依据肖和麦金农的金融抑制理论，我国不少学者分析了中国农村的金融抑制问题。他们认为，我国农村经济中存在着普遍的金融抑制现象。何广文指出，我国农村居民资金借贷表现出如下特征：（1）借款更多地依赖非金融渠道；（2）农村居民放款表现出较突出的人情关系，而以抵押担保或合同方式建立借贷关系的比例较低；（3）非生产性目的的资金借贷比重较高；（4）融入融出资金利率较高，且抵押能力较弱，按期还款比例较低；（5）农村居民储蓄呈现资金来源多样化、储蓄为预防性储蓄（目的非生产化）的特点；（6）信用合作社是农村居民金融活动的主要金融中介。我国农村居民资金借贷上的行为特征，正是存在农村金融抑制最好的证据。③

娄叔志认为，我国农村金融抑制突出表现在三个方面：一是农村金融

① 周天芸：《中国农村二元金融结构研究》，中山大学出版社，2004，第41~104页。
② 王国华、李克强：《论我国农村金融抑制与金融制度创新》，《中央财经大学学报》2006年第5期。
③ 何广文：《从农村居民资金借贷行为看农村金融抑制与金融深化》，《中国农村经济》1999年第10期。

体系存在缺陷，不能满足多样化的农村金融服务需求，阻碍了农村经济的发展，可称为"供给型"金融抑制；二是农村经济发展的市场化程度低，农民收入增幅下降，在很大程度上也抑制农村的资金需求和供给，制约了农村金融体系的发展，形成"需求型"金融抑制；三是农村金融市场存在较严重的市场分割，主要包括正规金融和非正规金融的分割、非正规金融主体之间自然垄断形成的市场分割。①

李越认为，20 世纪 90 年代末期以来，农村金融抑制问题十分明显。主要表现为：县域金融机构近乎处于"真空"状态、农村的信贷资金投放严重不足、农村资金"非农化"的问题越来越严重、农业保险业和直接融资的发展严重滞后。②

鲁靖指出，我国农村的金融压制主要体现在以下几个方面：农村金融体制服务于城市部门的需要，农村成为金融资源的净供给者；各种形式的民间金融长期被排斥在体制之外，屡禁不止，甚至有愈演愈烈的趋势；农村金融体制改革的滞后扭曲了农村金融的本来目的。③

但中国农村金融抑制究竟属于何种类型，学术界大致形成三种看法。第一种观点认为我国农村金融抑制属于供给型金融抑制，叶兴庆、乔海曙、谢平等人指出导致我国农村金融抑制的主要原因是正规金融部门对农户贷款的资金有限。④ 第二种观点认为我国农村金融抑制是需求型金融抑制。高帆提出，我国农村中的金融抑制在一定程度上源于农户对借贷资金的需求有限。与供给因素导致的金融抑制不同，由需求强度不足所引致的金融抑制可被视为需求型金融抑制。如果农户借款的预期收益率较低，存在其他更为便利的借贷方式，农户对正规金融部门的资金需求就会受到抑制，从而导致农村中的需求型金融抑制。农户借款资源的配置主要是非生

---

① 娄叔志：《中国农村金融体系的变迁与重构》，博士学位论文，复旦大学，2004，第95页。
② 李越：《重构农村金融体系的路径选择》，《金融教学与研究》2007 年第 2 期。
③ 鲁靖：《我国农村金融体系中的金融压制与突破》，《农业经济问题》2007 年第 11 期。
④ 叶兴庆：《论我国农村金融抑制与金融深化》，《当代金融导刊》1998 年第 3 期；乔海曙：《农村经济发展中的金融约束及解除》，《农业经济问题》2001 年第 3 期；谢平：《中国农村信用合作社体制改革的争论》，《金融研究》2001 年第 1 期。

产性用途，而不是生产性投资，因此可以推断借款的偿付能力较弱，预期收益率较低，从而抑制了农户不断借贷的动力。农户所面临的行业风险、市场风险、制度风险、产业结构及社会保障等因素的制约，致使其借入资金的预期收益率较低。同时，非正规金融部门的关系型信用，在一定程度上能够较好地满足农户的借款需求，从而存在对正规金融部门资金需求的替代效应和挤出效应。这样就形成了我国农村中农户借款需求不足所导致的需求型金融抑制。[①] 第三种观点认为我国农村金融抑制是供给型与需求型共存。房德东等指出，我国农村金融抑制表现为在农村金融供给不足的同时，农户对正规金融部门的资金需求也相对有限，一方面是正规金融部门对农户贷款的资金有限，另一方面却是农户存在融资需求约束。[②] 马晓河、蓝海涛、何志雄等人则认为我国农村金融抑制主要表现为供给型金融抑制，需求型金融抑制只是从属现象。[③]

虽然不少学者也承认农村需求型金融抑制的现象存在，但反对将农村金融抑制一概视为需求型金融抑制。刘锡良等人的研究发现，需求型金融抑制现象并不足以导出农户金融需求不足的结论。目前的金融需求抑制只是对正规金融需求的抑制，农户金融需求仍然具有普遍性，不过没有全部表现为对正规金融机构的信贷需求，而是分散化了，通过内源性融资、正规金融体系和非正规金融体系来满足。在很大程度上它是政策抑制的结果，根源在于制度供给上的缺陷。[④] 中国人民银行江津支行课题组认为，在以上三种类型的金融抑制中，供给型金融抑制起着主导作用，其他两种形式的金融抑制处于从属地位。[⑤]

肖和麦金农的金融抑制理论认为，政府金融管制是金融抑制产生的主

---

① 高帆：《我国农村中的需求型金融抑制及其解除》，《中国农村经济》2002 年第 12 期。

② 高帆：《我国农村中的需求型金融抑制及其解除》，《中国农村经济》2002 年第 12 期；房德东等：《试论我国农村领域的金融抑制问题》，《中国农村信用合作》2004 年第 8 期。

③ 马晓河、蓝海涛：《当前我国农村金融面临的困境与改革思路》，《中国金融》2003 年第 11 期；何志雄：《解决农村供给型金融抑制有效途径》，三农数据网，2003 年 11 月 2 日。

④ 刘锡良等：《中国转型期农村金融体系研究》，中国金融出版社，2006，第 44~45 页。

⑤ 中国人民银行江津支行课题组：《中国农村的金融抑制及金融体系设计问题研究》，《重庆金融》2005 年第 3 期。

要原因。不过，刘锡良等人认为，政府对农村金融的压制，固然是农村金融市场发展缓慢的重要原因，但若就此将中国农村金融市场的现状归咎于政府，则有失偏颇。因为这一分析中隐含着两个基本的假设：第一，金融机构追求资产的安全性和收益性的最优组合，是"风险厌恶者"，不会通过金融创新回避风险；第二，农村经济个体不具备学习的能力，从而很难接受任何新的东西，总是简单沿袭着传统的经营模式。在这种情况下，政府理所当然地成为农村金融困境的缔造者。事实上，农民是具备学习能力的，并能对市场信号做出积极的反应；而农村资金的大量流失意味着资金供求的严重失衡，作为金融市场的参与者和重要中介，金融机构似乎也应该承担相应的责任。农村金融业务的萎缩是由多种原因造成的，适合农村市场的融资工具的缺乏也是重要原因之一。[①]

中国人民银行江津支行课题组则认为，供给型金融抑制的成因是农村金融体系不完善，商业银行在农村金融中的撤离与"不为"，引发了农村金融资源的"漏出"，直接导致金融机构对农业信贷投入的力度逐年减弱，减少了农村金融供给；中国农业发展银行作为唯一政策性银行"不能"，没有发挥对农业投入的资金聚集效应；合作金融"无力"，难以满足农户和农村中小企业的资金需求；邮政储蓄"分流"，成为农村资金外流的主渠道；农业保险"缺位"，加剧了农村金融供给紧张的状况。[②]

（三）农村金融功能残缺

金融功能论认为，金融的功能主要体现在三个方面：资金动员、资金配置、分散风险。三个功能中资金配置功能最为重要：资金配置好，下期生产中的剩余就多、资金回报率就高，从而可动员的资金就多；同时，把资金配置到最有效率的地方，风险就小。宋磊、王家传分析了农村金融体系的资金配置现状，认为中国农业银行支农贷款比重逐年下降，农村市场

[①]　鲁靖、邓晶：《中国农村金融行为与金融工程》，《金融与经济》2004 年第 4 期。

[②]　中国人民银行江津支行课题组：《中国农村的金融抑制及金融体系设计问题研究》，《重庆金融》2005 年第 3 期。

地位弱化。20 世纪 80 年代中期至 90 年代初，为解决农产品"卖难"问题和扶持乡镇企业，中国农业银行每年将 60% 的信贷资金用于农副产品收购和乡镇企业发展。在 1993 年和 1996 年，中国农业银行分别进行了政策性业务分离和农村信用社脱钩改革，成为国有商业银行，涉农贷款余额占总贷款余额的比重逐渐降低。中国农业发展银行改革已进入攻坚阶段，但支农信贷规划尚未实践，仍远离农业发展政策性信贷支农的目标需求。农村信用社"独臂"难撑支农大局，改革进程困难重重。邮政储蓄改革蓄势待发，但发挥支农效用尚待时日。农业保险以及农村信用担保机构相继建立，但运行中障碍较多。民间金融缺乏规范的市场运行规则。[①]

于辉、荣宏庆分析了农村金融功能缺陷的根源。（1）农村金融组织供给不足。中国农业银行、中国农业发展银行、农信社、农村邮政储蓄所和中国人民保险公司，是农村提供金融服务的主体，但真正为农村提供资金的金融组织却非常有限。（2）农村金融组织资金来源单一。农村金融机构的存款主要依靠农村居民的储蓄存款，农户储蓄存款占农村金融机构各项存款的 85% ~95%。农民可支配收入增长缓慢导致金融机构储源减少，增量不足。（3）信息不对称与有效抵押品稀缺引致信贷缺口。大多数乡镇企业没有真正建立比较正规健全的财务会计制度，农村金融机构为保障自身安全，只能要求农户和乡镇企业提供足值的抵押品，以求得实质性的风险保障。但是，从农户及乡镇企业经营特点看，它们往往缺少足值的不动产作为抵押品，导致农户和乡镇企业融资困难。（4）农村金融机构外部风险补偿机制不完善。（5）农村金融信用环境不断恶化。信用缺失是当前农户和乡镇企业存在的普遍问题，集中表现为：部分农户想方设法赖债不还；乡镇企业借改制之机，人为逃废债务；法律体系不够健全，金融债权难以保全；缺乏农户和农村企业信用信息的征信系统，获取贷方有效信息难。（6）债券市场和证券市场融资渠道不畅，农村企业难以利用发行企业债券

---

① 宋磊、王家传：《基于金融功能论视角的农村金融市场资金供求状况分析》，《济南金融》2006 年第 12 期。

进行融资。①

何广文认为，农村金融市场功能残缺表现为：中国农村金融深化程度较低；农村正规金融供给不足；县域金融抑制和萎缩，县域经济发展资金不足；国有商业银行结构性市场退出和农村民营金融市场进入不相匹配；农村企业融资机制不健全；农户融资机制不健全。②

刘锡良等人认为，当前农村金融需求满足程度无论是总体上还是结构上矛盾都非常突出。主要表现为：农村金融需求普遍得不到满足与资金加速外流形成尖锐的矛盾；农村缺乏满足不同金融需求的多层次金融市场；农村中小企业缺乏正规金融供给，导致民间借贷在中小企业中比较普遍；基础设施建设等方面缺乏金融支持；农村金融市场垄断、过度竞争和供给不足并存，结构性矛盾突出。③

国务院发展研究中心课题组认为，农村金融市场存在的主要问题是：正规金融功能缺失、服务不足，供需错位；资金大量外流。④

农村金融服务功能整体弱化。一是县以下金融机构数量和业务快速萎缩。二是农村资金逆向向城市流动，导致城乡差距越拉越大。三是农村金融服务整体上不能满足"三农"的要求。过去农村融资有四大国有商业银行、农村信用社、合作基金会等多个渠道，现在多数地区只剩农村信用社开展农户、个体工商户和中小企业贷款业务。农村资金大量外流，影响农村资金的整体供应。四是忽视对非正规金融的引导、监督。民间金融长期被排斥在体制之外，不能见光，只能在"地下"活动。⑤

中国农村正规金融的功能性、制度性缺失。政策性金融功能的严重弱化，制约了政策性支农金融资金作用的有效发挥。四大国有商业银行按照"经济、高效、精简、合理"的原则，对农村经营网点进行大规模撤并，

---

① 于辉、荣宏庆：《农村金融功能缺陷的根源及化解途径》，《当代经济研究》2008年第2期。

② 何广文：《中国农村经济金融转型与金融机构多元化》，《中国农村观察》2004年第2期。

③ 刘锡良等：《中国转型期农村金融体系研究》，中国金融出版社，2006，"前言"。

④ 国务院发展研究中心"推进社会主义新农村建设研究"课题组：《中国农村金融供给的主要特点与问题》，国研报告，2006年12月22日。

⑤ 孙立平、杜永武：《对重构农村金融体系的思考》，《中国经济时报》2006年5月9日。

使得农村金融市场本来就很少的国有资本变得更为稀缺。在国有商业银行功能严重缺位的状况下，农村信用合作社事实上已成为农村金融市场的主要中介，在不少贫困地区甚至是唯一的合法金融机构，但追求自身利益最大化的商业倾向，使得资金向收益相对高的城镇或非农部门流动，真正需要贷款的农户难以得到金融支持。农村邮政储蓄机构只吸收存款，不发放贷款，把大量的农村剩余资金"倒流"到城市，加大了农村金融缺口，加剧了农村经济发展资金供给不足的问题。[1]

（四）农村存在正规金融局部"浅化"问题

潘朝顺研究了我国农村金融发展中的局部"浅化性"问题。他认为，1978 年后中国农村的金融资产、金融中介、金融市场在总量上都获得巨大的发展，但 20 世纪 90 年代中期的金融深化出现减缓甚至部分逆转，主要表现是：越来越多的资金通过农村正规金融中介逃离农村；正规金融中介纷纷撤离在农村的人员、网点；农村金融市场在全国金融市场中的地位下降，即农村金融市场相对萎缩。但是 20 世纪 90 年代中期以后中国农村正规金融发生的浅化，不一定必然带来农村金融整体上的浅化，只是在农村金融深化过程中存在局部浅化。国内外学者认为政府对金融浅化应负主要责任。然而简单地把中国农村金融局部性浅化的责任归结到政府身上，而漠视后者所做出的大量努力是不恰当的，中国农村金融局部性浅化的主要原因是农村正规金融中介在农村的资产质量恶化，面临生存危机，不得不逃离农村，反映了农村金融市场的失灵。[2]

一些学者认为中国农村金融存在退化问题。1979 年以来，农村正规金融组织的发展经历了两个阶段：1979～1996 年为第一阶段，围绕服务"三农"，改革农村金融体制，形成了以包括商业性、政策性、合作性金融组织在内的正规金融组织为主导的农村金融体系。中国农业银行恢复，中国

---

① 王亚飞、董景荣：《非正规金融演进与农村金融制度变迁的机制分析》，《金融理论与实践》2008 年第 12 期。

② 潘朝顺：《中国农村正规金融局部性浅化研究》，《金融与保险》2005 年第 10 期。

农业发展银行建立,农村信用社商业化改革。1997 年至今为第二阶段,四大国有商业银行逐渐退出农村金融市场,形成农村金融的空白。国有商业银行经营重点转向城市,农村信用社缺乏合作性,越来越远离农民。农业保险未能发展起来。农村民间金融一直处于被打击状态。农村合作基金会于 1997 年被合并、关闭,其他经济服务部、金融服务部、各种合会、私人钱庄等也被取缔。农村金融退化已形成严重之势。[①]

李命志则注意到农村金融发展中出现的"国退民进"问题。他认为,改革开放以来,现代金融已经渗透经济和人民生活的各个方面,然而农村金融特别是农户贷款却出现了现代金融所占比重下降,非法或半合法的民间借贷比重不断上升的趋势,其表现为国有银行和农村信用社在金融服务中所占比重下降,国有保险机构承办的农业保险出现萎缩,金融支持农业的功能在有些方面甚至出现弱化或萎缩。农村金融"国退民进"的原因是多方面的:一是政策性银行功能弱化;二是商业银行主动从农村撤离的步伐加快,服务"三农"的功能缺位;三是受到经营机制和内控制度不健全、历史包袱沉重、资产质量差等诸多问题的困扰,农村信用社无力进一步加强对农业和农村的支持。[②]

二　农户的借贷需求与信贷供给

(一)农户的借贷行为

研究农户借贷行为需要了解农户的经济行为,农户行为理论成为学者们研究农户借贷行为的指导思想。国内外学术界在农户行为研究方面形成了三种理论假说:其一,认为小农是"理性小农";其二,认为小农挣扎于生存边缘,是"道义小农";其三,认为小农是"拐杖小农"。"舒尔茨 - 波普金命题"就是"理性小农"理论。T. W. 舒尔茨(Schultz)强调

---

① 李爱喜:《农村金融退化问题研究》,《宏观经济研究》2007 年第 5 期。
② 李命志:《从"国退民进"看农村金融的症结与出路》,《武汉理工大学学报》(社科版)2004 年第 5 期。

"理性小农"命题，认为农户相当于资本主义市场经济中的企业单位，农民比起任何资本主义企业家来都毫不逊色。[①] 波普金（Popkin）根据对越南农户的研究，提出小农无论是在市场领域还是在政治社会活动中，都更倾向于按理性的投资者的原则行事。[②] 与"理性小农"命题相左，J. 斯科特（Scott）等人依据东南亚的农户研究，提出了"道义小农"命题，认为小农经济坚守"安全第一"的原则，具有强烈生存取向的农民宁可选择避免经济灾难，而不会冒险追求平均收益的最大化。[③] 黄宗智依据对中国江南农户的研究，提出了"拐杖小农"命题，认为即便农户的非农收入已经大大超过了农业收入，也依然改变不了它的补充角色，中国小农经济的收入是农业家庭收入加上非农佣工收入，后者是前者的拐杖。[④]

对于中国小农究竟属于哪一种类型，国内不少学者提出了自己的看法。张杰认为，黄宗智的"拐杖小农"命题更接近于中国农民的状况，"拐杖"对于农户的借贷倾向具有很大影响。中国小农经济的性质和小农的行为特征，决定了农户弥补金融缺口的方式要么依赖非正式借贷（主要针对非生产性用途），要么增加非农收入，从而维持一个几个世纪以来基本未变的小农经济与金融结构。[⑤] 刘锡良等人认为，中国农村经济仍是典型的小农经济，现阶段"道义小农"与"理性小农"并存，但随着农户收入水平的提高，在满足基本生存条件及生活消费需求的情况下，许多"道义小农"会逐步走向"理性小农"。[⑥] 胡士华认为，由于中国农村经济发展

① 舒尔茨（T. W. Schultz）:《改造传统农业》，梁小民译，商务印书馆，1987。

② Popkin, S., *The Rational Peasant: The Political Economy of Rural Society in Vietnam* (Berkeley: University of California Press, 1979). 转引自张杰《农户、国家与中国农贷制度：一个长期视角》，《金融研究》2005 年第 2 期。

③ Chayanov, A. V., *The Theory of Peasant Economy* (Madison: University of Wisconsin Press, 1986)，转引自张杰《农户、国家与中国农贷制度：一个长期视角》，《金融研究》2005 年第 2 期；斯科特（J. C. Scott）:《农民的道义经济学：东南亚的反叛与生存》，程立显译，译林出版社，2001。

④ 黄宗智:《华北的小农经济与社会变迁》，中华书局，2000；黄宗智:《长江三角洲小农经济与乡村发展》，中华书局，2000。

⑤ 张杰:《中国农村金融制度：结构、变迁与政策》，中国人民大学出版社，2003；张杰:《农户、国家与中国农贷制度：一个长期视角》，《金融研究》2005 年第 2 期。

⑥ 刘锡良等:《中国转型期农村金融体系研究》，中国金融出版社，2006，第 41～42 页。

的动态变化性，中国农户并不一定遵循某一既定模式，而可能遵循一种及一种以上既定的组合；另外，中国农村经济社会发展在地域上极不平衡，因而不同类型的农户在空间上又可能表现出共存性，这样农户经济行为的多样性特征，相应地决定了农户资金需求表现出更强的复杂性。"道义小农"命题下的农户很类似于我国官方所认定的农村贫困农户，融资目的主要是用于弥补生活开支不足和小规模的种养业生产；"拐杖经济"下的农户，其境况要好于贫困农户，基本解决生活温饱问题（温饱型农户），当非农业收入仍不能弥补家庭赤字时，则求于外源融资，其信贷需求除了满足小规模种养业生产需要外，临时性生活开支（丧葬嫁娶、修缮房产、外出务工差旅费等）也是重要内容；"理性小农"在中国是市场开拓型的农民，简称为市场型农户。①

农户的经济行为影响其借贷行为。张杰认为，中国农户具有强烈的"内源融资"偏好，信贷需求的逻辑次序是：首先用非农收入增添家庭流动资金，其次则是友情借贷和国家信贷支持，最后在迫不得已时诉求于高利借贷。② 刘锡良等人认为，我国农户的一般融资次序依次为：个人通过兼业实现自我融资、亲属间相互捐赠互助、熟人间的民间借贷、联保贷款、社区合作金融、中小金融机构贷款、大商业银行贷款，形成三个融资层次：亲友间的自我融资、社区间的互助合作、市场化融资。③

实际上，农户借贷动机不会一成不变，从总的趋势上看，可能随着历史的发展而变化。纪志耿运用上述三个理论，考察了 20 世纪 20 年代至 21 世纪初期 80 多年间的农户借贷动机，认为：第一，农户的借贷动机是一个动态演进的过程，依次经历生存借贷、消费借贷、生产借贷等若干阶段；第二，每一种借贷动机都和一定的历史阶段相联系，和农户当时的收支状况及经济地位相关联；第三，农户借贷动机从生存性、消费性向生产性的转变不会自发产生，它需要和一定的外部条件相结合，农户借贷动机发生

---

① 胡士华：《农村非正规金融发展问题研究》，博士学位论文，西南大学，2007，第 69 页。
② 张杰：《中国农村金融制度：结构、变迁与政策》，中国人民大学出版社，2003；张杰：《农户、国家与中国农贷制度：一个长期视角》，《金融研究》2005 年第 2 期。
③ 刘锡良等：《中国转型期农村金融体系研究》，中国金融出版社，2006，第 104~105 页。

根本转变的两个前提条件是收入水平的提高和投资机会的增加；第四，农户不是愚昧、落后的代表，不是对经济刺激缺乏正常反应的非理性者，只要有合适的投资机会，小农也会转变借贷观念。[1]

（二）农户的借贷需求

冯兴元、何梦笔、何广文、祝健等人认为，农村金融需求主体可分为农户、农村企业和政府。[2] 刘锡良等认为，农村经济活动主体是农户和农村企业，农村金融需求主体也无外乎农户和农村企业两大类。[3] 农村的金融需求客观存在着不同的层次，但不同学者在层次区分上存在不同。王醒男认为分为农村发展需求、农业生产需求和农民生活需求三个层次。[4] 刘锡良等则认为农村金融需求主体可分为农户、农村企业及农村基础设施等。[5] 刘锡良等认为，农村金融需求按层次由低到高依次分为四类：基本生存需求、一般生活性需求、小额生产经营资金需求以及产业化经营中的大规模资金需求。[6] 祝健从"三农"问题出发，认为我国农村金融需求可分为三类：一类农民生活需求，指农民日常消费、临时性消费和大宗消费（如婚丧嫁娶、建房、子女教育、医疗等）对资金的需求；二类农业生产需求，即农民在农业生产经营过程中对资金的需求；三类农村发展需求，指农村公共基础设施建设对资金的需求，包括道路、水电、通信、娱乐、卫生保健、社会保障、学校等方面的资金需求。[7]

农户是农村金融需求的主体，表现出多层次性和多样性特征。冯兴元、何梦笔、何广文认为，贫困农户有生活开支、小规模种养生产贷款需

---

① 纪志耿：《农户借贷动机的演进路径研究——基于三大"小农命题"的分析》，《经济体制改革》2007 年第 6 期。

② 冯兴元、何梦笔、何广文：《试论中国农村金融的多元化》，《中国农村观察》2004 年第 5 期；祝健：《中国农村金融体系重构研究》，社会科学文献出版社，2008，第 91 页。

③ 刘锡良等：《中国转型期农村金融体系研究》，中国金融出版社，2006，"前言"。

④ 王醒男：《基于需求与发展视角的农村金融改革逻辑再考》，《金融研究》2006 年第 7 期。

⑤ 刘锡良等：《中国转型期农村金融体系研究》，中国金融出版社，2006，"前言"。

⑥ 刘锡良等：《中国转型期农村金融体系研究》，中国金融出版社，2006，"前言"。

⑦ 祝健：《中国农村金融体系重构研究》，社会科学文献出版社，2008，第 91 页。

求；一般种养殖业农户有小规模种养业生产贷款需求、生活开支需求；市场型农户有专业化规模化生产和工商业贷款需求；微型、小型企业有启动市场、扩大规模资金需求；有一定规模企业存在面向市场的资源利用型生产贷款需求；发育初期的龙头企业存在专业化技能型生产规模扩张贷款需求；完整形式的龙头企业存在专业化技能型规模化生产贷款需求。① 何广文认为，根据农户的金融需求特征，农户可以分为贫困农户、维持型农户和市场型农户，各种类型的农户在某些方面的金融需求（如贷款需求、存款需求和金融投资需求、结算需求）虽然是同质的，但其金融需求的形式特征和满足金融需求的手段及要求是不一致的。②

刘锡良等人认为，就某一地区不同的经济主体而言，中低收入农户的资金需求主要是基本生存需求、生活性需求和小额生产费用需求；中等收入者或农业兼业农户的资金需求主要是农业生产费用需求；非农业兼业农户资金需求主要是小规模的经营周转资金需求。最发达地区非农业兼业户和农业上小企业所占比重较大，农民对春耕贷的需求下降，但在不发达地区，纯农户和兼业农户占据主体，生活和小额农业生产费用需求仍是金融需求的主体。③

祝健认为，与地区经济发展水平相适应，农户金融需求可分为三种情况：发达地区农民就业和收入已经非农化，金融需求主要表现为基础设施建设等发展性需求；中等发达农村的农业生产需要进一步发展，金融需求主要表现为农业生产需求；欠发达地区农民缺乏应对大项支出和临时性支出的能力，金融需求主要表现为消费性生活需求。④

总体而言，农户的借贷需求可以分作生活性借贷需求与生产性借贷需求两大类。那么，中国农户的借贷需求是以生活性借贷需求为主，还是以

① 冯兴元、何梦笔、何广文：《试论中国农村金融的多元化》，《中国农村观察》2004 年第 5 期。
② 何广文：《中国农村金融供求特征及均衡供求的路径选择》，《中国农村经济》2001 年第 10 期。
③ 刘锡良等：《中国转型期农村金融体系研究》，中国金融出版社，2006，"前言"、第 104 页。
④ 祝健：《中国农村金融体系重构研究》，社会科学文献出版社，2008，第 91 页。

生产性借贷需求为主呢？目前，学者们根据不同的调查结果，提出了三个截然不同的结论：一，生活性借贷为主；二，生产性借贷为主；三，生活性借贷与生产性借贷并重。

曹力群根据 1999 年中国农业大学的学生在山东、福建、广西、内蒙古、山西、湖南、河北、安徽、江西、陕西、青海、甘肃、四川、贵州、云南 15 个省区 20 个县市的个案调查，得出农户民间借贷绝大多数用于生活消费，而用于生产的借贷又多用于非农生产。[①] 朱守银等人 2003 年对安徽省亳州、阜阳 6 个县进行了调查，认为农户贷款以消费性为主，其中盖房和婚丧嫁娶占绝大比例，生产性贷款主要用于非农业和高效农业。[②] 黄祖辉、刘西川、程恩江等人也持相似观点，他们运用"中国农村微观金融研究课题组" 2005 年 7~8 月对 4 个国定贫困县（旗）820 户农户借贷行为的调查数据，得出了样本地区农户对正规和非正规信贷的需求均以消费性为主，富裕与非富裕户的信贷需求也以消费性为主的结论。[③]

但是，何广文等人认为农户借贷以生产性借贷为主。2005 年何广文、李莉莉对浙江省和宁夏回族自治区农户的调查显示，农户生产性贷款远远多于消费性贷款，农业生产性贷款仍然多于非农业贷款。[④] 杨玉萍、王茵、李鹏对陕西省汉中市橘园镇、福建省龙岩市庙前镇和江苏省常州市郑陆镇农户资金借贷状况的调查显示，其借款用途以生产性为主。[⑤] 2005 年 4 月中国人民银行西安分行选择西北五省区 11 个地市进行了农村金融调查，发现农户资金需求的主要用途仍主要集中在生产上。[⑥]

刘锡良等人的观点似乎有些折中，认为小农经济仍然在我国农村中占

① 曹力群：《当前我国农村金融市场主体行为研究》，《金融论坛》2001 年第 5 期。
② 朱守银、张照新、张海阳、汪承先：《中国农村金融市场供给和需求——以传统农区为例》，《管理世界》2003 年第 3 期。
③ 黄祖辉、刘西川、程恩江：《中国农户的信贷需求：生产性抑或消费性——方法比较与实证分析》，《管理世界》2007 年第 3 期。
④ 何广文、李莉莉：《正规金融机构小额信贷运行机制及其绩效评价》，中国财政经济出版社，2005。
⑤ 杨玉萍、王茵、李鹏：《村户资金借贷状况调查报告》，《新疆农垦经济》2008 年第 4 期。
⑥ 中国人民银行西安分行课题组：《西北五省区农村金融问卷调查分析报告》，《金融时报》2005 年 8 月 2 日。

主要地位，但从经营类型看，兼业农户占据了农户主体；从收入水平看，中等及中等以下收入的农户占据了主体；资金用途生活性和生产性并重。这表明，当前我国农村的金融需求仍然是大量小额借贷需求。① 事实上，由于中国农村区域经济发展差异极大，加上调查者研究方法的局限性②，试图得出全国农户借贷需求倾向的结论是十分困难的。分地区、分农户收入层次分析农户的借贷需求意向仍是较为可取的方法。

随着经济的发展，收入水平的提高，农户借贷需求会发生变化。农户基本生活需要得到满足后，借贷需求将转向生产方面，这也为不少实地调查所证实。娄叔志提出，农户借贷从单一的以生活借贷为主向生活和生产并重的方向发展。③ 据 2005 年广东省金融服务办、银监局、信用合作管理办公室对广东省农村金融状况的调研，广东省农村金融服务需求已由满足农户生活需要向满足经营性资金需要转变。④ 2006 年李亚新对山东省农村金融需求和农村金融服务的现状做了调查，发现农民贷款需求向多元化方向发展，意向调查中用于种植业的农户贷款需求下降，选择养殖、经商、运输的相对较多。⑤ 江西省湖口县 2004 年的农村金融市场调查显示：农村资金需求结构发生了变化，个体种养大户、工商户和产业化龙头企业成为农村金融市场主要资金需求者。而且单户资金需求量提高；调查发现需要 1 万 ~ 5 万元的有 35 户，占 51.47%，1 万元以上的资金需求占比逾半，农

---

① 刘锡良等：《中国转型期农村金融体系研究》，中国金融出版社，2006，"前言"。
② 黄祖辉、刘西川、程恩江等人认为，不少学者运用合约考察法和意愿调查法来研究农户的借贷需求问题，但合约考察法隐含的假设是信贷合约上的贷款用途是真实的贷款用途，意愿调查法认为所有样本农户都有信贷需求，两种方法都有缺陷。林毅夫、徐笑波、温铁军、汪三贵等人对农户借贷需求特征的认识主要来自对借贷合约中贷款用途的考察，但在概念理解、研究思路以及问卷设计 3 个方面出现了偏差，高估了农户对正规信贷的生产性需求。见黄祖辉、刘西川、程恩江《中国农户的信贷需求：生产性抑或消费性——方法比较与实证分析》，《管理世界》2007 年第 3 期。
③ 娄叔志：《中国农村金融体系的变迁与重构》，博士学位论文，复旦大学，2004，第 81 ~ 83 页。
④ 广东省金融服务办公室农村金融课题组：《从农村金融需求的新特点谈农村金融体制改革》，《南方金融》2005 年第 4 期。
⑤ 李亚新：《对农村金融供需差距问题的调查》，《济南金融》2006 年第 8 期。

信社小额信用贷款形式受到挑战。①

　　中国农村农户借贷需求面究竟有多大？不少学者认为农户借贷已是普遍现象，农户借贷的普遍性成为研究者的共识。史清华等人对山西745户农户的调查发现，随着时间推移，发生借贷行为的农户比例呈大幅度上升趋势，2000年与1996年相比，由29.63%上升到40.67%。② 据江西省农调队对全省2450户农户的抽样调查，2003年有574户有借贷行为，占23.4%。③ 屈小博、钟学军、霍学喜对以传统农业为主的陕西咸阳渭北地区（长武县、彬县）8个村102个农户的借贷行为进行调查，发现传统农户借贷非常普遍，2000~2002年有70%以上的样本户发生资金借贷行为。④

　　农户的借贷需求不能有效地得到满足，是发展中国家农村金融市场的一个普遍现象。国外学者认为，农户融资约束主要集中在外源资金可获得性约束上，其影响因素主要有：借贷双方信息不对称、信贷交易成本、契约执行能力和意愿等。⑤ 国内学者也注意到了中国农村金融市场存在农户借贷需求不能得到满足的现象。那么是什么原因制约了农户的借贷需求？周小赋、耿洁、李秉龙等人分析了国家统计局河南、贵州和辽宁3省农户抽样调查数据资料，得出以下结论。第一，农户的经营规模对农户借贷需求具有正向影响。即经营规模越大，农户的借贷需求倾向越强，需求规模也会越大。反之，小规模经营农户的借贷需求规模也小。第二，农户的投资和支付倾向对农户的借贷需求具有正向影响。农户的生产经营投资对农户的借贷需求具有明显的正向影响，说明农户生产投资是形成农户信贷需求的最重要因素，生产投资规模越大，它对信贷的需求规模也越大。农户

① 中国人民银行湖口县支行课题组：《内生性约束与体制性矛盾：对湖口县农村金融市场供求状况的调查》，《武汉金融》2004年第11期。

② 史清华、陈凯：《欠发达地区农民借贷行为的实证分析》，《农业经济问题》2002年第10期。

③ 冯兴元、何梦笔、何广文：《试论中国农村金融的多元化》，《中国农村观察》2004年第5期。

④ 屈小博、钟学军、霍学喜：《传统农区农户借贷的需求与供给——基于陕西渭北地区农户借贷行为的调查》，《西北农林科技大学学报》（社科版）2005年第2期。

⑤ 张杭辉、俞建拖：《农户融资研究综述》，载刘民权主编《中国农村金融市场研究》，中国人民大学出版社，2006，第422~423页。

的现金支付，特别是教育和医疗现金支出对农户的借贷需求也具有明显的正向影响。这说明教育和医疗方面的现金支出往往超出了农户的现期支付能力，是造成农户举债的一个重要因素。教育和医疗的现金支出规模越大，农户的信贷需求规模也越大。第三，农户的收入和资产状况对农户的借贷需求具有负向影响。这说明中国农户借贷需求的产生主要是基于自有资金对投资或支出现期支付能力的不足。因此，农户的收入和资产作为构成农户自有资金支付能力最重要的因素，必然对农户的借贷需求起抑制作用，从而农户的收入和资产越多，农户的借贷需求越小。[1] 李建英认为，农户金融需求之所以得不到满足，除了受自身约束外，还面临市场约束、信息约束、信贷约束和制度性因素的影响。[2]

（三）农村信贷资金的供给

中国农村的资金供给大体有三条渠道：一是农民及企业自身积累，二是国家财政投入，三是信贷投入。在农户自身积累有限、财政投入持续下降的情况下，各类金融机构向农村的贷款对于促进农村经济的发展显得尤为重要。

中国农村金融市场是"二元市场"，何广文认为，农村金融商品的供给主体包括正规金融组织和非正规金融组织两部分。正规金融组织主要是指农村信用社、中国农业银行、中国农业发展银行。在一些经济较为发达的地区，国有商业银行和城市信用社、城市商业银行、股份制商业银行以及一些非银行金融机构（租赁公司、信托投资公司、财务公司等）实际上也在一定程度上从一定角度向农户和农村企业提供金融服务。非正规金融组织主要以金融服务社、基金会、私人钱庄和各种钱会等民间金融机构形式存在。农村地区、中西部地区金融机构分布密度较小。在中西部农村，

---

① 周小赋、耿洁、李秉龙：《影响中国农户借贷需求的因素分析》，《中国农村经济》2004年第8期。

② 李建英：《农户金融需求的约束分析》，《经济与管理》2008年第12期。

金融供给主体区域布局失衡现象严重，金融商品供给严重不充分。①

国务院发展研究中心课题组认为，中国农村金融供给的主要特点为：正规金融的供给相当有限，供给缺口由非正规金融提供；农信社是正规借贷的主体，占据垄断地位；农村金融供给的地区差异显著，在经济发达的东部地区，金融机构的密度非常大，在广大中西部地区，各大商业银行纷纷从农村地区撤出；农村金融机构的资产质量较差，历史包袱较重。②

学者们发现，农村金融市场中正规金融组织与非正规金融供给的资金满足农户不同的需求。不少国外学者分析了亚洲、非洲发展中国家农村金融市场后认为，贫困地区农户生产性资金需求主要来自正规金融部门，而消费性资金需求主要来源于非正规金融部门。③ 国内一些学者也得出相似的结论。林毅夫根据 1987 年、1988 年在吉林省公主岭市、江苏省泰县和句容县的农户调查，认为农户从正规机构得到的贷款主要用于生产，从非正式部门得到的贷款大多用于非生产性项目的开支。④ 徐笑波分析了中国农业银行 1990 年对全国 1 万多户农户手持现金的抽样调查和中国农业银行 1987～1990 年全国农户调查数据，发现农户从正规金融机构获得的贷款只有约 40% 用于生产，民间借贷的主要用途是生活消费。⑤ 汪三贵等人研究了 1998 年对全国 6 省 6 个国家级贫困县 446 户农户的调查数据，发现正规机构的贷款更多地用于生产领域，非正规贷款更多地用于生活消费，贫困

① 何广文：《中国农村金融供求特征及均衡供求的路径选择》，《中国农村经济》2001 年第 10 期。
② 国务院发展研究中心"推进社会主义新农村建设研究"课题组：《中国农村金融供给的主要特点与问题》，国研报告，2006 年 12 月 22 日。
③ Okurut, F. N., A. Schoombee, S. van Der Berg, "Credit Demand and Credit Rationing in the Informal Financial Sector in Uganda," *South African Journal of Economics*, 2005, 73 (3): 482 – 497; Kochar, A., "An Empirical Investigation of Rationing Constraints in Rural Credit Markets in India," *Journal of Development Economics*, 1997, 53 (2): 339 – 371; Zeller, M., "Determinants of Credit Rationing: A Study of Informal Lender and Formal Credit Groups in Madagasca," *World Development*, 1994, 22 (12): 1895 –1970; Duong, P. B. and Y. Izumida, "Rural Development Finance in Vietnam: A Microeconometric Analysis of Household Surveys," *World Development*, 2002, 30 (2): 319 –335.
④ 林毅夫：《中国的农业信贷和农场绩效》，载林毅夫《再论制度、技术与中国农业发展》，北京大学出版社，2000。
⑤ 徐笑波：《中国农村金融的变革与发展（1978～1990）》，当代中国出版社，1994。

农户更可能将贷款用于生活消费。[①] 温铁军 2001 年利用东、中、西部 15 省份 24 市县 41 村个案调查及农业部农村固定观察点的资料，提出农村正规金融机构贷款大部分用于生产经营，民间借贷的主要用途是生活需求。[②]

对于农户的借贷需求，是正规金融部门，还是非正规金融部门供给了大部分的资金？多数研究者认为在农村金融市场，非正规金融部分更能满足农户的资金需求。据 1999 年何广文对浙江、江苏、河北、河南、陕西省 21 个县 365 个家庭的调查，农户借款行为的 60.96% 是农户与民间放贷主体之间发生的。[③] 曹力群认为 1995～1999 年，银行、信用社等正规金融机构提供的贷款在农户借款总额中占 20%～25%，而私人借款占到 70% 左右。[④] 屈小博、钟学军、霍学喜等人对以传统农业为主的陕西咸阳渭北地区农户的借贷情况做调查，发现 2000～2002 年被调查户发生的 246 笔借款中，没有一笔来自商业银行，来自农村信用社的有 39 笔，仅占 16%，而民间借贷有 194 笔，占 79%；从资金量来看，民间借贷也占近 80%，农村信用社只占 15%。[⑤] 据江西省农调队 2003 年对全省 2450 户农户的抽样调查，从银行或信用社得到贷款的有 120 户，仅占被调查农户的 4.9%，2001～2003 年，从银行或信用社得到的贷款仅占农户总借贷额的 13%～23%，而民间贷款所占比重为 76%～86%。国际农业发展基金的研究报告指出，中国农民来自非正式金融市场的借贷大约为来自正式信贷机构的 4 倍。[⑥] 杨玉萍、王茵、李鹏对陕西省汉中市橘园镇、福建省龙岩市庙前镇和江苏省常州市郑陆镇农户的资金借贷调查显示，3 镇村户的资金借贷渠

---

① 汪三贵、朴之水、李莹星：《贫困农户信贷资金的供给与需求》，载《农业经济与科技发展研究》，中国农业出版社，2001。

② 温铁军：《农户信用与民间借贷研究——农户信用与民间借贷课题主报告》，中评网，2001 年 7 月。

③ 何广文：《从农村居民资金借贷行为看农村金融抑制与金融深化》，《中国农村经济》1999 年第 10 期。

④ 曹力群：《农村金融体制改革与农户借贷行为研究》，课题报告，2000。

⑤ 屈小博、钟学军、霍学喜：《传统农区农户借贷的需求与供给——基于陕西渭北地区农户借贷行为的调查》，《西北农林科技大学学报》（社科版）2005 年第 2 期。

⑥ 冯兴元、何梦笔、何广文：《试论中国农村金融的多元化》，《中国农村观察》2004 年第 5 期。

道非常相似，比较单一，主要来源于亲友，从金融机构融得资金的村户很少。[①]

（四）农户资金供需的非均衡性

由于农村金融市场的种种缺陷，农户融资需求与金融机构资金供给之间存在非均衡。

Gonzalez-Vega 教授认为发展中国家的农村金融市场普遍存在着充足性缺口，这种缺口的一端是农村金融服务的潜在供给，另一端是农村金融服务的有效需求。[②]

国内学者认为，农村金融市场资金供给不能满足农户的需求，充足性缺口是存在的。张惠茹认为，对于中国农村金融市场是否存在充足性缺口，可以用农村金融服务的满足程度来判断。农村金融服务的满足程度又可通过农户和农村企业是否存在信贷约束、农村金融机构是否存在信贷配给行为来判断。中国农村金融市场确实存在充足性缺口，一是在一定的农村金融服务供给水平下，有效需求较小，从而使有效需求与供给之间出现缺口；二是在一定的农村金融服务有效需求水平下，或者在这种有效需求不断扩大的情况下，农村金融服务供给严重不足，从而使有效需求与供给之间出现缺口。[③]

何广文提出，在农村经济发展中，资金短缺与资金流失并存，农村资金供求不对称，特别是中西部地区，金融供给主体区域布局失衡现象严重，金融商品供给严重不充分。[④] 陈锡文指出，中国农村资金供给总量严重不足，供需总量矛盾突出，资金短缺已成为农村经济发展的"瓶颈"。[⑤]

---

① 杨玉萍、王茵、李鹏：《村户资金借贷状况调查报告》，《新疆农垦经济》2008 年第 4 期。

② Gonzalez-Vega, C., "Deepening Rural Financial Markets: Macroeconomic, Policy and Political Dimensions," USAID, 2005, pp. 39 – 52.

③ 张惠茹：《农村金融市场充足性缺口实证分析》，《广东金融学院学报》2008 年第 3 期。

④ 何广文：《中国农村金融供求特征及均衡供求的路径选择》，《中国农村经济》2001 年第 10 期；何广文：《农业战略性结构调整：农村金融供求特征及均衡战略》，《中国农村信用合作》2003 年第 6 期。

⑤ 曾业辉：《陈锡文：农民增收需打破制度障碍》，《中国经济时报》2002 年 10 月 8 日。

薛欣欣、辛立国撰文指出，长期以来农村金融市场存在着供给不足导致的供需缺口，在总量上表现为供不应求，在结构上表现为品种单一。正规金融机构低下的效率还导致效率缺口。供需缺口和效率缺口是由我国农村金融制度安排不足的制度缺口导致的。[①]

一些学者对农村金融需求满足程度进行了实证研究。江西省湖口县2004年的农村金融市场调查表明，被调查的68户农民中获得银行贷款的金额占整个资金需求的比例约为30%~50%，与农民银行融资高意愿存在较大反差。而获得的民间贷款金额约占整个资金需求的20%~30%，接近农民民间借贷意愿。[②] 2006年李亚新对山东省农村金融需求现状的调查表明，2005年山东省农户贷款的户数比例及金额满足率分别为63.5%、52.1%，贷款需求满足情况实际处于较低水平。在申请贷款的农户中，申请额得到全部满足的农户占申请农户的56.7%，申请金额得到部分满足的占23.2%，没有获得贷款的农户占20.1%。农民"贷款难"现象还没有得到很好解决。[③] 李明贤等人利用《中国金融年鉴》的数据，分析了农村贷款服务覆盖面，提出：贷款服务覆盖广度很低，每万名农民才有1.08个农信社网点，不到城市水平的1/2，作为最主要的贷款提供机构，农信社网点对行政村的覆盖率只有12.6%，使得农信社与农民之间的相互联系和了解程度降低；农户在农村信用社贷款中所占比例不高，只有1/4左右，贷款对农户的覆盖率只有32%；贷款服务覆盖深度也不高，尽管有贷款需求的农户有55.6%得到了贷款，但是贷款对其资金的满足率并不高，整个农村地区农民的人均贷款额只有741元，不足农民年纯收入的1/4，而城市居民人均贷款额达到了11679元，是农民人均贷款额的15倍多。农户从正规金融得到的贷款只占其借贷资金总量的53.5%，剩下的46.5%需要从

---

① 薛欣欣、辛立国：《论我国农村金融市场三大缺口及其弥合》，《农村经济》2004年第8期。

② 中国人民银行湖口县支行课题组：《内生性约束与体制性矛盾：对湖口县农村金融市场供求状况的调查》，《武汉金融》2004年第11期。

③ 李亚新：《对农村金融供需差距问题的调查》，《济南金融》2006年第8期。

非正规金融市场获得。[①]

　　农村资金需求量有多大？金融资金供给量大致有多少？资金供需缺口有多大？估计农户借贷需求量是一个饱受争论的话题，因为农户的（净）有效需求量很难通过直接或间接的调查或收集有关数据得到。国外绝大多数文献直接利用从金融部门获得资金作为估计农户有效需求的变量，但它忽视了金融部门未能满足的信贷需求。Iqhbal 在估计印度农户借贷净需求量时，对"净有效需求量"做了分解，除了从金融部门获得的贷款外，还将家庭实际负债变动、资产流动性和转移支付等因素包含进去，有效地逼近了"净有效需求量"。Diagne 等人则通过两阶段博弈估计农户的净有效需求量。[②] 国内分析农村资金需求的文献不多，而且主要侧重于对农村资金需求的定性描述[③]，缺乏关于农村资金需求的定量分析。这也是因为不仅难于调查统计，而且农户的资金需求量、金融部门的资金供给量随着经济的发展而变化，搞清这些问题并非易事。

　　国内学者主要利用直接调查法、采用金融部门资料等方式估计农户的借贷需求量。朱守银等人根据其调查的农户 1999～2001 年的借贷情况测算，户均借款 5300 多元，平均每个村约有 500 多农户，每个乡镇约有 20 多个村、1 万多户农户，一个乡镇有 6000 多户农户有资金借贷需求，年需求金额达 3000 多万元。1 个县按 20 个乡镇计算，农民对借贷资金的需求规模就达 6 亿元。[④] 据郭田勇等人的研究，我国东、中、西部农户理想的借款额分别为 34045 元、10535 元、9270 元，在经济可承受能力下如果农户可以自由选择，农户愿意贷款的数量最高为 100 万元，最低为 300 元，平均为 25908 元，而实际农户得到的贷款最高额只有 8 万元，平均约为 4293 元，部分有借款意向的农户根本得不到贷款，农户期望值与实际发生

① 李明贤、李学文：《对我国农村金融服务覆盖面的现实考量与分析》，《调研世界》2008年第 3 期。

② 转引自张杭辉、俞建拖《农户融资研究综述》，载刘民权主编《中国农村金融市场研究》，中国人民大学出版社，2006，第 411 页。

③ 王叙果：《我国农村金融市场的非均衡性分析》，《农业经济问题》2005 年第 2 期。

④ 朱守银、张照新、张海阳、汪承先：《中国农村金融市场供给和需求——以传统农区为例》，《管理世界》2003 年第 3 期。

额相差甚远。[①] 中国人民银行山西朔州市中心支行对当地 15943 户农户的调查显示，30% 的农户认为种植业（购买种子、化肥等）贷款金额大致在 2000 元左右；50% 的农户认为养殖业贷款起点应在 1 万元左右；5% 的农户认为农副产品加工业贷款起点应在 3 万 ~ 5 万元；15% 的农户欲在运输和商贸方面发展，起点资金 3 万元左右。[②]

另外，田力等人运用戈德史密斯的金融 - 经济相关比率来描述和测算农村经济发展所需要的货币金融量，认为 1995 ~ 2001 年我国农村金融市场上的供求差额每年都在 5000 亿元以上，2002 年为 4931.8 亿元，接近 5000 亿元。[③] 武翠芳、赵其有、王向东等人认为田力等使用的农村国内生产总值数据是农业 GDP，大大缩小了农村国内生产总值，因此严重缩小了农村资金的需求。他们修正了田力等的方法，先用城乡 GDP 分解比例计算出农村 GDP，然后再根据戈德史密斯的金融 - 经济相关关系计算经济金融相关系数，用此系数乘以农村 GDP，得出农村资金需求量。测算结果表明，农村资金供求缺口随着时间的推移和经济的发展而越来越大，从 1991 年的 4524.5 亿元增加至 2004 年的 92746 亿元。如果加上农村资金外流因素，资金供求缺口更大。[④]

对于我国农村金融市场供求失衡的原因，学者们从多个视角做了分析与解释。第一，农村金融市场存在缺陷。何广文、高帆等人认为，中国农村金融市场存在着金融抑制，农村金融结构未能实现优化，存在制度和功能缺陷。张元红认为农村金融市场缺乏活力和推动力，何大安认为农村金融市场化的非均衡推进，白莹认为金融体系商业化经营在农村地区运用金融资源的低效性和风险性从根本上制约和限制了各项资金的投入，张惠茹认为农村市场的高风险、信息的不完善以及由此产生的筛选、激励和执行

---

①　郭田勇、郭修瑞：《开放经济下中国农村金融市场博弈研究》，经济科学出版社，2006，第 84 页。

②　转引自褚保金、于佳《农村资金短缺、资金非农化与信贷支农》，《南京农业大学学报》（社科版）2004 年第 1 期。

③　田力等：《中国农村金融融量问题研究》，《金融研究》2004 年第 3 期。

④　武翠芳、赵其有、王向东：《我国农村资金供求缺口分析》，《金融理论与实践》2007 年第 5 期。

问题、高交易成本问题，造成农村金融供求失衡。第二，农村金融制度安排存在缺陷。王元等人指出农村金融制度安排存在信息处理机制和博弈参与能力的不足、正规金融机构对农户存在信贷约束、正规金融机构严格的资产负债比例管理与较多的资金余缺调剂限制、对农民贷款缺乏财政金融政策的扶持等，造成农户金融需求不能得到满足。第三，农村金融供需、经济体制与金融体制的"双重制约"问题。田力等认为，农村地区受到了金融的供给约束，金融供给受到了农村经济的需求约束，中国农村经济体制和农村金融体制的双重制约，形成了农户借贷供需非均衡。第四，农村金融经营机构的"金融排斥"。何德旭、饶明认为，由于我国农村金融机构在经营过程中，在经营取向上对农户的金融需求形成较强的金融排斥性，从而没有为农村经济发展配置足够的金融（信贷）资源。①

三　中国农村金融体系的发展方向

目前，我国农村金融体系的框架基本清晰，形成了以合作金融、政策性金融、商业金融为支柱，以村镇银行、贷款公司、资金互助社和小额信贷组织为补充的体系。

分析中国农村金融市场的特征、农户借贷的需求与供给问题，学者们得出一个结论：目前中国农村金融体系存在弊病，必须重建农村金融体系。从20世纪50年代起，中国政府就致力于建设现代农村金融体系，发展国有农业银行系统，扶持农村信用合作社的发展，打击农村高利贷。农村金融体系经过近60年的建设与发展，不能说成绩不大。但是，改革开放后，面对家庭联产承包责任制下的小农经济，正规金融机构在如何满足农户借贷方面竟徘徊不前，甚至后退。

农村正规金融体系陷入今天的尴尬境地，原因是多方面的。新中国成立以来的农村金融体系不是按照基于农村融资问题的一般逻辑发展的，而

---

① 何德旭、饶明：《我国农村金融市场供求失衡的成因分析——金融排斥性视角》，《经济社会体制比较》2008年第2期。

是一个围绕城市工业化的农村金融制度安排。农村金融体系的建立和发展，来源于为工业化、城市化动员储蓄，而非基于解决农村融资困境问题。因此，农村资金外流成为必然。这种制度安排即使在1978年后也没有多少改观。我国历次农村金融改革政策有三大特点：一是以正式金融机构为主，极少为非正式金融出台相应政策，即使有，也是打压；二是以农信社为主，尤其是在1996年行社分家之后；三是自上而下安排，由关注动员农村资金，到关注农村资金回流，但最终还是落得"一农难支三农"的结局。[①] 党的十七届三中全会审议通过的《中共中央关于推进农村改革发展若干重大问题的决定》、十八届三中全会审议通过的《中共中央关于全面深化改革若干重大问题的决定》，都提出要创新农村金融体制，加快建立商业性金融、合作性金融、政策性金融相结合的农村金融体系，为建设农村金融体系指出了政策方向。

（一）从理论范式演绎出的发展方向

新的农村金融体系如何重建？发展农村金融体系的依据何在？国内外学术界提出了几种发展农村金融体系的理论范式：一是农业补贴信贷范式；二是农村金融市场范式；三是不完全市场范式；四是金融功能范式；五是农村金融市场"局部知识"范式。

农业补贴信贷范式是20世纪80年代前农村金融理论界中占主导地位的传统学说，认为为增加农业生产和缓解农村贫困，有必要从农村外部注入政策性资金，并建立非营利性的专门金融机构来进行资金分配。

农村金融市场范式是20世纪80年代后产生于农业补贴信贷范式的批判，强调市场机制的作用，主张完全仰赖市场机制，极力反对政策性金融对市场的扭曲。在推进农村金融市场化方面，肖还提出了金融深化理论，麦金农提出了金融自由化理论。

不完全市场范式是由斯蒂格里茨提出的，认为发展中国家的金融市场不是一个完全竞争的市场，如果完全依靠市场机制就可能无法培育出一个

---

① 周立：《中国农村金融体系发展逻辑》，《银行家》2005年第8期。

社会所需要的金融市场，有必要采用诸如政府适当介入金融市场以及借款人的组织化等非市场要素。

金融功能范式是罗伯特·莫顿（Robert C. Merton）和兹维·博迪（Zvi Bodie）提出的，认为金融功能比金融机构更稳定，即随着时间推移和区域的变化，金融功能的变化要小于金融机构的变化。而且金融功能优于组织结构，即金融机构的功能比金融机构的组织结构更重要，只有机构不断创新和竞争才能最终导致金融体系具有更强的功能和更高的效率。

农村金融市场"局部知识"范式由冯兴元、何梦笔、何广文等提出，认为农村金融市场由多个局部金融市场组成，存在着大量有关有效金融服务需求的局部知识，任何一家金融机构、任何一项金融工具均不能完全发现和利用分散在不同时间和地点的局部知识，因而不能完全满足多层次、多样化的农村金融服务需求，组织多样性和工具多样化因其各自不同的功能而成为必需。[1]

虽然农业补贴信贷范式受到不少学者的批判，但是，对我国目前以小农经济为主体的农村经济而言，发展政策性金融仍然没有过时。李剑阁认为，在中国的一些贫困地区，农民经济活动所产生的资金流量和经济效益根本无法支撑任何商业性金融机构的运行，这些地区的农民的资金需求只能靠政策性的金融机构来解决。[2] 张杰持相同的观点，提出除了国家的正式信贷支持，商业性质的正式借贷在中国小农经济基础上不存在发展的条件与空间，标准的商业性农贷对于中国的绝大部分农户而言则仍然是一种可望而不可即的制度安排。[3]

受农村市场范式的影响，国内不少学者主张改变农村金融市场的"二元结构"，解除金融抑制。叶兴庆、乔海曙指出，导致金融抑制的主要原因是正规金融部门对农户贷款的资金供给有限，应该强调通过自上而下的

---

[1] 冯兴元、何梦笔、何广文：《试论中国农村金融的多元化——一种局部知识范式视角》，《中国农村观察》2004年第5期。

[2] 李剑阁：《农民就业、农村金融和医疗卫生事业问题的几点意见》，载《比较》第7辑，中信出版社，2003。

[3] 张杰：《农户、国家与中国农贷制度：一个长期视角》，《金融研究》2005年第2期。

强制性制度变迁，依靠正规金融部门增加对农户的资金供给来逐步解除金融抑制。[①] 何广文提出，要适当放宽对农村金融业和农村金融市场的限制，放松农村金融市场准入标准，在可能的范围内允许和扶持其他形式的金融组织的发展，要继续按照合作制原则规范农村信用合作社。[②] 高帆认为，必须采取有效措施从刺激金融需求的角度推进我国农村金融发展，以逐步解除需求型金融抑制，如通过诱致性制度变迁内生出农村金融方式；推进农村土地产权制度改革；积极深化农村的市场化、商品化改革；加大构建完善的农村社会保障体系的力度。[③] 中国人民银行江津支行课题组认为，农村金融重组与深化是解决供给型金融抑制问题的有效途径。中国农业银行要有限度地商业化；重构农业政策性金融；加快农村信用合作社改革，积极发挥其农村金融主力军的作用；调节资金流向，使邮政储蓄资金有效回流农村金融市场；建立多层次的农业保险机构，积极开展农业保险业务；允许民营资本进入农村金融领域，适时推进民间金融合法化。[④]

主张应根据金融功能理论建立农村金融体系的学者认为，要从金融功能的视角而不是在现有的既定的金融组织机构前提下优化农村金融组织结构。中国农村经济发展具有较强的地域性和层次性，农村金融需求主体对金融商品的需求也表现出较强的多样性。不同地区以满足农村金融需求为己任的农村金融组织，也就应该具有不同的功能。因此，农村金融组织应该多样化。要建立多种金融机构并存、功能互补、协调运转的机制，打破和消除垄断格局，真正形成基于竞争的农村金融业组织结构。具体而言，要改革国有商业银行制度，发展非国有的中小金融机构体系，注重非银行金融机构的发展，鼓励正常的民间金融活动。[⑤] 田俊丽认为重构农村金融

[①] 叶兴庆：《论我国农村金融抑制与金融深化》，《当代金融导刊》1998 年第 3 期；乔海曙：《农村经济发展中的金融约束及解除》，《农业经济问题》2001 年第 3 期。

[②] 何广文：《从农村居民资金借贷行为看农村金融抑制与金融深化》，《中国农村经济》1999 年第 10 期。

[③] 高帆：《我国农村中的需求型金融抑制及其解除》，《中国农村经济》2002 年第 12 期。

[④] 中国人民银行江津支行课题组：《中国农村的金融抑制及金融体系设计问题研究》，《重庆金融》2005 年第 3 期。

[⑤] 何广文：《中国农村经济金融转型与金融机构多元化》，《中国农村观察》2004 年第 2 期。

体系，应当坚持功能范式与机构范式相结合的原则，在有效发挥原有的机构体系功能的基础上，建立新的农村金融组织和机构，补充现有农村金融体系功能的不足。①

依据农村金融市场"局部知识"范式，何广文等人主张建立一个多元化、多层次的农村金融体系。因为农村金融市场存在着大量有关有效金融服务需求的局部知识，需要金融组织或活动的多元化来充分利用这些知识，以改善金融服务供给。农村金融市场需要竞争性金融秩序，农村金融市场的主体应该是竞争性的商业金融和（真正意义上的）合作金融，政策性金融应该发挥辅助性的作用。②

（二）从现实问题总结出的经验

另有一些学者从农户的借贷需求及供求非均衡的现实出发，提出要想从根本上解决农村金融需求满足上存在的问题，需要重新构建农村金融体系。

刘锡良等人认为，应遵循多元化、适度竞争、需求方激励以及产权改革与竞争相结合的原则，建立与农村多层次的金融需求相适应的农村金融体系；要建立能涵盖所有的金融需求层次，功能互补、适度竞争的多元化农村金融体系。具体而言，构建一个包括商业性金融、合作性金融、政策性金融和民间金融在内的功能互补的多层次农村金融体系；在金融需求的相关层次上，允许金融供给方适度竞争，提高需求满足程度；调整中国农业银行业务范围，成立农村社区银行，满足商业性金融需求；重构合作性金融；调整中国农业发展银行和国家开发银行业务范围，扩展其政策性功能；规范民间金融。③

徐忠认为，现有的农村金融体系无法适应农村经济发展的需求，应在贫困地区探索多种适合当地的金融组织形式，只有多元化的金融机构才能适应

---

① 田俊丽：《中国农村金融体系重构——缓解农村信贷配给》，西南财经大学出版社，2007，第 220 页。
② 冯兴元、何梦笔、何广文：《试论中国农村金融的多元化——一种局部知识范式视角》，《中国农村观察》2004 年第 5 期。
③ 刘锡良等：《中国转型期农村金融体系研究》，中国金融出版社，2006，"前言"。

多层次的金融需求。现有的农信社模式是一个非常昂贵的模式。应探索适合贫困地区的比信用社成本更低的金融组织形式。建立分工合理、相互竞争、商业可持续的农村金融组织体系，完善中国农业发展银行运行机制，强化政策金融支农的作用；稳步开放农村金融市场，促进小额信贷组织发展，规范民间金融；深化农村信用社改革，充分发挥农村信用社的金融服务功能。①

祝健认为，建设农村金融体系的总体目标是：建立、健全适应"三农"特点的多层次、广覆盖、可持续的农村金融体系；要遵循服务的"三农"原则、市场化导向原则、竞争性原则、差异性原则、效率与协调发展的原则。②

田俊丽认为，不同类型的金融具有不同的功能和目标模式，能满足不同的金融需求。为了满足中国农村多层次的融资需求，必须建立包括商业性金融、政策性金融、合作金融及非正规金融的多元化的农村金融体系。③

顾晓安、李彬彬认为，由于经济发展存在地区差异，各地农户的金融需求也存在差异，因此，需要构建差异化的金融供给体系，构建以中国农业银行、信用社、小额贷款公司为主的适应不同经济发展阶段和发展水平的差异化、多层次农村金融供给体系。发达地区农村要实施 Hugh T. Patrick 提出的"需求追随"模式，金融体系应该不断地发展，满足农户不断发展的对金融的需求。欠发达农村地区要实施"供给领先"的模式，应逐步改变目前供给主体单一的金融供给结构格局，加强村镇银行、专业贷款公司以及信托投资公司等在欠发达农村地区的发展。中等发达农村地区的金融供给体系可以充分借鉴前两个体系。④

总之，学术界对于建立多元化、多层次的农村金融体系的总体目标已趋于一致。目前，中国农村金融市场已初步形成了以合作金融、政策性金

① 徐忠：《中国农村金融体制改革：回顾与评论》，载刘民权主编《中国农村金融市场研究》，中国人民大学出版社，2006，第 23 页。

② 祝健：《中国农村金融体系重构研究》，社会科学文献出版社，2008，第 6 页。

③ 田俊丽：《中国农村金融体系重构——缓解农村信贷配给》，西南财经大学出版社，2007，第 221 页。

④ 顾晓安、李彬彬：《差异化农村金融体系构建——基于需求和供给的角度》，《上海金融》2009 年第 1 期。

融、商业性金融为支柱，以村镇银行、贷款公司、资金互助社和小额信贷组织为补充的金融体系。但是，在完善新农村金融体系中，现有的中国农业银行、中国农业发展银行、中国邮政储蓄银行、农村信用社等正规金融机构仍都需要改革，更需要引导与规范民间非正规金融。

农村商业性金融机构以中国农业银行为主体。中国农业银行启动商业化改革后，近些年集中于转轨改制，"离乡进城"成为不可逆转之势。在新的农村金融体系中，中国农业银行的经营重点是县域中高层次的金融需求，其支农功能至多是向涉农企业提供信贷，农户向中国农业银行贷款已可望而不可即。中国邮政储蓄银行建立后，已开始经营农村小额贷款业务。但是，在商业性经营思想指导下，究竟能够发挥多大的支持"三农"的功能，还得拭目以待。

中国农业发展银行是 1994 年设立的国家政策性银行之一，目前存在职能较为单一、业务范围狭窄、经营业绩不佳等诸多弊病，面临着如何改革与发展的问题。[①] 对于政策性银行如何改革与发展，国内有三种理论观点及政策倾向。第一，白钦先、王伟、曾康霖等人基于政策性金融理论，认为政策性银行要坚持以政策性为主的方向，要建立健全政策性银行的运作机制，实现政策性金融的可持续发展。第二，李扬等人认为开发性金融是政策性金融的主要组成部分之一，是政策性银行的改革方向。第三，陈元、张涛等人主张它转型为主动竞争性盈利的综合性开发金融机构。在2007 年初的全国金融工作会议上，温家宝总理提出了政策性银行"分类指导""一行一策"的改革原则。[②] 也许中国农业发展银行的未来发展方向是走向综合开发性金融。

农村信用合作社目前是农村正规金融的主体。农村信用合作社改革存在不少争论。在信用社的所有权性质上，有主张股份制、合作制、股份合作制的争论。在经营目标上，出现了是互助合作化、商业化还是政策化的争论。

---

① 李志辉、崔光华：《基于开发性金融的政策性银行转型》，《金融研究》2008 年第 8 期。
② 王伟：《中国政策性银行改革发展的路径选择——基于国际政策性金融业变革的反思》，《经济经纬》2008 年第 1 期。

有学者认为，由于经济不发达地区和农业地区的农村信用社占多数，绝大多数农村信用社仍应该将完善合作制放在首位。营利性是农村信用社首先需要考虑的目标，合作制目标与政策性目标应统一到营利性目标上。[①] 但问题是对原有体制的修修补补不可能重塑信用社的合作性，要真正恢复信用社的合作性，必须将原有机构推倒重来，农村信用社经营的三个目标很难统一。

以村镇银行为代表的新一轮农村金融改革，赋予新型农村金融机构强大的生命力。[②] 2006 年底，国家允许产业资本和民间资本到农村地区新设村镇银行、社区性信用合作组织、贷款公司等三类新型农村金融机构。2007 年 3 月，四川、吉林省首批 3 家村镇银行正式挂牌试点，标志着我国农村金融改革迈出了突破性的一步。然而，最早开展试点的几家村镇银行无一例外都面临经营成本过高、资金不足的难题，这已影响到其可持续发展。目前迫切需要多渠道筹集资金，确定合适的存贷款利率，调整政府角色定位，培养金融人才等。[③]

四　近代以来中国农户借贷问题

20 世纪 20～30 年代，一批学者投身研究中国农村问题的事业之中。陈翰笙、费孝通、卜凯（John Lossing Buck）、于树德、吴志铎等人，都对农户借贷问题做了深入的研究。论述了农户借贷的原因、借贷形式、利率水平等。[④]

---

① 王磊：《农村信用社产权改革与管理体制变革》《农村信用社改革其他相关问题研究》，载刘锡良等《中国转型期农村金融体系研究》，中国金融出版社，2006，第 170 页、185 页。

② 秦汉锋：《村镇银行制度创新、环境约束及其演进》，《武汉金融》2008 年第 5 期。

③ 崔萍：《村镇银行与农村金融改革》，《农村经济》2008 年第 7 期。

④ 见费孝通《江村经济——中国农民的生活》，江苏人民出版社，1986；陈翰笙《陈翰笙集》，中国社会科学出版社，2002；《陈翰笙文集》，复旦大学出版社，1985；卜凯《河北盐山一百伍十农家之经济及社会调查》，金陵大学农林科农林丛刊第五十一号，民国十八年九月刊印；卜凯《中国农家经济》，商务印书馆，民国二十五年；吴志铎《北通县第一区平民借贷状况之研究》，燕京大学经济学系，民国二十四年；于树德《合作社之理论与经营》，中华书局，1936；于树德《信用合作社经营论》，中华书局，1936；于树德《合作讲义》，中国合作社，1935；等等。

中国学术研究机构对农村问题做了大量的调查。如国民政府中央农业实验所做了大范围的农户借贷情况调查，刊载于《农情报告》各期，其中不少调查报告涉及农户的借贷问题，如农户借贷规模、借贷方式、利率水平、借贷对经济的影响等。

日本满铁株式会社为搜集中国经济情报，在中国东北、华北农村做了大规模的调查，其中不少材料涉及农户的借贷。

当代许多学者在研究农村借贷问题方面，取得了很大的成绩。李金铮、徐畅、俞如先、傅建成、温锐等学者对近代农村借贷问题的研究[①]，常明明对 20 世纪 50 年代农村私人借贷的研究[②]，易棉阳等学者对中国农村信用合作社变迁的研究等[③]。笔者以无锡、保定农村调查系列资料为基础，研究了华北农户借贷需求的变迁、借贷用途结构的变迁。[④]

此外，有不少论著涉及农户借贷问题，如《当代中国的金融事业》《当代中国的信用合作》等。

五　小结

从目前的学术成果看，学者们得出了中国农村金融市场存在着"二元结构"、金融抑制、金融功能残缺、正规金融局部"浅化"等结论。这些问题在宏观方面制约了农村金融的发展。中国农村三种类型的小农同时存

---

① 见李金铮《民国乡村借贷关系研究——以长江中下游地区为中心》，人民出版社，2003；徐畅《二十世纪二三十年代华中地区农村金融研究》，齐鲁书社，2005；俞如先《清至民国闽西乡村民间借贷研究》，天津古籍出版社，2010；傅建成：《二三十年代农家负债问题分析》，《中国经济史研究》1997 年第 3 期；温锐《民间传统借贷与农村社会经济：以 20 世纪初（1900～1930）赣闽边区为例》，《近代史研究》2004 年第 3 期。

② 常明明：《中国农村私人借贷关系研究——以 20 世纪 50 年代前期中南区为中心》，中国经济出版社，2007。

③ 易棉阳、陈俭：《中国农村信用社的发展路径与制度反思》，《中国经济史研究》2011 年第 1 期。

④ 赵学军：《农户借债用途的结构与变迁：一个长期视角》，《贵州财经学院学报》2012 年第 6 期；赵学军：《华北农户借贷渠道变迁之管窥》，《中国经济史研究》2013 年第 4 期。

在，但由于区域经济发展的不平衡性，东部发达地区的小农以"理性小农"为主体，中西部地区的小农以"拐杖小农"为主体，"道义小农"已不占主导地位。中国农村农户借贷需求是多层次的、多样性的，基本生存性需求、生活性需求、小额生产费用需求甚至经营中小企业的融资需求广泛存在，但是目前以前三种借贷需求为主。至于农户借贷是以生活性借贷为主，还是以生产性借贷为主，笔者认为存在明显的地区差异，经济发达地区农户借贷以生产性借贷为主，欠发达地区农户借贷以生活性借贷为主。不过，随着农村经济的发展，存在着生产性借贷需求比重逐渐扩大，生活性借贷比重逐渐下降的趋势。在满足农户借贷需求方面，正规金融与非正规金融提供了不同的服务，正规金融部门供给生产性贷款，非正规金融部门更多地是供给生活性贷款。农户更希望能从正规金融部门得到资金，但正规金融部门在满足农户借贷上还存在很大的缺口。从各种调查结果看，不论是在规模上还是在数量上，非正规金融提供的贷款已超过正规金融，"国退民进"、正规金融局部"浅化"已是不争的事实。

由于农村金融市场的种种缺陷，由于正规金融部门资金供给与农户资金需求的错位，由于非正规金融仍处于受抑制状态，现存的农村金融体系必须重建。建立一个包括商业性金融、政策性金融、合作性金融、民间非正式金融在内的多元化、多层次的金融体系，已成为学术界与政府部门的共识。但是，对于国有商业银行中国农业银行、中国邮政储蓄银行如何更好地为"三农"服务，政策性银行中国农业发展银行如何更好地发挥政策性金融功能，合作金融机构农村信用合作社如何改革与发展，民间非正规金融如何开放与规范，仍然存在各种争论。

笔者认为，研究农村借贷问题，仅仅分析借贷需求方的农户及农村企业，或仅盯住信贷供给方的金融机构，都是不够的。我们需要将农户的借贷需求特征及农户借贷的主要渠道，与农村金融组织提供的信贷服务相对照，分析供需双方在哪里发生了错位。

笔者提出，农村正规金融机构的信贷供给与农户、农村企业的融资需求发生错位，关键因素是农村信用担保制度的缺失。信用担保制度是信贷活动正常运行的必要前提。信用担保制度出现缺陷，势必影响借贷活动。农村信用担保体系出了问题，信用担保体系难以保障债权人利益，结局就是金融机构不愿向农户、农村企业投放贷款。因此，建设农村金融体系，信用担保体系建设应该优先。

参考文献

一　基础资料

［1］ 北京市房山区长沟镇、山西省阳城县西河乡、山东省蓬莱市刘家沟镇、辽宁省阜新蒙古族自治县大巴镇、河南省新野县上岗乡、陕西省柞水县、湖南省湘西苗族土家族自治州经济资料。

［2］ 河北省统计局：《1930～1957 年保定农村经济调查综合资料》（油印本），1958 年 10 月，中国社会科学院经济研究所图书馆藏。

［3］ 《民商事习惯调查报告录》，司法行政部印行，中华民国十九年五月。

［4］ 商务印书馆编《辞源》（上），商务印书馆，2004。

［5］ "无锡市国民经济统计资料"，无锡市档案馆档案 B－15－19，B－15－20，B－15－21。

［6］ 《中国金融年鉴（2003）》，中国金融出版社，2004。

［7］ 《中国金融年鉴（2006）》，中国金融出版社，2007。

［8］ 《中国金融年鉴（2010）》，中国金融出版社，2011。

［9］ 中国人民银行调查统计司：《中国金融统计（1952～1987）》，中国金融出版社，1988。

［10］ 中国人民银行调查统计司：《中国金融统计（1952～1996）》，中国金融出版社，1997。

［11］ 中国人民银行调查统计司：《中国金融统计（1997～1999）》，中国

金融出版社，2000。

［12］中国人民银行农村金融管理局、中国农业银行党组、中国农业银行计划局、中国农业银行办公厅、中国农业银行信用合作局档案等部门档案（1949～1966）。

［13］中国人民银行统计司编《利率文件汇编》，中国金融出版社，1986。

［14］中国社会科学院、中央档案馆编《中华人民共和国经济档案资料选编（1949～1952）》（金融卷），中国物资出版社，1996。

［15］中国社会科学院、中央档案馆编《中华人民共和国经济档案资料选编（1949～1952）》（农村经济体制卷），社会科学文献出版社，1992。

［16］中国社会科学院、中央档案馆编《中华人民共和国经济档案资料选编（1953～1957）》（金融卷），中国物价出版社，2000。

［17］中国社会科学院、中央档案馆编《中华人民共和国经济档案资料选编（1953～1957）》（商业卷），中国物价出版社，2000。

［18］中国社会科学院、中央档案馆编《中华人民共和国经济档案资料选编（1958～1966）》（金融卷），中国财政经济出版社，2011。

［19］中国社会科学院、中央档案馆编《中华人民共和国经济档案资料选编（1945～1952）》（商业卷），中国物资出版社，1996。

［20］中国社会科学院经济研究所编《现代经济辞典》，凤凰出版社、江苏人民出版社，2004。

［21］中国社会科学院经济研究所无锡保定农村调查数据库（1930～2010）。

［22］中央档案馆编《中共中央文件选集（1946～1947）》，中央党校出版社，1992。

二 学术著作

［1］卜凯：《河北盐山一百伍十农家之经济及社会调查》，金陵大学农林科农林丛刊第五十一号，民国十八年九月刊印。

［2］卜凯：《中国农家经济》，商务印书馆，民国二十五年。

［3］常明明：《中国农村私人借贷关系研究——以20世纪50年代前期中

南区为中心》，中国经济出版社，2007。

[4] 陈本寒主编《担保法通论》，武汉大学出版社，1998。

[5] 陈翰笙：《陈翰笙集》，中国社会科学出版社，2002。

[6] 《当代中国的金融事业》，中国社会科学出版社，1989。

[7] 《当代中国的信用合作》，当代中国出版社、湖南电子音像出版社，1999。

[8] 《当代中国商业》，当代中国出版社、湖南电子音像出版社，1999。

[9] 费孝通：《江村经济——中国农民的生活》，江苏人民出版社，1986。

[10] 郭田勇、郭修瑞：《开放经济下中国农村金融市场博弈研究》，经济科学出版社，2006。

[11] 何广文、冯兴元、郭沛等：《中国农村金融发展与制度变迁》，中国财政经济出版社，2005。

[12] 何广文、李莉莉：《正规金融机构小额信贷运行机制及其绩效评价》，中国财政经济出版社，2005。

[13] 黄宗智：《长江三角洲小农经济与乡村发展》，中华书局，2000。

[14] 黄宗智：《华北的小农经济与社会变迁》，中华书局，2000。

[15] 姜旭朝：《中国民间金融研究》，山东人民出版社，1996。

[16] 李金铮：《民国乡村借贷关系研究——以长江中下游地区为中心》，人民出版社，2003。

[17] 李景汉：《定县社会概况调查》，大学出版社，民国二十二年。

[18] 李静：《中国农村金融组织的行为与制度环境》，山西经济出版社，2004。

[19] 李扬等：《新中国金融60年》，中国财政经济出版社，2009。

[20] 李扬等：《中国金融改革开放30年研究》，经济管理出版社，2008。

[21] 梁治平：《清代习惯法：社会与国家》，中国政法大学出版社，1996。

[22] 林毅夫：《再论制度、技术与中国农业发展》，北京大学出版社，2000。

[23] 刘民权主编《中国农村金融市场研究》，中国人民大学出版社，2006。

[24] 刘锡良等：《中国转型期农村金融体系研究》，中国金融出版社，2006。

[25] 刘新来主编《信用担保概论与实务》，经济科学出版社，2003。

[26] 路建祥编《新中国信用合作发展简史》，农业出版社，1981。

[27] 马札亚尔：《中国农村经济研究》，神州国光出版社，1932。

[28] 马忠富：《中国农村合作金融发展研究》，中国金融出版社，2001。

[29] 梅强、谭中明：《中小企业信用担保理论、模式及政策》，经济管理出版社，2002。

[30] 秦红松：《农户贷款担保困境及破解机制研究》，中国金融出版社，2017。

[31] 尚明主编《新中国金融五十年》，中国财政经济出版社，1999。

[32] 斯科特（J. C. Scott）：《农民的道义经济学：东南亚的反叛与生存》，程立显译，译林出版社，2001。

[33] 唐双宁等编著《抵押贷款概要》，中国金融出版社，1990。

[34] 唐宗焜：《合作社真谛》，知识产权出版社，2012。

[35] 田俊丽：《中国农村金融体系重构——缓解农村信贷配给》，西南财经大学出版社，2007。

[36] 汪三贵、朴之水、李莹星：《农业经济与科技发展研究》，中国农业出版社，2001。

[37] 魏道南、张晓山：《中国农村新型合作组织探析》，经济管理出版社，1998。

[38] 吴承明、董志凯主编《中华人民共和国经济史》（第一卷），中国财政经济出版社，2001。

[39] 吴文勉、武力：《马鞍村的百年沧桑——中国村庄经济与社会变迁研究》，中国经济出版社，2006。

[40] 吴志铎：《北通县第一区平民借贷状况之研究》，燕京大学经济学系，民国二十四年。

[41] 伍成基主编《中国农业银行史》，经济科学出版社，2000。

[42] 武力、郑有贵主编《中国共产党"三农"思想政策史（1921～2013年）》，中国时代经济出版社，2013。

[43] 谢在民：《民法物权论》，中国政法大学出版社，1999。

[44] 徐笑波：《中国农村金融的变革与发展（1978～1990）》，当代中国

出版社，1994。

[45] 于树德：《合作讲义》，中国合作学社，1935。

[46] 于树德：《合作社之理论与经营》，中华书局，1936。

[47] 于树德：《信用合作社经营论》，中华书局，1936。

[48] 余国耀、温铁军、张晓山主编《九十年代产权制度的对策研究》，中国商业出版社，1994。

[49] 张传玺：《中国历代契约会编考释》，北京大学出版社，1995。

[50] 张杰等：《中国农村金融制度：结构、变迁与政策》，中国人民大学出版社，2003。

[51] 张培刚：《清苑的农家经济》，载李文海主编《民国时期社会调查丛编》（二编）之《乡村经济》（中）卷，福建教育出版社，2009。

[52] 张晓山、何安耐主编《农村金融转型与创新——关于合作基金会的思考》，社会科学文献出版社，2007。

[53] 张晓山、苑鹏：《合作经济理论与中国农民合作社的实践》，首都经济贸易大学出版社，2010。

[54] 章乃器：《中国货币金融问题》，生活书店，1936。

[55] 赵学军：《中国金融业发展研究（1949~1957年）》，福建人民出版社，2008。

[56] 赵学军：《中国商业信用的发展与变迁》，方志出版社，2008。

[57] 中国人民银行农户借贷情况问卷调查分析小组编《农户借贷情况问卷调查分析报告》，经济科学出版社，2009。

[58] 中国社会科学院经济研究所课题组：《无锡保定农村调查统计分析报告（1997）》，中国财政经济出版社，2006。

[59] 中国社会科学院经济研究所课题组：《中国村庄经济——无锡、保定22村调查报告（1987~1998）》，中国财政经济出版社，1999。

[60] 中国社会科学院农村发展研究所、国家统计局农村经济社会调查队：《中国农村经济形势分析与预测（1997~1998年）》，社会科学文献出版社，1998。

[61] 周万钧主编《合作经济概论》，中国商业出版社，1987。

[62] 祝健：《中国农村金融体系重构研究》，社会科学文献出版社，2008。

三 学术论文

[1] 北京大学中国经济研究中心宏观组：《2006年农村家庭借贷情况调查研究》，《金融研究》2007年第11期。

[2] 蔡文宇、陈玉菁：《我国中小企业信用担保引入政府补贴的可行性探讨：基于博弈论的视角》，《上海金融》2009年第12期。

[3] 曹力群：《当前我国农村金融市场主体行为研究》，《金融论坛》2001年第5期。

[4] 曹幸穗等：《民国时期的农业》，《江苏文史资料》第51辑，1993。

[5] 陈柳钦、孙建平：《论制度创新与中小企业信用担保体系的发展》，《上海财经大学学报》2003年第5期。

[6] 陈鹏、刘锡良：《中国农户融资选择意愿研究——来自10省2万家农户借贷调查的证据》，《金融研究》2011年第7期。

[7] 陈悦、严伟涛：《"三权"抵押的实际操作与相关机理：重庆个案》，《改革》2012年第12期。

[8] 成清、闫真峰：《淮北市农村金融抵押担保贷款情况的调查与分析》，《金融纵横》2011年第2期。

[9] 程恩江、刘西川：《小额信贷缓解农户正规信贷配给了吗？——来自三个非政府小额信贷项目区的经验证据》，《金融研究》2010年第12期。

[10] 褚保金、于佳：《农村资金短缺、资金非农化与信贷支农》，《南京农业大学学报》（社科版）2004年第1期。

[11] 崔萍：《村镇银行与农村金融改革》，《农村经济》2008年第7期。

[12] 邓蓓、刘丹：《农业发展银行改革思路探讨》，《华北金融》2008年第12期。

[13] 邓英淘、刘建进、张一民：《中国农村的民间借贷》，《战略与管理》1993年第11期。

[14] 方晓霞：《中小企业信用担保：制度缺陷与发展对策》，《当代财经》

2004 年第 9 期。

[15] 冯和法：《中国农产物的原始市场》，《中国农村》1934 年第 1 卷第 3 期。

[16] 冯兴元、何梦笔、何广文：《试论中国农村金融的多元化——一种局部知识范式视角》，《中国农村观察》2004 年第 5 期。

[17] 高淳支行：《高淳之粮行》，《农行月刊》1936 年第 3 卷第 11 期。

[18] 高帆：《我国农村中的需求型金融抑制及其解除》，《中国农村经济》2002 年第 12 期。

[19] 高帆：《血缘债、关系债、人情债盛行——民间借贷偏好隐合约》，《中国国情国力》2002 年第 5 期。

[20] 高海：《土地承包经营权之收益权融资担保》，《安徽大学学报》（哲学社会科学版）2012 年第 4 期。

[21] 高仁宝：《古代担保制度的特点》，《人民法院报》2001 年 12 月 10 日，第 B02 版。

[22] 高学强：《试论中国古代契约中的担保制度》，《大连理工大学学报》（社会科学版）2009 年第 4 期。

[23] 官玉松：《三十年代农村金融危机述论》，《中国经济史研究》1995 年第 4 期。

[24] 顾晓安、李彬彬：《差异化农村金融体系构建——基于需求和供给的角度》，《上海金融》2009 年第 1 期。

[25] 广东省金融服务办公室农村金融课题组：《从农村金融需求的新特点谈农村金融体制改革》，《南方金融》2005 年第 4 期。

[26] 郭晓鸣、赵昌文：《以农民合作的名义：1986～1999 四川省农村合作基金会存亡里程》，《世纪周刊》2001 年第 1 期。

[27] 郭艳艳：《我国农户信贷担保机制构建研究》，硕士学位论文，福建师范大学，2010。

[28] 国务院发展研究中心"推进社会主义新农村建设研究"课题组：《中国农村金融供给的主要特点与问题》，国研报告，2006 年 12 月 22 日。

[29] 韩德章：《浙西农村之借贷制度》，《社会科学杂志》1932 年第 3 卷第 2 期。

[30] 韩晶：《建国以来中国农村土地制度变迁的轨迹与改革思路》，《中共四川省委党校学报》2002 年第 2 期。

[31] 韩俊、罗丹、程郁：《农村金融现状调查》，《农村金融研究》2007 年第 9 期。

[32] 何德旭、饶明：《我国农村金融市场供求失衡的成因分析——金融排斥性视角》，《经济社会体制比较》2008 年第 2 期。

[33] 何广文：《从农村居民资金借贷行为看农村金融抑制与金融深化》，《中国农村经济》1999 年第 10 期。

[34] 何广文：《农业战略性结构调整：农村金融供求特征及均衡战略》，《中国农村信用合作》2003 年第 6 期。

[35] 何广文：《中国农村金融供求特征及均衡供求的路径选择》，《中国农村经济》2001 年第 10 期。

[36] 何广文：《中国农村经济金融转型与金融机构多元化》，《中国农村观察》2004 年第 2 期。

[37] 何云丰：《遂宁市一百户民间借贷调查》，《四川金融》1988 年第 3 期。

[38] 胡迟：《中小企业融资：信用担保》，《经济管理》2000 年第 10 期。

[39] 胡枫、陈玉宇：《社会网络与农户借贷行为——来自中国家庭动态跟踪调查（CFPS）的证据》，《金融研究》2012 年第 12 期。

[40] 胡海波：《我国中小企业信用担保制度问题研究》，博士学位论文，南开大学，2007。

[41] 胡士华：《农村非正规金融发展问题研究》，博士学位论文，西南大学，2007。

[42] 黄金木、王社教：《对漯河市民间借贷状况调查与思考》，《金融理论与实践》1993 年第 10 期。

[43] 黄丽华：《对武宁县农民贷款干部担保情况的调查与思考》，《金融与经济》2005 年第 6 期。

［44］ 黄萍萍：《路庄村为让村民快致富，"村官"当起担保人》，《宜兴日报》2008 年 9 月 11 日，第 2 版。

［45］ 黄祖辉、刘西川、程恩江：《中国农户的信贷需求：生产性抑或消费性——方法比较与实证分析》，《管理世界》2007 年第 3 期。

［46］ 吉昌荣：《中小企业信用担保公司可持续发展的模式选择》，《济南金融》2003 年第 12 期。

［47］ 纪志耿：《农户借贷动机的演进路径研究——基于三大"小农命题"的分析》，《经济体制改革》2007 年第 6 期。

［48］ 姜丽莉、毛爱群：《当前农户贷款抵押担保存在的问题与建议》，《黑龙江金融》2010 年第 5 期。

［49］ 蒋平：《中国中小企业融资担保制度研究》，博士学位论文，西南财经大学，2011。

［50］ 蒋文恒：《整顿农村合作基金会的几点思考》，《经济改革与经济发展》1999 年第 21 期。

［51］ 金烨、李宏彬：《非正规金融与农户借贷行为》，《金融研究》2009 年第 4 期。

［52］ 孔荣、Calum G. Turvey、霍学喜：《信任、内疚与农户借贷选择的实证分析——基于甘肃、河南、陕西三省的问卷调查》，《中国农村经济》2009 年第 11 期。

［53］ 孔荣、彭艳玲、任彦军：《农户联户担保参与决策过程及其影响因素研究——基于陕西、甘肃两省 789 户农户调查》，《农业经济问题》2011 年第 10 期。

［54］ 黎兵：《农村合作基金会与农村信用社的竞争：农村合作基金会问题的反思》，《农村经济》1999 年第 11 期。

［55］ 李承中：《对遵义地区农村资金市场的调查与思考》，《贵州社会科学》1988 年第 7 期。

［56］ 李宏略：《数字中的农家生活》，《东方杂志》1934 年第 31 卷第 7 号。

［57］ 李建英：《农户金融需求的约束分析》，《经济与管理》2008 年第

12 期。

[58] 李剑阁：《农民就业、农村金融和医疗卫生事业问题的几点意见》，载《比较》第 7 辑，中信出版社，2003。

[59] 李明贤、李学文：《对我国农村金融服务覆盖面的现实考量与分析》，《调研世界》2008 年第 3 期。

[60] 李亚新：《对农村金融供需差距问题的调查》，《济南金融》2006 年第 8 期。

[61] 李毅、向党：《中小企业信贷融资信用担保缺失研究》，《金融研究》2008 年第 12 期。

[62] 李志辉、崔光华：《基于开发性金融的政策性银行转型——论中国农业发展银行的改革》，《金融研究》2008 年第 8 期。

[63] 李志扬、周宗团：《"农户联保＋农村科技合作社担保"模式——发展小额农户贷款的经验与启示》，《金融经济》2010 年第 4 期。

[64] 李祝环：《中国传统民事契约中的中人现象》，《法学研究》1997 年第 6 期。

[65] 梁鸿飞：《西方信贷融资担保理论》，《北京大学学报》（哲学社会科学版）2003 年第 1 期。

[66] 刘家铭：《南陵农民状况调查》，《东方杂志》1927 年第 24 卷第 16 号。

[67] 刘建进：《中国农村的民间借贷》，《中国农村经济》1993 年第 3 期。

[68] 刘宗礼、葛冰、杨玫：《农户小额信贷的运作与管理研究》，《西部金融》2012 年第 8 期。

[69] 龙登高、任志强、赵亮：《近世中国农地产权的多重权能》，《中国经济史研究》2010 年第 4 期。

[70] 娄叔志：《中国农村金融体系的变迁与重构》，博士学位论文，复旦大学，2004。

[71] 陆万春：《农村民间借贷问题的调查与探索》，《中国农业会计》1991 年第 4 期。

[72] 罗军、程记平、张媛：《农村土地承包经营权抵质押贷款：想说爱你

不容易》，《中国农村金融》2013 年第 1 期。

[73] 马光荣、杨恩艳：《社会网络、非正规金融与创业》，《经济研究》2011 年第 3 期。

[74] 内蒙古呼盟人民银行调研室、阿荣旗支行：《对内蒙古自治区阿荣旗民间借贷调查》，《农村金融研究》1989 年第 2 期。

[75] 聂世富、罗彤等：《民间借款弊多利少——农民家计户调查》，《金融研究》1987 年第 10 期.

[76] 农行湖北分行农户金融部课题组：《创新担保模式，有效做大农户贷款》，《湖北农村金融研究》2011 年第 2 期。

[77] 农行湖北分行三农信贷管理部课题组：《关于农民专业合作社担保农户贷款的调研报告》，《湖北农村金融研究》2011 年第 10 期。

[78] 欧永生：《农户贷款担保方式创新途径——以湖南永州农行为例》，《金融经济》2010 年第 2 期。

[79] 潘宇、李新田：《民国间民事习惯调查中所见的中人与保人研究》，《法制与社会发展》2000 年第 12 期。

[80] 彭江波：《以互助联保为基础构建中小企业信用担保体系》，《金融研究》2008 年第 2 期。

[81] 钱兆雄：《商业资本操纵下的无锡蚕桑》，《中国农村》1935 年第 1 卷第 4 期。

[82] 乔海曙：《农村经济发展中的金融约束及解除》，《农业经济问题》2001 年第 3 期。

[83] 秦汉锋：《村镇银行制度创新、环境约束及其演进》，《武汉金融》2008 年第 5 期。

[84] 屈小博、钟学军、霍学喜：《传统农区农户借贷的需求与供给——基于陕西渭北地区农户借贷行为的调查》，《西北农林科技大学学报》（社科版）2005 年第 2 期。

[85] 人民银行、农业银行南漳县支行联合调查组：《民间借贷日趋活跃，弊多利少急待引导——对南漳县农村民间借贷行为的调查与思考》，《银行与企业》1992 年第 5 期。

[86] 史清华、陈凯:《欠发达地区农民借贷行为的实证分析》,《农业经济问题》2002 年第 10 期。

[87] 史清华、卓建伟:《农村居民的储蓄与借贷行为——基于晋鄂豫苏吉 5 省 3 年的调查》,《学习与实践》2007 年第 6 期。

[88] 苏少之:《论我国农村土地改革后的"两极分化"问题》,《中国经济史研究》1989 年第 3 期。

[89] 田力等:《中国农村金融容量问题研究》,《金融研究》2004 年第 3 期。

[90] 田土城:《担保制度的成因及其发展趋势——兼论我国担保立法的健全与完善》,《郑州大学学报》(哲学社会科学版) 2001 年第 4 期。

[91] 王传东、王家传:《中小企业互助性信用担保及其模式选择的探讨》,《山东经济》2006 年第 11 期。

[92] 王静、王蕊娟、霍学喜:《论农民专业合作组织对农户融资的信用担保》,《西北农林科技大学学报》(社会科学版) 2010 年第 6 期。

[93] 王丽萍、霍学喜、邓武红:《西部地区农户资金借贷实证分析——以陕西省 248 户调查为例》,《中国农业大学学报》(社会科学版) 2006 年第 3 期。

[94] 王威明:《"一体两翼"基本形成,政策性方向必须坚持》,《甘肃金融》2009 年第 2 期。

[95] 王伟:《中国政策性银行改革发展的路径选择——基于国际政策性金融业变革的反思》,《经济经纬》2008 年第 1 期。

[96] 王文莉、罗剑朝、刘兴旺:《农村合作基金会规范发展探索》,《西北农业大学学报》1999 年第 1 期。

[97] 王晓军、宋长青、仲伟周:《中小企业信用担保体系的制度性缺陷分析》,《中国财政》2010 年第 14 期。

[98] 王醒男:《基于需求与发展视角的农村金融改革逻辑再考》,《金融研究》2006 年第 7 期。

[99] 王叙果:《我国农村金融市场的非均衡性分析》,《农业经济问题》2005 年第 2 期。

[100] 王益君、文瑞盈、李建军：《国内农村信贷抵押担保创新综述及启示》，《西部金融》2009 年第 9 期。

[101] 王越子、杨雪：《抵押物残缺、担保机制与金融支持土地流转：成都案例》，《农村金融》2010 年第 2 期。

[102] 王召：《中小企业信用担保制度的国际经验》，《中国经济时报》2006 年 6 月 12 日，第 8 版。

[103] 温铁军：《农村合作基金会的兴衰：1984～1999——农户信用与民间借贷课题分报告之二》，中经网，2001 年 6 月 7 日。

[104] 温铁军：《农户信用与民间借贷研究——农户信用与民间借贷课题主报告》，中评网，2001 年 7 月。

[105] 吴华明：《农业发展银行改革的现状、问题及建议——以吉林省通化市辉南县为例》，《吉林金融研究》2012 年第 12 期。

[106] 吴俊丽：《农户信用担保的模式、困境与创新方向》，《贵州财经大学学报》2013 年第 6 期。

[107] 吴俊丽：《中小企业信用担保体系的发展方向与政府角色》，《贵州财经学院学报》2012 年第 3 期。

[108] 武翠芳、赵其有、王向东：《我国农村资金供求缺口分析》，《金融理论与实践》2007 年第 5 期。

[109] 肖轶、魏朝富、尹珂：《农户农村"三权"抵押贷款需求意愿及影响因素分析——基于重庆市 22 个县（区）1141 户农户的调查数据》，《中国农村经济》2012 年第 9 期。

[110] 谢锦华、张兰花、朱少洪：《农户贷款担保现状分析——基于福建省的调查》，《中共福建省委党校学报》2012 年第 3 期。

[111] 徐浩：《担保物权功能论》，博士学位论文，西南政法大学，2004。

[112] 薛欣欣、辛立国：《论我国农村金融市场三大缺口及其弥合》，《农村经济》2004 年第 8 期。

[113] 逊农：《泰县曲塘粮行之调查》，《农行月刊》1936 年第 3 卷第 4 期。

[114] 晏露蓉、赖永文等：《创建合理高效的中小企业融资担保体系研

究》，《金融研究》2007 年第 10 期。

[115] 杨玉萍、王茵、李鹏：《村户资金借贷状况调查报告》，《新疆农垦经济》2008 年第 4 期。

[116] 杨子强：《以互助联保为基础构建中小企业信用担保体系》，《金融时报》2008 年 3 月 4 日，第 9 版。

[117] 叶兴庆：《论我国农村金融抑制与金融深化》，《当代金融导刊》1998 年第 3 期.

[118] 易棉阳、陈俭：《中国农村信用社的发展路径与制度反思》，《中国经济史研究》2011 年第 1 期。

[119] 玉林中支、贵县支行、覃塘所联合调查组：《关于覃塘圩镇民间信用的调查报告》，《广西农村金融研究》1984 年第 11 期。

[120] 岳纯之：《论隋唐五代借贷契约及其法律控制》，《中国社会经济史研究》2004 年第 3 期。

[121] 曾业辉：《陈锡文：农民增收需打破制度障碍》，《中国经济时报》2002 年 10 月 8 日。

[122] 张兵、张宁：《农村非正规金融是否提高了农户的信贷可获性？——基于江苏 1202 户农户的调查》，《中国农村经济》2012 年第 10 期。

[123] 张惠茹：《农村金融市场充足性缺口实证分析》，《广东金融学院学报》2008 年第 3 期。

[124] 张杰：《农户、国家与中国农贷制度：一个长期视角》，《金融研究》2005 年第 2 期。

[125] 张静：《农村金融市场担保方式创新——基于湖北的实践》，《中国金融》2010 年第 2 期。

[126] 张艳峰：《对河南灾区农村民间借贷情况的调查》，《金融理论与实践》1992 年第 6 期。

[127] 张域：《担保法律制度与习俗的文化解读——以中国史上的"人的担保"为中心》，博士学位论文，吉林大学，2007。

[128] 张悦：《基于意识形态的中国农村土地制度变迁》，博士学位论文，辽宁大学，2010。

［129］ 赵学军：《华北农户借贷渠道变迁之管窥》，《中国经济史研究》
2013 年第 4 期。

［130］ 赵学军：《农户借贷用途的结构与变迁：一个长期视角》，《贵州财
经学院学报》2012 年第 6 期。

［131］ 赵学军、吴俊丽：《20 世纪五六十年代中国农村的实物借贷》，《福
建师大学报》2009 年第 5 期。

［132］ 赵岩青、何广文：《农户联保贷款有效性问题研究》，《金融研究》
2007 年第 7 期。

［133］ 郑成清、闫真峰：《淮北市农村金融抵押担保贷款情况的调查与分
析》，《金融纵横》2011 年第 2 期。

［134］ 郑永福、李道永：《清末民初民间借贷中的民事习惯》，《江西财经
大学学报》2012 年第 1 期。

［135］ 中国人民银行桂林市中心支行课题组：《互助性担保：中小企业融
资担保模式的有效补充》，《广西金融研究》2008 年第 9 期。

［136］ 中国人民银行邯郸市中心支行课题组：《创新农村信贷产品担保方
式研究》，《华北金融》2010 年第 5 期。

［137］ 中国人民银行湖口县支行课题组：《内生性约束与体制性矛盾：对
湖口县农村金融市场供求状况的调查》，《武汉金融》2004 年第
11 期。

［138］ 中国人民银行江津支行课题组：《中国农村的金融抑制及金融体系
设计问题研究》，《重庆金融》2005 年第 3 期。

［139］ 中国人民银行西安分行课题组：《西北五省区农村金融问卷调查分
析报告》，《金融时报》2005 年 8 月 2 日 。

［140］ 中国社会科学院农村发展研究所农村金融研究课题组：《农民金融
需求及金融服务供给》，《中国农村经济》2000 年第 7 期。

［141］ 中央农业实验所：《农情报告》第 2 卷第 4 期。

［142］ 周坚飚：《莽莽林海百鸟鸣春——浙江丽水农行林权担保贷款的创
新之路》，《金融经济》2010 年第 12 期。

［143］ 周军霞、罗刚：《中小企业信用担保制度的改革与发展研究》，《金

融纵横》2010 年第 12 期。

[144] 周立：《中国农村金融体系发展逻辑》，《银行家》2005 年第 8 期。

[145] 周天芸、周彤：《中国农村人际圈层与抵押替代的实证分析》，《中国农村观察》2012 年第 1 期。

[146] 周小赋、耿洁、李秉龙：《影响中国农户借贷需求的因素分析》，《中国农村经济》2004 年第 8 期。

[147] 周志刚：《中国农村土地制度的宪法变迁》，《国土资源导刊》2014 年第 1 期。

[148] 朱凡：《人的担保基本制度研究》，博士学位论文，西南政法大学，2004。

[149] 朱守银、张照新、张海阳、汪承先：《中国农村金融市场供给和需求——以传统农区为例》，《管理世界》2003 年第 3 期。

[150] 朱燕宇：《农业发展银行改革发展路径选择——以广西为视角》，《法制与经济》2010 年第 1 期。

[151] 邹高峰、熊熊：《试论以互助担保为基础的中小企业信用担保体系之重建》，《现代财经》2009 年第 6 期。

四 外文文献

[1] Akerlof, G. A., "The Market for 'Lemons', Quality Uncertainty and the Market Mechanism," *Quarterly Journal of Economics*, 1970, 84 (3).

[2] Banerjee, A. V. and A. F. Newman, "Occupational Choice and the Process of Development," *Journal of Political Economy*, 1993, 101 (2)。

[3] Barro, Robert J., "The Loan Market, Collateral, and Rates of Interest," *Journal of Money, Credit and Banking*, 1976, 8 (4).

[4] Besanko, D., A. V. Thakor, "Collateral and Rationing: Sorting Equilibria in Monopolistic and Competitive Credit Markets," *International Economic Review*, 1987, 28 (3).

[5] Bester, H., "Screening vs. Rationing in Credit Markets with Imperfect Information," *American Economic Review*, 1985, 75 (4).

［6］ Boot, A. W. A. , A. V. Thakor and G. F. Udell, "Secured Lending and Default Risk: Equilibrium Analysis, Policy Implications and Empirical Results," *The Economic Journal*, 1991, 101 (406).

［7］ Chan, Yuk – Shee, Geroge Kanatas, "Asymmetric Valuations and the Role of Collateral in Loan Agreements," *Journal of Money, Credit and Banking*, 1985, 17 (1).

［8］ Chayanov, A. V. , *The Theory of Peasant Economy* (Madison: University of Wisconsin Press, 1986).

［9］ Cooley, T. , R. Marimonn and V. Quadrini, "Aggregate Consequences of Limited Contract Enforceability," *Journal of Political Economy*, 2004, 112 (4).

［10］ Duong, Pham Bao and Yoichi Izumida, "Rural Development Finance in Vietnam: A Microeconometric Analysis of Household Surveys," *World Development*, 2002, 30 (2).

［11］ Findlay, Christopher, Andrew Watson, Cheng Enjiang and Zhu Gang, *Rural Financial Markets in China* (Asia Pacific Press, 2003).

［12］ Fry, Maxwell J. , "Models of Financial Repressed Developing Economics," *World Development*, 1982, 10 (9).

［13］ Gonzalez – Vega, Claudio, "Deepening, Rural Financial Markets: Macroeconomic, Policy and Political Dimensions," USAID, 2005.

［14］ Holf, Karla, Joseph E. Stiglitz, "Imperfect Information and Rural Credit Markets," *The World Bank Economic Review*, 1990, 4 (3).

［15］ Holmstrom, B. and J. Tirole, "Financial Intermediation, Loanable Funds and the Real Sector," *Quarterly Journal of Economics*, 1997, 112 (3).

［16］ Kochar, A. , "An Empirical Investigation of Rationing Constraints in Rural Credit Markets in India," *Journal of Development Economics*, 1997, 53 (2).

［17］ McKinnon, Ronald, *Money and Capital in Economic Development* (Washington, D. C. : The Brookings Institution, 1996).

［18］ Okurut, F. N., A. Schoombee, S. van Der Berg , "Credit Demand and Credit Rationing in the Informal Financial Sector in Uganda," *South African Journal of Economics*, 2010, 73 (3).

［19］ Popkin, S. , *The Rational Peasant*: *the Political Economy of Rural Society in Vietnam*, (University of California Press, 1979).

［20］ Zeller, Manfred, "Determinants of Credit Rationing: A Study of Informal Lender and Formal Credit Groups in Madagasca," *World Development*, 1994, 22 (12).

后　记

　　本书是我承担的国家哲学社会科学基金课题"中国农村借贷与农村金融体系变迁（1949～2000）研究"的最终成果，但与当初的研究计划相比，在三个方面做了比较大的调整。

　　原计划从三个方面展开研究：一是探讨农户借贷需求的变迁，二是分析农户借贷渠道的变迁，三是论述农村金融体系的变迁。随着研究的深入，我意识到需要用很大的篇幅来论述农村金融体系变迁，但对制约农村金融体系发展的信用担保问题的研究，学界的探讨却不够深入。因此，我决定在农村信用担保体系变迁研究方面加大分量。

　　我原计划研究1949～2000年农村的借贷问题。但在研究过程中，意识到，如果不对20世纪30年代到中华人民共和国成立之前的农村经济及农村借贷问题进行梳理，很难讲明1949年以后农村借贷与信用担保体系变迁的路径与特征。因此，我将研究时段向前延伸到20世纪30年代。另外，研究农村借贷与农村信用担保体系变迁的目的之一，是为农村金融体系建设提供历史参考，因此，我又将研究时段的下限扩展到了21世纪初期。

　　在原研究计划中，农村借贷问题涉及农村工商业借贷，但农村工商业借贷本身就是一个很大的研究课题，我觉得在一本书中难以论述清楚，因此，不再讨论农村工商业的借贷问题，而将研究焦点集中于农户。

　　本书在课题结项稿的基础上，形成了上中下三篇。上篇研究农户借贷需求的变迁，中篇研究农户借贷渠道的变迁，下篇研究农村信用担保体系的变迁。

从课题立项，到完成书稿，是一个相当漫长、艰难的过程。四处搜集资料，费尽心血。在写作过程中，我多次推倒框架。最难忘记的是，母亲重病时我在修改书稿，书稿未改好，母亲已仙逝。此后的两年内，一看到书稿，母亲的音容笑貌就浮现在眼前，烦躁不已。现在要出版了，心上压的一块石头总算搬开了。

感谢中国社会科学院经济研究所师友们给予的支持。

感谢社会科学文献出版社田康老师精心编辑书稿。

最后，深深感谢我的家人给予的理解与支持。

是为记。

赵学军

2018 年 10 月

图书在版编目（CIP）数据

中国农户的借贷与信用担保：1930～2010 / 赵学军
著. -- 北京：社会科学文献出版社，2018.10
ISBN 978 - 7 - 5201 - 3842 - 0

Ⅰ.①中…　Ⅱ.①赵…　Ⅲ.①农户 - 借贷 - 研究 - 中
国 - 1930 - 2010 ②农户 - 贷款担保 - 研究 - 中国 - 1930 -
2010　Ⅳ.①F832.479

中国版本图书馆 CIP 数据核字（2018）第 257230 号

中国农户的借贷与信用担保（1930～2010）

著　　者／赵学军

出 版 人／谢寿光
项目统筹／陈凤玲
责任编辑／田　康

出　　版／社会科学文献出版社·经济与管理分社（010）59367226
　　　　　地址：北京市北三环中路甲 29 号院华龙大厦　邮编：100029
　　　　　网址：www.ssap.com.cn
发　　行／市场营销中心（010）59367081　59367083
印　　装／天津千鹤文化传播有限公司

规　　格／开　本：787mm × 1092mm　1/16
　　　　　印　张：20　字　数：308 千字
版　　次／2018 年 10 月第 1 版　2018 年 10 月第 1 次印刷
书　　号／ISBN 978 - 7 - 5201 - 3842 - 0
定　　价／99.00 元

本书如有印装质量问题，请与读者服务中心（010 - 59367028）联系